U0456081

天津经济发展报告

（2024）

主　　编　钟会兵　蔡玉胜　王　双

执行主编　王立岩

天津社会科学院出版社

图书在版编目（CIP）数据

天津经济发展报告. 2024 / 钟会兵，蔡玉胜，王双主编. -- 天津 : 天津社会科学院出版社，2024.1
（天津蓝皮书）
ISBN 978-7-5563-0928-3

Ⅰ. ①天… Ⅱ. ①钟… ②蔡… ③王… Ⅲ. ①区域经济发展－研究报告－天津－2024 Ⅳ. ①F127.21

中国国家版本馆 CIP 数据核字(2023)第 209305 号

天津经济发展报告. 2024
TIANJIN JINGJI FAZHAN BAOGAO .2024
责任编辑：吴　琼
责任校对：付聿炜
装帧设计：高馨月
出版发行：天津社会科学院出版社
地　　址：天津市南开区迎水道 7 号
邮　　编：300191
电　　话：（022）23360165
印　　刷：天津鑫浩林云印科技有限公司
开　　本：787×1092　　1/16
印　　张：17
字　　数：268 千字
版　　次：2024 年 1 月第 1 版　　2024 年 1 月第 1 次印刷
定　　价：108.00 元

《天津经济发展报告(2024)》编辑委员会

前　言

2023年，是全面贯彻党的二十大精神的开局之年。面对全球经济复苏缓慢且不均衡、经济增长动能不足、地缘政治局势持续紧张等复杂严峻的国际形势，以及国内艰巨繁重的改革发展稳定任务，在以习近平同志为核心的党中央坚强领导下，坚持稳中求进工作总基调，完整、准确、全面贯彻新发展理念，加快构建新发展格局，扎实推动高质量发展，精准有力实施宏观政策调控，市场需求持续扩大，生产供给稳步增加，就业物价总体改善，国民经济持续恢复向好。2024年，是我国"十四五"规划建设的关键之年，也是实现第二个百年奋斗目标的重要一年，在习近平新时代中国特色社会主义思想的指导下，我国将不断推动经济运行持续好转、内生动力持续增强、社会预期持续改善、风险隐患持续化解，推动经济实现质的有效提升和量的合理增长，把新时代中国特色社会主义事业不断向前推进。

过去的一年，天津坚持以习近平新时代中国特色社会主义思想为指导，深入贯彻落实习近平总书记对天津工作"三个着力"重要要求和一系列重要指示批示精神，积极融入新发展格局建设，扎实推进高质量发展"十项行动"，各项稳经济政策措施落地显效，供需两端持续复苏，发展动力不断增强，市场信心稳步回升，全市经济稳定恢复。2024年是天津加快落实"十四五"规划目标、全面建设社会主义现代化大都市的关键之年，天津要深入贯彻落实党的二十大精神和中央经济工作会议部署要求，全面落实市委十二届三次全会精神，高质量实施"十项行动"，纵深推进京津冀协同发展战略，着力提高现代制造业核心竞争力,发展壮大外向型经济规模,持续推动“双碳”目标落实,奋力开创全面建设社会主义现代化大都市新局面,为全面建设社会主义现代化国家贡献天津力量。

《天津经济发展报告(2024)》由天津社会科学院联合天津市统计局、天津市经济发展研究院、天津市科学技术发展战略研究院以及天津滨海综合发展研究院等单位共同编写完成,天津社会科学院出版社出版发行。

《天津经济发展报告(2024)》共收录天津经济发展2023年十大亮点和2024年十大看点,以及20篇研究报告,分为宏观经济分析篇、“十项行动”见行见效篇、现代化产业体系建设篇、改革开放与创新发展篇、重点领域发展篇等五部分。研究内容包括天津宏观经济景气分析和预测,聚焦生物医药、新能源等新兴产业和汽车、石化等传统优势产业,以及数字经济、民营经济、科技创新等重点领域,涉及京津冀协同发展走深走实、制造业高质量发展、港产城融合以及乡村振兴等重要问题。

《天津经济发展报告》已成为全国了解天津、认识天津、研究天津的重要载体。报告紧盯当前天津经济发展中的热点领域与关键问题,系统研究并深度剖析经济转型阶段出现的新趋势和新特征,对未来经济发展走势进行分析与研判。《天津经济发展报告(2024)》作为具有科学性、前瞻性、权威性的最新智库研究成果,将为市委市政府及相关部门科学决策提供有益参考,为推动社会主义现代化大都市建设提供智力支持,为天津高质量发展贡献力量。

目 录

宏观经济分析篇

“十项行动”见行见效篇

现代化产业体系建设篇

改革开放与创新发展篇

重点领域发展篇

天津经济发展 2023 年十大亮点和 2024 年十大看点

天津社会科学院课题组①

一、天津经济发展 2023 年十大亮点

亮点一：系统推进实施“十项行动”，打开高质量发展新局面

2023 年初，天津着眼今后五年，围绕全面建设社会主义现代化大都市的目标导向，组织实施推动包括京津冀协同发展走深走实、制造业高质量发展、科教兴市人才强市、港产城融合发展、滨海新区高质量发展支撑引领、中心城区更新提升、乡村振兴全面推进、绿色低碳发展、高品质生活创造、党建引领基层治理在内的“十项行动”，陆续发布不同领域行动方案，把宏伟蓝图细化为“施工图”、转化为“实景图”。“十项行动”成为天津打开经济社会高质量发展之门的“金钥匙”，也是谱写中国式现代化实践的“天津篇章”和“天津答案”。

亮点二：联合绘制六条产业链图谱，京津冀产业协同迈上新台阶

京津冀迈入产业协同走深走实新阶段。2023 年，京津冀持续做大做强生命健康国家级先进制造业集群，联合开展集成电路、网络安全、安全应急装备等产业集群培育，争创新的国家级先进制造业集群，努力打造京津冀世界级先进制造业集群。三地联合印发了《京津冀重点产业链协同机制方案》，聚焦新

① 执笔人：王会芝

能源和智能网联汽车、生物医药、网络安全和工业互联网、氢能、高端工业母机、机器人6条重点产业链,初步形成技术攻关、招商引资、重点企业“三张清单”。我市牵头网络安全和工业互联网产业链图谱绘制,全市网络安全产业在库企业超过300家,规上工业产值近400亿元,打造了“天河三号”百亿亿次超算、飞腾麒麟“PK”体系等一批天津版“国之重器”,持续推进京津冀工业互联网协同发展示范区建设见行见效。

亮点三:天开园打造创新高地,科创“聚宝盆”化为发展“动力源”

2023年5月18日,备受瞩目的天开高教科创园(简称“天开园”)正式开园。在天津的创新版图上,天开园被定位为科技创新策源地、科研成果孵化器、科创服务生态圈。天开园建设是推进科技创新的重点之举、城市更新提升的亮点之举,依托南开大学、天津大学等56所在津高等院校,培育更多具有核心竞争力的创新型企业。开园以来,天开园创新创业氛围持续高涨,汇聚优秀企业突破千家,核心区入驻项目中高校成果转化项目占比50.9%。天开园未来将形成若干与高校优势学科内涵关联的创新型产业集群,科创资源“聚宝盆”正在转化为创新发展“动力源”,天开园正以日新月异的面貌,成为津沽大地创新创业的新沃土。

亮点四:重大项目接连落地扎根,制造业发展积蓄“新势能”

重大项目是推动高质量发展的“强引擎”和“硬支撑”。我市推动安排具有引领性、示范性、带动性的重大项目,强化关键领域重点项目对高质量发展的支撑作用,2023年重点项目清单总投资19200亿元,年度计划投资2361亿元,项目数量、体量、质量“三量齐升”。今年,一汽丰田、长城汽车新能源车型顺利下线,环欧高效太阳能超薄单硅晶片项目成功投产,空客二线、中石化120万吨乙烯、大众变速器APP550动力电机等优质项目稳步推进,联想集团创新产业园、华为北方总部在天津落成。南港工业区获批全国智慧化工园区,中国石化、中国石油、中国海油、壳牌、立邦、亨斯迈等“重量级”大咖带动千亿级石化产业集群强势崛起。一个个优质项目厚植扎根,一项项技术创新不断突破,我市制造业高质量发展“稳”的基础不断夯实、“进”的势能持续凝聚。

亮点五:海河消费季点燃城市烟火气,国际消费中心城市建设蹄疾步稳

2023年被称为“天津消费年”。天津立足国际消费中心城市建设,举办第三届海河国际消费季,开展各类促消费活动超500场,有效激发消费潜力。前三季度,服务业增加值增长5.5%,住宿和餐饮业增加值增长19.6%,快于地区生产总值增速15.0个百分点。“超级黄金周”消费市场表现火爆,全市接待游客、实现旅游收入分别比2019年增长35.2%、67.0%,酒店住宿同比大幅增长1400%,夜间时段消费同比增长近300%,天津成为黄金周国内周边游热门目的地TOP10。从今年起,旅博会永久落户天津,消费市场向阳而生,消费升级大潮澎湃,打造一座具有“国际范儿”的消费之都,天津锚定目标、步履坚实。

亮点六:夏季达沃斯论坛把脉全球经济,“天津声音”唱响世界

世界目光再次聚焦天津。2023年6月27日至29日,世界经济论坛第十四届新领军者年会(2023年夏季达沃斯论坛)在天津举行,夏季达沃斯论坛时隔四年在中国重启、时隔五年再回天津,吸引了来自近百个国家的约1500名各界精英和创新人士参加。本次论坛主题为“企业家精神:世界经济驱动力”,论坛设有重启增长、全球背景下的中国、能源转型和材料供应等6个专题和170多个场次的分论坛,论坛将发起或推动超过25项倡议和联盟,在气候问题、数字技术革新、加速全球互联等领域采取联合行动,推动重塑世界经济繁荣。透过夏季达沃斯论坛这个窗口,天津以开放包容、活力友好、创新发展的姿态,倾听全球声音,汲取全球智慧,不断提升自身的国际影响力和话语权,以更高水平改革开放赢得更广阔未来。

亮点七:经济政策举措密集出台,民营经济发展跑出“加速度”

民营经济是推进中国式现代化的生力军,是高质量发展的重要基础。2023年,天津高规格召开推动民营经济高质量发展大会,大力提振民营企业家

发展信心、持续优化民营经济发展环境、充分激发市场主体活力。相继发布了支持民营经济发展17条措施、民营经济发展壮大29条等政策措施,从完善制度机制、拓宽投资领域、加强融资支持等方面全方位为民营经济发展“加油”。前三季度,新登记民营经济经营主体23.4万户,同比增长13.8%,占全部新登记经营主体的99.2%,民营经济增加值同比增长5.4%,民营经济税收、限上民营企业批零增速均好于全市平均水平。随着一系列政策举措发挥效应,民营经济主体将进一步释放澎湃动能,民营经济发展将迎来更为广阔的舞台和更加光明的前景。

亮点八:打造智慧绿色枢纽港口升级版,港产城“融”出新成效

天津全面贯彻“大港口、大开放、大循环”理念,构建港产城深度融合发展新格局。2023年,天津港集装箱航线总数达到145条,同世界上180多个国家和地区的500多个港口保持贸易往来,中远海运、马士基等船运公司的多条航线效率保持全球领先,天津港成为全球首个滚装码头全部实现“零碳”运营的港口。国务院批复设立天津临港综合保税区,重点打造海洋经济、氢能等标志性产业链,综合保税区是我国开放层次最高、政策最优、功能最全、通关最为便捷的海关特殊监管区域。适港产业发展带来新一轮经济增长,海水淡化、高端装备等海洋新兴产业加快发展,海洋经济规模突破3300亿元。随着港产城融合发展的持续推进,一幅以港口为圆心、以适港产业为半径,港为城用、城以港兴的全新港口经济圈次第展开。

亮点九:“零碳”项目形成示范效应,绿色低碳发展实现新突破

绿色是高质量发展的底色。天津加快生产生活方式绿色变革,2023年,市级绿色工厂超过300家,累计投入资金26亿元,产值规模突破4000亿元,带动制造业绿色低碳水平的整体提升。20家企业入选2023年国家级绿色工厂名单,6家企业入选国家级绿色供应链管理企业名单,国家级绿色制造单位累计达到150家,保持全国前列。“零碳”项目正在形成示范效应,城乡建设、交通运输、工业生产、农业农村、绿色生活五大领域形成了28个优秀场景,为绿色

低碳高质量发展提供样板。绿色金融持续创新，发布全国首个聚焦企业“环境、社会、治理”绩效的省级评价指南，145家碳交易试点企业全部完成年度碳配额清缴工作，全国率先完成履约，履约率连续8年保持100%。追青逐绿，久久为功，天津高质量发展的绿色底色不断厚植。

亮点十：世界智能大会亮点频现，智慧生活新图景闪耀津城

2023年5月18日至21日，第七届世界智能大会在天津举行。本次大会以“智行天下 能动未来”为主题，聚焦智能科技赋能经济社会发展，聚合天下英才共谋智能未来，聚力全球共赢共享智慧成果，全面打造展示智慧天津、数字中国的全新窗口。智能科技展设置了人工智能等10个主题展示区和5G、智能网联车2个智能体验区，世界500强、国内智能科技领军企业及高校等近500家参展。会上签约亿元以上重点项目98个，协议总金额约815亿元，涉及新一代信息技术、汽车、生物医药、装备制造等产业链。七年来，世界智能大会“以会兴业”步伐愈发坚实，持续为天津高质量发展注入澎湃新动能。

二、天津经济发展2024年十大看点

看点一：落实“十项行动”显成效，高质量发展之路越走越宽

2024年是天津全面建设社会主义现代化大都市的关键时期，“十项行动”提出今后五年，天津经济总量力争达到2万亿元左右，全社会研发投入强度保持3.7%左右，国家级高新技术企业数量达到1.5万家，经营主体达到230万家，上市企业超过140家。天津拥有京津冀协同发展战略优势、产业基础优势、科技教育人才核心优势、港口“硬核”优势、城乡空间资源优势，推进高质量发展潜力巨大、空间广阔。“十项行动”是推动天津各项优势转化为高质量发展胜势的行动策略，天津将充分运用政策牵引、改革创新、科技赋能等多重手段，巩固优势、盘活资源，扬长补短、提质增效，以“十项行动”再塑天津活力，创造性地开展全面建设社会主义现代化大都市的生动实践。

看点二:“三链”深度融合“一条龙”,京津冀创新协同走深走实

服务京津冀协同发展走深走实,立足全国先进制造研发基地功能定位,2024 年,天津将在加强协同创新和产业协作上下功夫,持续推动京津冀产业协同发展工程、产业集群培育工程、优质企业锻造工程等八大工程,协同打造京津冀创新链产业链人才链深度融合“一条龙”,联动产业链上下游、大中小企业、产学研等力量,开展技术联合攻关、应用场景联建,共建京津冀国家技术创新中心,以产业链“织网工程”为载体,完善建立政企间、企业间、行业间的链接服务网络。打造我国自主创新的重要源头和原始创新的主要策源地,不断提升区域辐射带动能力,推动京津冀协同创新迈出新步伐。

看点三:抢占发展“智”高点,制造业持续加“数”前进

全局上谋势,关键处落子。天津持续加快传统产业和中小企业数字化转型,着力提升高端化、智能化、绿色化水平。预计到 2027 年,全市规模以上工业总产值将达到 3 万亿元左右,战略性新兴产业规模将突破 1 万亿元,全国先进制造研发基地建设取得重大进展。2024 年,天津将加快推动工业互联网创新发展,紧紧围绕制造业数字化转型,构建多层次工业互联网平台体系,不断提升企业数字化、网络化、智能化发展水平。实施新智造拓能工程,以“智造”促变革,打造一批智能制造典型应用场景,培育一批具有较强竞争力的智能制造系统解决方案供应商。乘“智”而上,加“数”前行,智造赋能向新而生,拼出天津“制造强市”新图景。

看点四:更好引领支撑高质量发展,滨海新区当好经济发展龙头引擎

担起支撑引领之责,承载厚望。2024 年,滨海新区将充分发挥国家级新区综合优势,以高标准高水平先行先试引领全市改革开放。加快打造京津冀协同发展战略合作功能区和“一基地三区”核心区。推动制造业高端化、智能化、绿色化发展,深度融合现代服务业与先进制造业,打造中国北方现代化产业基地。加快打造大科学装置和创新基础平台,着力突破一批“卡脖子”关键技术。

大力发展港口经济和适港产业，持续推进“滨城”十大工程项目建设，实现以港促产、以产兴城、以城育港。应势而谋、乘势而上，滨海新区持续打造引领全市高质量发展增长极。

看点五：创响“近代百年看天津”，国际消费中心城市再升级

2024年，天津将加快建设展示中国文化和天津魅力的国际消费中心城市。围绕“圈、街、楼、店、网”优化消费载体，完善“国际消费地标—市级特色商圈—区级消费中心—社区便民服务”商业空间格局，建设特色化、专业化商业街区，提升商务楼宇、历史风貌建筑消费承载力，培育时尚店铺，不断增强消费数字化水平。聚焦“商、文、旅、康、创”优化消费供给，推进消费品制造业智能化、绿色化、融合化，深度发掘河、海、山、港、洋楼资源，创响“近代百年看天津”“万国建筑博览会”文旅消费品牌，营造“近者悦、远者来”的消费环境。天津的国际知名度、消费繁荣度、商业活跃度将全面提升。传承百年商埠底蕴，国际消费中心城市“天津样板”值得期待。

看点六：八大未来产业抢跑“新赛道”，新质生产力正形成发展强动力

未来产业代表新一轮科技革命和产业变革方向。2024年，天津围绕落实《滨海新区培育新赛道 打造未来产业创新高地行动方案》，将聚焦生物制造、细胞和基因治疗、脑科学与智能医学、自主信创、深海探采、空天利用、先进能源、新型材料8大领域，布局建设10个未来产业集聚区，构建50个未来技术典型应用场景，培育100个未来产业发展平台和龙头骨干企业，推动硬核成果不断涌现和未来产业产值大幅增长，打造国内领先、国际一流的未来产业创新高地。未来产业正在加速形成新质生产力，推动天津经济迈入高质量发展新阶段。

看点七：打造5个经济聚集区，平台经济发展前景备受期待

平台经济是经济社会的重要组成部分，也是全球经济发展的统一趋势。近年来，天津生产性服务领域平台经济发展迅猛，汇聚了以云账户、拾起卖、今

日头条等为代表的知名平台企业100家以上,规模预计超2200亿元,与华为、百度、58集团等企业相继签署战略合作协议,平台经济逐步成为推进全市制造业高质量发展的新动能。在《关于推动生产性服务领域平台经济健康发展的实施意见》等政策红利推动下,天津稳步推动平台经济全方位发展,到2025年,引进全国知名生活性服务领域平台企业区域性总部或功能性总部20个,到2027年,重点领域汇聚超过200家知名平台企业,打造5个平台经济聚集区,整体发展水平达到全国领先。平台经济不断塑造发展新优势,为高质量发展持续赋能。

看点八:"一品一策"擦亮"津"字招牌,老字号老品牌迎来发展新舞台

天津启动老字号"焕新计划",推动老字号老品牌创新发展、焕发活力。2024年,天津将聚焦振兴工业老字号老品牌,促进工业老字号老品牌重点企业落实落细定制化"一品一策",建设工业老字号老品牌体验店街区、消费集聚区,营造原汁原味的消费场景,推动建设凸显文化特色、工艺传承的企业博物馆,举办工业老字号老品牌主题展会、博览会,拓展富有知识性、趣味性、观赏性和体验性的工业旅游精品线路。在传承中创新、在创新中传承,老字号老品牌持续焕发新生机、绽放新魅力。

看点九:"小体量"释放"大能量",中小企业焕发发展新活力

中小企业是国民经济发展的重要有生力量,是现代化经济体系中不可或缺的组成部分。天津"专精特新"中小企业持续向重点产业集聚,累计形成7个国家级中小企业特色产业集群,有效期内创新型中小企业达3000余家,专精特新中小企业达1579家,全市两化融合水平居全国第七位。2024年,天津将以推动中小企业高质量发展为核心,壮大优质中小企业群体,擦亮"专精特新"金字招牌,建立"企业+服务商"联动机制,协同推进中小企业数字化转型工作,加大金融支持中小微企业"专精特新"发展力度。中小企业不断激发创新创造活力,为经济高质量发展注入充沛动力。

看点十:布局"一城多园"新载体,锻造工业软件产业"硬实力"

软件是促进产业变革和驱动未来发展的重要力量。天津市软件产业 10 年间规模翻了两番,现有规模以上软件企业 1000 余家,从业人员达到 10 万人,培育形成了飞腾、海光、麒麟、中科曙光等一批领军企业,打造了 CPU 设计、操作系统、数据库、超级计算、信息安全服务等具有影响力的产业链条。2024 年,天津将全力创建"中国软件名城",围绕信创产业、网络货运、算力服务等领域,筹备创建"中国软件名园",加快建设天津软件园、中国信创谷、天河数字经济园以及河西区八大里数字经济园等园区,以"一城多园"载体全面支撑软件产业发展。

宏观经济分析篇

2023—2024 天津经济发展形势分析报告

天津社会科学院经济分析与预测课题组①

摘　要： 2023 年，全球经济总体呈现恢复性增长，但不同经济体增长势头出现明显分化，发展动力不足依然是制约世界经济由复苏走向扩张的最大因素。2023 年前三季度，天津持续释放稳经济政策效应，扎实推进高质量发展“十项行动”，宏观经济稳定恢复，投资结构不断优化，消费市场亮点频现，外贸发展逐步回稳，新动能发展提质增速，经济发展环境持续优化。在多重有利因素的协同推动下，预计天津 2024 年地区生产总值同比增长在 4.3% 到 4.9% 之间，地区经济增长较 2023 年进一步提升，经济运行稳定恢复态势更加巩固。为进一步推动天津经济向好向优发展，持续增强经济内在韧性和增长活力，提出夯实高质量发展产业基础、发挥有效投资关键作用、促进消费重点领域发展、推进外贸发展稳中提质等对策建议。

关键词： 天津经济　高质量发展　内生动力

① 课题组成员：董微微、刘俊利、杨志、谢心荻、王瀚林、李晓欣、单晨、王立岩

一　天津经济运行的国内外环境

(一)全球经济呈恢复性增长,走向复苏新阶段

2023 年,全球经济呈现恢复性增长。主要国家积极采取一系列颇有成效的财政政策、货币政策、产业政策、就业政策等宏观经济政策,有效应对能源危机、通货膨胀等问题,增强了经济发展韧性。但也要清醒看到,各国在经济复苏道路上的步调并不一致,恢复性增长持续呈现分化态势,世界发展格局正在不断被重塑,全球发展不平衡问题依然突出。同时,影响世界经济走势的不安全、不稳定、不和谐因素依旧存在,各类突发事件、各种超预期影响因素也在破坏经济全球化、干扰经济复苏进程。面对全球经济复苏与政治经济发展新变化,天津作为我国重要的外向型经济城市和京津冀世界级城市群的海上门户,要有效应对全球经济风险与挑战,依托自贸区发挥政策先行先试优势,推动外资外贸领域高质量发展,加快高水平改革开放建设。

第一,世界经济迈入恢复性增长轨道。国际货币基金组织报告显示,预计 2023 年全球经济增速将达 3%。经济合作与发展组织也将经济增速上调至 3%,高于此前预期 0.3 个百分点,世界经济总体呈现恢复性增长态势。从发展前景来看,动力不足依然是制约世界经济加速发展、实现从恢复性增长迈向扩张性增长的最大因素。国际货币基金组织、经济合作与发展组织分别将 2024 年经济增长预期下调至 2.9%、2.7%,较前期预测分别降低了 0.1 个百分点和 0.2 个百分点。

第二,不同经济体增长势头呈现分化。在发达经济体中,美国经济得益于消费与投资市场状况的改善,经济增长回升势头明显。与此相反,欧元区经济增长速度较为迟缓,内外部需求持续低迷,综合采购经理人指数低于荣枯线,经济发展存在停滞风险。新兴市场和发展中经济体情况较为乐观,中国经济市场表现依旧强劲,成为全球经济稳定增长的重要引擎。

第三,国际经济新走廊为全球发展注入新动能。2023 年是提出共建“一

带一路”倡议十周年，随着“中巴经济走廊”“中俄蒙经济走廊”等国际经济走廊建设持续深化，有效增进了中国与南亚、中亚的贸易往来，通过多领域合作，凝聚了北非与海湾国家，为畅通全球经济要素循环、促进地区经济发展起到了重要作用。“一带一路”建设极大促进了共建国家和地区之间的全方位合作，为推动共建国家融入世界经济格局提供了绝佳机遇和发展平台，也为全球经济实现包容性增长注入了新的动力和活力。

（二）我国经济恢复向好，高质量发展稳步推进

2023 年以来，在以习近平同志为核心的党中央坚强领导下，各地区各部门扎实推进高质量发展，汇聚各项接续政策合力，推进扩大内需战略同深化供给侧结构性改革有机结合，生产供给稳步增加，市场需求不断扩大，经济发展量质齐升。

第一，国民经济持续恢复向好，市场预期稳定改善。2023 年前三季度国内生产总值 913027 亿元，按不变价格计算，同比增长 5.2%。从环比看，三季度国内生产总值环比增长 1.3%。环比增速连续五个季度实现正增长，经济运行持续恢复向好态势明显。分产业看，第一产业增加值 56374 亿元，同比增长 4.0%；第二产业增加值 353659 亿元，增长 4.4%；第三产业增加值 502993 亿元，增长 6.0%。第一、二、三产业对经济增长贡献率依次为 5%、31.9%、63%。市场预期改善向好，9 月份的制造业采购经理指数（PMI）重返扩张区间，非制造业商务活动指数扩张力度进一步增强。

第二，消费市场持续回暖，投资结构不断优化。2023 年以来，各地将促进消费市场恢复作为稳增长的关键，推动各种促消费政策措施落地实施，供需两端协同发力，消费持续增长的利好因素不断累积。2023 年前三季度，社会消费品零售总额同比增长 6.8%，服务零售额同比增长 18.9%，服务消费恢复势头强劲；固定资产投资（不含农户）同比增长 6.0%（扣除价格因素影响），较 2022 年同期提高 2.5 个百分点。制造业投资同比增长 6.2%，增速连续两个月加快；高技术产业投资同比增长 11.4%，其中，高技术制造业、高技术服务业投资分别同比增长 11.3%、11.8%。多举措促进民营企业发展壮大，强化民间资本

项目推介,民间项目投资(扣除房地产开发投资)增长 9.1%。

第三,工业生产恢复加快,服务业持续向好。2023 年前三季度,全国规模以上工业增加值同比增长 4.0%,较上半年提高 0.2 个百分点。从细分三大门类看,采矿业、制造业、电力、热力、燃气及水生产和供应业增加值分别同比增长 1.7%、4.4%、3.5%。服务业增加值同比增长 6.0%,对国民经济增长的贡献率为 63.0%,拉动国内生产总值提高 3.3 个百分点。现代服务业动能充沛,信息传输软件和信息技术服务业、租赁和商务服务业、金融业增加值分别同比增长 12.1%、9.5% 和 7.0%,合计拉动服务业增加值提高 2.6 个百分点。随着居民消费需求持续释放,接触性服务业恢复活力,住宿和餐饮业、批发和零售业增加值分别同比增长 14.4% 和 6.1%。居民人均服务性消费支出同比增长 14.2%,较上半年提高 1.5 个百分点。

二 2023 年天津经济运行形势分析

天津市扎实推进高质量发展"十项行动",生产供给稳步增加,市场需求保持平稳,就业物价总体稳定,居民收入持续增长。根据地区生产总值统一核算结果,2023 年前三季度天津地区生产总值为 12252.61 亿元,按不变价格计算,同比增长 4.6%,经济运行总体稳定恢复,高质量发展取得积极成效。

(一)产业生产稳步回升,产业结构优化升级

第一,农业生产形势良好,农副产品产量增加。2023 年前三季度,农林牧渔业总产值同比增速为 4.6%,比上半年提高 0.5 个百分点,主要秋粮作物涨势良好。蔬菜产量总体呈现微增态势,蔬菜产量为 180.79 万吨,同比增长 0.7%。猪、牛、羊肉类产量分别增长 13.5%、8.5% 和 11.9%,与全国相比增势明显,生牛奶和禽蛋产量分别增长 8.7% 和 20.0%。猪、牛、羊出栏分别增长 10.5%、6.5% 和 13.4%。水产品产量增长 13.5%,与全国相比优势明显。

第二,工业生产逐季恢复,新产品产量快速增长。2023 年前三季度,规模以上工业增加值同比增长 3.5%,与全国(4%)相比仅相差 0.5 个百分点,比上

半年和一季度分别加快0.3个百分点和0.4个百分点。民营企业对天津工业生产依然保持较大贡献，三季度同比增长3.3%，快于规模以上工业1.3个百分点；国有企业的增速较为稳定，同比增长5.0%；外商及港澳台商企业增长2.7%。总的来说，当前工业经济虽面临需求不足等困难，但长期向好的基本面依然稳固。

第三，服务业总体保持平稳，现代服务业增长较快。2023年前三季度，服务业增加值同比增长5.5%，占全市地区生产总值的63.1%，与2022年同期相比，增加4.3个百分点。其中，住宿和餐饮业增长尤为明显，其增加值同比增长19.6%，较2022年有一定回升。金融业与交通运输、仓储和邮政业增长较快，分别同比增长6.0%和7.4%，批发和零售业增加值增长1.9%，反映出天津服务业发展"十四五"规划初步取得成效，尤其是2023年前三季度密集开展文旅、会展等活动，充分带动了住宿餐饮、交通运输等行业的快速发展。

（二）投资结构持续改善，投资空间不断拓展

第一，固定资产投资降幅持续收窄。投资连接供给和需求，对于稳定经济增长、优化供给结构具有关键性作用。2023年前三季度，固定资产投资（不含农户）同比下降20.8%，低于全国平均增速。新产业投资平稳增加，以电动载人汽车、锂电池和太阳能电池为代表的"新三样"保持较快增长，高技术产业投资同比增长6.3%，高技术制造业投资同比增长3.1%。

第二，基础设施建设投资保持恢复态势。基础设施是经济社会发展的基础和必备条件，2023年前三季度，尽管基础设施投资下降12.6%，但电力、热力、燃气及水生产和供应业投资增长25.0%，反映出民生类基础设施投资加速。增加大型、重点基础设施项目储备，强化重大项目库管理和应用，有助于增强对经济社会发展的带动和支撑作用。

第三，社会领域投资活力进一步激发。社会民生领域补短板的力度持续加大。2023年1—7月，天津教育、卫生和社会工作、文化体育和娱乐业等社会领域投资增长24.4%，拉动全市投资增长0.6个百分点，占全市投资的3.8%。其中，教育投资增长34.0%，卫生和社会工作投资增长27.1%，提高社会领域

投资效率,更好满足人民对美好生活的需求。

(三)消费市场稳步恢复,文旅消费成为热点

第一,消费品市场呈平稳恢复态势。天津启动“2023 消费年”行动,下大力气扩内需、抓消费,将恢复和扩大消费作为经济工作的重中之重,围绕刺激消费需求、加大消费供给、推动消费升级等方面不遗余力,全方位赋能消费市场。2023 年前三季度,天津社会消费品零售总额同比增长 6.9%,较 1—8 月加快 0.6 个百分点,消费品市场恢复态势进一步巩固。同时,与全国相比,天津社会消费品零售总额同比增长快于全国平均水平 0.1 个百分点。

第二,网络消费增势强劲。得益于数字经济、平台经济的快速发展,以网络消费为代表的新型消费规模不断扩大,对当前消费市场复苏起到了关键作用。2023 年前三季度,天津限额以上网上零售同比增长 13.2%,较 1—8 月提升 1.8 个百分点,较上半年加快 3.2 个百分点,连续 7 个月保持两位数增长。1—9 月,网上零售占限额以上社会消费品零售总额的 31.2%,较 2022 年同期提升 1.5 个百分点。

第三,接触性消费与服务消费加速恢复。2023 年以来,线下各类消费场景恢复正常开放,接触性消费、服务消费迎来了较大幅度的增长。2023 年前三季度,购物中心、百货店和便利店零售额分别增长 26.0%、10.9% 和 10.4%;住宿和餐饮服务业增加值增长 19.6%,较地区生产总值增速快 15.0 个百分点。

第四,升级类商品需求旺盛。伴随人们收入水平的持续提升,居民消费结构不断升级,智慧化、绿色化、个性化消费需求旺盛,升级类商品零售增长持续加快。2023 年前三季度,在限额以上商品中,新能源汽车、智能手机商品零售额分别增长 52.7% 和 39.1%。此外,金银珠宝类和家用电器、音像器材类零售额分别增长 24.8%、24.4%。

第五,文旅消费市场异常火爆。2023 年以来,天津文旅市场呈现强势复苏,春节、劳动节、国庆节等假日消费点燃了整个消费市场。春节假期,天津共接待的游客人次、实现的旅游收入分别较 2022 年同期增长 222.2% 和 315.5%,较 2019 年同期增长 36.7% 和 53.7%。国庆“超级黄金周”假期中,

从监测的 496 家商贸企业数据情况来看,假期累计销售、累计客流量分别增长 57.8% 和 87%。

(四)外贸新业态新模式加速推进,新兴市场表现抢眼

第一,对外贸易增速回升,外贸发展内生动力增强。2023 年前三季度,进出口总额累计同比增速较1—8 月提升 0.15 个百分点,增速虽有波动,但总体呈现回升态势。2023 年第三季度,月度进出口总额同比增速逐月提升,9 月的月度进出口总额同比增速较 8 月提高 3.7 个百分点。民营外贸企业发挥了稳外贸的重要作用,2023 年 3 月以来,民营外贸企业的进出口增速始终处于正增长区间。2023 年前三季度,民营外贸企业进出口累计同比增速为 1.88%,进出口总额占全市的 43.8%。国有企业和外商投资企业增速降幅收窄。2023 年前三季度,国有和民营外贸企业进出口总额占全市的比重合计超过 53.1%,外贸发展内生动力不断增强。

第二,保税物流保持增长,新业态新模式发展壮大。保税物流进出口额增速保持正增长,2023 年前三季度,累计同比增速为 9.18%,高于全国保税物流平均水平 2.4 个百分点。外贸新业态新模式加快发展,平行进口汽车产业链不断完善,有力促进平行进口汽车企业聚集,平行进口试点企业和平台数量居全国首位。2023 年前三季度,天津口岸进口平行车超 2.8 万辆,同比增加 2.6%,占全国平行车进口总量的 80% 以上。绿色融资租赁高质量发展,创新形成离岸贸易“外汇管理部门 + 属地行政主管部门 + 商业银行 + 离岸贸易企业”四方联合现场办公的“天津模式”。跨境电商创新试验园区加快发展,持续推进跨境电商生态圈构建与完善。推出“离岸贸易 + 跨境电商”业务模式,大力发展“跨境电商 + 产业带”等新模式,有力促进新业态新模式融合发展。

第三,外贸产品结构不断优化,新兴市场表现抢眼。机电产品支撑出口大盘。2023 年前三季度,机电产品出口增长 3.7%,上拉出口增速 2.2 个百分点,占全市出口总值的 64%。锂离子电池、太阳能电池、电动载人汽车“新三样”合计出口增长 39.8%,其中,电动载人汽车增速达到 297.2%。农产品出

口增势良好,出口增长 39.7%,上拉出口增速 0.7 个百分点。其中,番茄酱罐头等部分特色农产品出口持续快速增长。外贸市场结构分化明显,与俄罗斯和非洲、中亚、西亚部分国家的经济关系日益紧密。2023 年前三季度,对俄罗斯进出额、出口速、进口增速分别为 12.43%、19.17%;对拉美、非洲、中亚进出口分别增长 19.3%、17%和 47.6%。其中,对拉美、中亚出口分别增长 20.5%和 73.2%,自拉美、非洲进口分别增长 18.2%和 7.3%。

(五)产业集群化态势明显,新动能发展蓄势聚力

第一,战略性新兴产业成龙配套、成链成群效果显著。2023 年以来,天津坚持制造业立市,实施制造业高质量发展行动,推进全国先进制造研发基地建设,加快构建"1+3+4"现代化产业体系。2023 年前三季度,制造业实现增长 3.0%,新产业保持较快发展,战略性新兴产业增加值同比增长 2.6%,较 2022 年提高 2.2 个百分点,其中工业增加值占规模以上工业比重达到了 24.8%,拉动了全市规模以上工业 0.6 个百分点。深入实施产业链"链长制",推进重点产业链延链、补链、强链、优链,12 条重点产业链对全市规模以上工业带动作用明显。在链规上工业企业增加值增长 4.0%,快于全市规模以上工业 0.5 个百分点,占规模以上工业增加值的比重超过八成,达到 80.5%,较上半年提高 0.3 个百分点。

第二,中小企业向"专精特新"升级发展步伐加快。中小企业制造业发展水平持续提升。2023 年前三季度,中小微企业总体呈现持续恢复性增长态势,中小微企业增加值同比增长 2.8%,占规模以上工业的 40.8%,拉动全市规模以上工业 1.1 个百分点。民营经济活力不断增强,民营企业增加值同比增长 3.3%,占规模以上工业的 24.1%,拉动全市规模以上工业 0.8 个百分点。作为中小企业"领头羊"的"专精特新"企业创新能力强、成长性好,成为推动经济高质量发展的重要驱动。"专精特新"中小企业增加值同比增长 2.1%,占规模以上工业的 12.8%,拉动全市规模以上工业 0.3 个百分点。

第三,国家级产业聚集成群增添发展新动能。立足全国先进制造研发基地功能定位,聚焦新一代信息技术、装备制造、新能源、汽车、航空航天等优势产业,着力推进要素整合、平台聚合、产城融合,加快培育优势特色产业集群,

现已有滨海新区生物医药外包服务产业集群、津南区中低压阀门产业集群、静海区自行车产业集群、宝坻区动力电池材料产业集群、滨海新区车规级芯片产业集群、滨海新区自主可控信息安全设备产业集群、东丽区新能源汽车动力系统产业集群7个国家级中小企业特色产业集群。天津高新区新能源产业集群、天津信息技术应用创新产业集群、北辰高端装备制造产业集群和天津泰达高端医疗器械产业集群4家国家级创新型产业集群加快建设,形成集群发展效能,有力支撑制造业高质量发展。

(六)扎实推进"十项行动",凝聚高质量发展合力

第一,以"十项行动"为引领,持续完善政策组合配套。天津全面贯彻落实党的二十大精神,全力以赴抓经济、促发展,加快推动实施高质量发展的"十项行动",聚焦京津冀协同发展、制造业高质量发展、港产城融合发展、滨海新区支撑引领、中心城区更新提升等事关天津未来长远发展的关键领域,出台具体行动方案和政策举措,明确具体目标任务和责任分工,出台了《天津市促进港产城高质量融合发展的政策措施》《滨海新区高质量发展支撑引领行动方案》《天津市城市更新行动计划(2023—2027年)》《天津市加快建设国际消费中心城市行动方案(2023—2027年)》等系列政策配套体系,为天津高质量发展提供政策指引和行动依据。

第二,持续推进科教兴市、人才强市行动,以人才引育和科技创新夯实经济发展根基。围绕产业链部署创新链、延伸创新链,支持和服务企业创新能力、搭建"赛、展、会、盟"引才聚才平台,为推动经济高质量发展凝聚人才智力合力。举全市之力推进天开高教科创园(简称"天开园")建设运营,着力构建"一核两翼"、辐射全市的总体空间发展布局,围绕企业开办、人才引进、科技成果转移转化等出台一系列创新举措,以科技创新赋能产业焕新。强化京津冀协同创新,加快京津冀协同创新共同体建设,共建京津冀国家技术创新中心,打造科技创新高质量发展的强劲引擎。完善全链条全流程科技服务体系,深化科技体制改革和人才发展机制体制改革,推进市级孵化器、众创空间等创新创业空间建设,优化科创服务生态体系。

第三,着力打造一流营商环境,更大力度培育和激发市场主体活力。印发《天津市新一轮优化营商环境措施》《天津市对标国务院营商环境创新试点工作持续优化营商环境若干措施》,持续优化政务、市场、法治以及人文环境,打造市场化、法治化、国际化一流营商环境。深入落实习近平总书记关于民营经济发展的重要论述,印发《关于进一步优化民营企业发展环境 加大力度支持民营经济发展的若干措施》,不断激发民营企业活力和创造力,着力提升民营经济发展质量和效益。制定实施"海关优化营商环境16条",高质量开展2023年促进跨境贸易便利化专项行动,持续优化口岸营商环境,促进天津外贸发展促稳提质。强化对外资企业发展的服务保障工作,建立重大外资项目市领导挂牌包联、专班工作推进机制,开展"外资招商大走访专项行动",召开外资企业圆桌会,提升外资引入和利用水平。

三 2024 年天津经济发展形势预测

2023 年,天津全面贯彻落实党的二十大精神,集中精力抓高质量发展,扎实有力推进"十项行动",全市经济稳定恢复,多个领域、多项指标出现积极变化。结合近期国内外经济发展态势以及天津 2023 年宏观经济总体趋势,课题组认为,在各项政策举措合力支撑引领下,2024 年天津经济运行将保持在合理区间,经济发展提质增效取得显著成效。

(一)天津经济发展面临的挑战与机遇

课题组认为,世界经济和贸易增长动能减弱以及国内犹存的"三重压力"将对天津经济发展造成压力。2023 年以来,全球经济逐渐复苏且韧性显现,但依然面临着复苏区域分化、全球政治形势变化、债务风险以及区域性经济危机等多重不利因素,全球经济增长动力不足。世界贸易组织(WTO)预测,2023年全球商品贸易量增长 0.8%,较 4 月份预测值(1.7%)下降 0.9 个百分点,全球贸易增长乏力将对天津出口贸易造成拖累。反观国内环境,随着各项稳经济政策的不断优化调整,经济运行总体向好发展,内部需求仍有待充分释放,需求收缩、供给冲击、预期转弱三重压力虽然转弱但依然存在,将在一定程度上对天津拓宽市场空间、巩固微观基础、改善市场预期等方面产生制约作用。

尽管面临着压力,促进天津经济恢复向好和支撑高质量发展依然具有诸多有利因素。第一,国内经济发展积极因素不断累积,有效需求持续释放,产业结构调整稳步推进,经济回暖步伐加快。我国稳定的发展环境以及超大规模市场空间是支撑天津经济稳定发展的根本保证。第二,天津推进制造业高质量发展,着力推进传统产业转型升级和高端制造业发展,推进高端制造业与现代服务业深度融合,促进数字经济创新发展,不断塑造经济发展新增长点,为经济发展提供了强大动能。第三,积极推进国际消费中心城市建设,通过消费季、发展新业态等方式,大力拓宽消费市场,有利于消费规模持续提升。第四,紧抓"一带一路""《区域全面经济伙伴关系协定》(RCEP)"等政策机遇,积极拓展外贸市场,优化外贸产品结构,优化口岸环境,为外贸回稳向好提供支撑。第五,"十项行动"的深入实施赋予经济发展新动能。随着京津冀协同发展走深走实、滨海新区高质量发展支撑引领等行动贯彻落实,现代化经济体系不断完善,将有助于扩大有效需求、增强科技创新发展能力、提升开放型经济发展水平。2023 年前三季度,天津经济稳中有进、质效提升,为 2024 年实现经济发展目标奠定了坚实基础。

(二)天津经济发展形势预测

课题组采用天津市统计局发布的结构化经济数据,运用经济计量模型、灰色预测模型等方法,对 2024 年主要经济指标进行组合预测分析,提供了区间预测值,预测结果见表 1。

表 1　2024 年天津主要经济指标预测

预测指标	2024 年预测值
地区产值增长(%)	[4.3,4.9]
居民可支配收入(元)	[51167,53021]
工业增加值增长(%)	[4.1,4.8]

续表

预测指标	2024 年预测值
固定资产投资增长(%)	[2.2,3.0]
社会消费品零售总额增长(%)	[6.3,7.2]
公共财政收入(亿元)	[2081,2193]
CPI	[102.5,103.4]
PPI	[100.5,101.1]

资料来源:天津市统计局数据,后经课题组计算整理所得。

(三)预测结果描述

在我国宏观经济持续恢复向好的发展趋势和天津经济稳定恢复的发展态势下,预计 2024 年天津地区生产总值同比增长在 4.3% 至 4.9% 之间,实际经济增速较 2023 年进一步提升,带动居民可支配收入、公共财政收入实现稳步增长。随着制造业基础不断夯实,高质量发展步伐稳健,工业经济将实现质的有效提升和量的合理增长,预计工业增加值增长 4.1% 至 4.8% 之间。国内需求持续释放和供给模式质量的不断优化,将促进消费市场持续恢复,预计社会消费品零售总额增长 6.3% 至 7.2% 之间。经济增长企稳回升将带动社会预期持续改善,民营企业支持力度加大将有效激发民营资本活力,有助于固定资产投资实现增长,预计固定资产投资增速在 2.2% 至 3.0% 之间。消费需求逐步恢复,居民消费价值指数(CPI)同比上涨,预计天津物价会保持在合理区间运行。工业经济的稳定回升将促进工业品需求逐步恢复,生产价格指数(PPI)上涨可能性较大。

四　推动天津经济高质量发展的对策建议

(一)夯实高质量发展制造业基础,激发经济内生动力

第一,夯实制造业创新基础。强化创新战略支撑,激发产业发展新动能。

坚持把创新作为第一动力，加快构建以信创为主攻方向、以生物产业和高端装备为重点的“一主两翼”产业创新格局。完善国家级、市级、区级三级企业技术创新体系，促进各类创新要素向企业聚集，最终实现企业成为创新主体的目标。着力突破“卡脖子”技术在关键领域的应用，天开园的落地建设为突破“卡脖子”技术的应用提供了可能，天开园是以天津重点高校和“国字号”创新平台为依托，以关键核心技术突破、科技成果转化为重点的创新链与产业链深度融合的科技创新策源地。

第二，推动产业链优化升级。把产业链作为制造业立市的主要抓手、新动能引育和结构调整的主要路径、科技创新的重要载体、人才引育的有效实现方式，集中攻坚信创、高端装备、生物医药等 12 条重点产业链，将产业链细化落实到龙头企业、重点园区，精准推动产业链重点项目落地实施。巩固和提升优势产业链，推动天津产业链迈向价值链中高端，不断提升产业竞争力。

第三，不断提升企业活力。加强优质主体培育，构建以领航企业为引领、以“单项冠军”企业为支撑、“专精特新”中小企业跟进跃升的梯次发展格局，推动大中小企业融通发展，形成支撑制造业立市的主力军。强化“雏鹰”“瞪羚”、领军企业的梯度培育模式，引导各类创新要素向企业集聚。从技术攻关、产业生态培育、财税金融支持等方面加大政策支持力度，着力优结构、强创新、拓市场、育生态，推动“专精特新”企业加快发展。把招商引育的重点放在吸引符合区域资源优势和重点扶持产业的生态链子公司，如生物医药、新能源新材料、人工智能、高端装备、信创等，通过引育龙头企业或细分行业龙头企业，带动产业链上下游发展，让更多优质企业反哺，促进新经济产业裂变。

第四，加强人才队伍建设。建立起与新时期战略性新兴产业体系相适应的人才支撑体系。大力开展战略性新兴产业管理人才选拔工作，确保高层次人才队伍建设不断取得新成效。培育高素质工匠型人才队伍，积极设立高技能人才培训基地，支持中国（天津）职业技能公共实训中心、天津滨海新区先进制造职业技能公共实训中心，依托设施设备和技术优势开展社会化服务，实施职业技能提升行动，培育一批知识型、技能型、创新型的工匠人才。加强制造业人才队伍建设，采取针对性措施解决企业家、研发人员、产业工程师和管理人员、高素质产业工人等不同人才梯队当前面临的紧迫问题,切实提升人才供给质量,形成产业链升级的重要力量。加强促进产业链人才链深度融合的政策保障,加强顶层设计,完善财税金融、知识产权、人才培养等配套政策法规体系,引导企业树立和巩固信心,促进制造业改造升级,推动制造业高质量发展。

第五,数字赋能制造业高质量发展。推动大数据、云计算、区块链等前沿技术同实体经济、人民生活、社会治理深度融合,贯通生产、分配、流通、消费各个环节,畅通产业循环、市场循环、经济社会循环,促进生产力整体跃升,加快制造业高端化、智能化、绿色化发展。一是聚焦高端装备制造、电子信息、新材料等产业,以龙头企业为引领,联合产业链上下游企业、高校、科研院所等创新主体,共同构建产业创新战略联盟,促进科技成果转移转化,推动产学研用深度融合,提升产业高端化水平。二是加强数字技术的创新和应用,加快制造业生产模式由流水线生产转向定制化生产,致力数字孪生、人机交互等技术的开发和应用,从技术研发、生产运维、供应链管理等方面提高效率,赋能智能制造全面升级。三是利用数字技术的便捷性、有效性特点提高资源使用效率,降低制造业单位能耗和污染排放,为建设涵盖绿色设计、绿色生产、绿色工厂的全绿色制造供应体系提供技术支撑。

(二)发挥有效投资关键作用,做实做强做优实体经济

第一,拓展民间资本投资空间。支持民间投资参与重大项目建设,吸引民间资本参与“十项行动”等重点任务和重点项目,拓展民间资本获取项目的渠道。遴选一批经营性的重大工程项目和新型基础设施项目,采取市场化机制,鼓励和支持民营企业参与投资建设,发挥示范带动效应。将数字化、智能化、生态化建设融入城市更新、公共服务、乡村振兴等领域,提高资金使用效益及精准度。

第二,鼓励重点行业扩大利用外资。全面落实外资准入政策措施,支持外商投资高端装备、基础元器件、关键零部件等先进制造业和高新技术领域,设立研发中心开展科技研发创新活动,承担和参与国家、省级重大科技计划项目。吸引更多外资企业在津布局研发、区域总部等核心功能。借助北京服贸会、厦门投洽会、上海进博会等大型会展平台,鼓励企业“走出去”,组织开展投

资促进活动,吸引更多优质项目落户天津。

第三,进一步优化投资环境。有效投资的落地取决于资金、土地、能源、环保等多重要素。近年来天津市连续出台"天津八条""民营经济 19 条""支持民营企业改革发展 26 条""促进民营经济发展壮大 29 条"等惠企举措,带动民营经济不断壮大,要抓住当前经济恢复性增长的契机,优化财政政策、货币政策,多维度支持民营企业,不断提升投资便利度。持续破除投资市场准入壁垒,依法依规动态调整政务服务事项,编制标准化操作规程,最大限度减少行政审批自由裁量权,实现同一事项民营企业和其他市场主体投资无差别受理、同标准办理。强化竞争政策基础地位,健全公平竞争审查会审工作机制,对各类市场投资主体一视同仁、平等对待。依法查处滥用行政权力排除、限制竞争的违法行为。

(三)促进消费重点领域发展,全面赋能经济增长

第一,以京津冀消费市场协同促进天津消费市场发展。京津冀消费市场协同发展,是在京津冀协同发展、全国统一大市场建设背景下推进的,依然是要按照有为政府加有效市场的建设模式,让企业唱主角,政府发挥规划引领和政策保障作用。2023 年消费复苏成为带动国民经济恢复的重要增长点,京津冀区域要如何把握这一复苏机遇,发挥京津冀协同发展战略优势,至关重要。同时,天津在京津冀消费市场协同中,如何更好地发展并建设好本地消费市场,借协同之势为发展赋能尤为重要。

第二,把握"改善型"消费需求和扩大服务性消费规模。一方面,天津居民可支配收入受经济处于恢复阶段影响,出现暂时性收入增速趋缓,在一定程度上会制约居民消费能力提升。在收入增速减缓下,居民的享受型消费支出增长空间可能受到抑制,转而向"改善型"消费拓展,在"精打细算"之上追求"物美价廉质优"的商品消费将成为当前消费的一大趋势,包括健康绿色食品消费、节能换代电器消费、新能源汽车消费等将是热点消费领域。另一方面,随着经济社会的发展,人们对服务消费的需求从弱到强,也逐步演变为黏性、柔性需求。下一步,需要把服务性消费市场建设与平台建设、城市文化建设贯通

起来,做足做好服务性消费供给,不断提升服务消费质量,以更好的供给创造更多的需求。

第三,打造智慧消费场景。一方面,大力推广无接触式新零售模式,提升智能终端在商超、连锁便利店、咖啡馆等购物场景中的应用和普及,持续提高居民购物智能化服务水平。以中心城区城市更新为契机,加快和平路金街、意式风情街等的数字化升级改造,高标准建成一批示范类"智慧商圈""智慧街区"。另一方面,需加快完善数字基础设施建设,织密以5G通信设备为核心的信息化网络设施布局,加快工业互联网、物联网建设步伐,加速推动智慧化技术集成,切实增强对更高技术规格需求、更广泛消费业态场景的硬件支撑能力,不断提升对消费大数据分析与应用的服务能力。

第四,推动文旅火热的关键在于展现城市人文精神。无论是城市历史文化,还是当代"网红"流行,都要靠人来传承、传播,而体现一座城市文化底蕴的人文精神是内核。吸引外地游客,重要的是靠天津这座城市开放包容、乐观豁达的独特气质,而非几个网红景点。刻意打造、简单模仿,与城市精神内核相脱节,纵使景点一时"网红",也无法"长红"。这就需要想尽办法保护好、发展好、运用好能够代表这座城市人文精神、城市气质的人文美景,做足支撑配套,将人文美景与街区美景、消费场景融合起来,通过人流量来提升消费增量,做好消费导流。

第五,加快发展银发经济。构筑高水平适老化商业体系,推进老年友好型商业综合体建设,积极推动现有商业综合体硬件设施的适老化升级改造,鼓励商场在平时工作日推出针对老年群体购物、餐饮等的打折消费活动。深挖老年消费重点领域潜力,鼓励博物馆、美术馆、体育馆等在工作日非黄金时段设置老年消费时段,安排适宜老年群体的各类文创消费、体育竞赛活动。同时,鼓励艺术剧院编排更多弘扬传播中华优秀传统文化题材的戏剧、曲艺节目,满足高层次"以文养老"的需求。

(四)促进外贸发展稳中提质,增强经济发展支撑

第一,着力提升外贸企业能级。一是持续加大对外贸企业的支持服务力

度。用好重点外贸企业"白名单"制度，建立商务与海关、税务等跟踪服务重点外贸企业的部门联动机制，在通关、税收、金融保险等方面提升服务水平，持续做好重点外贸企业的监测预警工作，引导和激励重点外贸企业稳定并扩大进出口规模。加大对中小微外贸企业的扶持力度，推动金融、信息、服务、平台等发展要素向发展潜力大的中小微外贸企业倾斜，推动形成一批产品竞争力较强、特色优势突出的中小微外贸企业。加强对外贸企业的培训指导，围绕《区域全面经济伙伴关系协定》(RCEP)等政策机遇、新型贸易方式、国际贸易趋势和风险等方面，持续开展专题培训和经验分享交流活动，强化对企业的公共服务和指导，帮助企业提高市场敏感度。二是大力培育外贸双循环企业。支持企业充分利用"两个市场""两种资源"，加强关键技术和内外贸一体化融合发展商业模式创新，推动内外销产品"同线同标同质"，促进产销对接、供需匹配，培育一批内外贸一体化标杆企业。三是持续开拓和优化国际市场。深耕细作东盟、日韩、美国等传统贸易市场，深入挖掘"一带一路"共建国家和地区的经贸合作潜力，抢抓《区域全面经济伙伴关系协定》(RCEP)关税减让、原产地累积规则等政策机遇，支持企业线上线下开拓国际市场，积极参加中国国际投资贸易洽谈会、中国国际服务贸易交易会等活动，持续办好世界智能大会、世界经济论坛、天津意大利中小企业经贸投资对接会等活动，充分发挥大型对外交流活动的招商引资效用。

第二，持续壮大外贸新业态新模式。一是持续提升开放平台的载体功能。推动开放平台联动创新，发挥自由贸易试验区、综合保税区、服务业扩大开放综合试点等的政策叠加优势，构建与国际接轨的开放政策和创新创业生态。深化京津冀自贸区协同发展，围绕重大制度创新试验、要素资源自由流动、优势产业协同发展等方面深化合作。二是推动外贸新业态新模式创新发展。加快中国(天津)跨境电子商务综合试验区建设运营，大力引进国内外知名跨境电商平台和企业，大力发展"跨境电商+产业带"模式，扩大跨境电商业务规模。加快海外仓建设，优化升级境外自用仓、传统仓为公共海外仓。促进公共仓与"海外智慧物流平台"等开展合作，实现海外仓信息资源共享共用。促进新业态新模式融合发展，发展"跨境电商+海外仓""跨境电商+市场采购"等新模式。三是加快发展数字贸易。对接国际高标准数字贸易规则,推进国家数字服务出口基地高标准建设,打造数字贸易载体和数字服务出口集聚区。大力发展文化旅游、中医药、软件与信息技术等特色优势服务贸易,建立“互联网+服务贸易”融合发展模式,推进服务贸易数字化进程。

第三,优化外贸发展环境。一是优化外贸发展金融环境。加强外贸财税金融支持服务,扩大政策性保险覆盖面,加大对外贸企业特别是中小微外贸企业的信贷支持力度,解决企业融资难、融资贵的问题。优化跨境结算服务,拓宽外贸新业态跨境结算渠道。鼓励银行加大宣传培训力度,提升外贸企业汇率避险能力,降低企业经营风险。二是不断提升贸易便利化水平。持续推广进口货物“船边直提”和出口货物“抵港直装”,推进跨境贸易便利化专项行动。畅通贸易通道,深化关港合作,推进关港集疏港智慧平台迭代升级,提升通关便利化水平。深入推进国际贸易“单一窗口”建设,优化和完善“单一窗口”服务功能,提高口岸信息化服务水平。三是优化外商投资环境。全面落实新版外商投资负面清单和《鼓励外商投资产业目录》,围绕公平竞争、投资便利化、要素保障等外资企业发展中的重点问题,持续优化外商投资环境。

参考文献:

[1] 中国人民大学中国宏观经济分析与预测课题组,刘晓光,刘元春等.夯实复苏基础的中国宏观经济[J].经济理论与经济管理,2023,43(09):18-38.

[2] 中国社会科学院宏观经济研究智库课题组,张慧慧,冯明等.加力提效扩大内需持续增强内生动力——2023年年中中国宏观经济形势分析[J].改革,2023,(07):1-10.

[3] 中国季度宏观经济模型(CQMM)课题组.2023—2024年中国宏观经济预测——兼论重塑消费增长动力的政策选择[J].厦门大学学报(哲学社会科学版),2023,73(04):9-17.

[4] 中国人民大学中国宏观经济分析与预测课题组,于泽,刘元春等.大调整下温和复苏的中国宏观经济——2022—2023年中国宏观经济报告[J].经济理论与经济管理,2023,43(04):13-35.

2023—2024
天津宏观经济景气分析与预测报告

刘永明　天津市统计局国民经济综合统计处

摘　要： 2023 年，天津市深入学习贯彻习近平新时代中国特色社会主义思想，扎实推动高质量发展“十项行动”，全市经济稳定恢复，生产供给稳步增加，市场需求保持平稳，就业物价总体稳定，居民收入持续增长，高质量发展稳步推进。同时，国内外环境复杂性、不确定性仍然较大，多重风险挑战依然存在，经济恢复基础尚不牢固。初步展望，2024 年天津市经济将继续呈现稳定恢复态势。下一阶段，要坚持以习近平新时代中国特色社会主义思想为指导，坚定信心、保持定力，不断推动经济运行持续好转、内生动力持续增强、社会预期持续改善，推动经济实现质的有效提升和量的合理增长。

关键词： 稳定恢复　高质量发展　十项行动

2023 年，天津市深入学习贯彻习近平新时代中国特色社会主义思想，全面贯彻落实党的二十大精神，以习近平总书记系列重要指示要求和党中央决策部署为科学指引，以纵深推进京津冀协同发展为战略牵引，以实施推动高质量发展“十项行动”为重点抓手，以实现质的有效提升和量的合理增长为主要目标，坚持稳中求进工作总基调，完整、准确、全面贯彻新发展理念，加快构建新发展格局。随着各项稳增长政策措施落地显效，经济运行中的积极因素不断累积，生产供给稳步增加，市场需求保持平稳，就业物价总体稳定，居民收入持续增长，全市经济稳定恢复，高质量发展取得新进展。

一 2023 年天津市经济稳定恢复

(一)宏观经济保持平稳

地区生产总值稳定增长。根据地区生产总值统一核算结果,2023 年前三季度[①],天津地区生产总值为 12252.61 亿元,按不变价格计算,同比增长 4.6%,比上半年回落 0.2 个百分点,高于全年预期目标 0.6 个百分点。分产业看,第一产业增加值 151.93 亿元,同比增长 4.4%;第二产业增加值 4376.19 亿元,同比增长 2.8%;第三产业增加值 7724.49 亿元,同比增长 5.5%。

就业形势总体稳定。城镇新增就业 29.14 万人,完成全年目标的 83.3%,超序时进度 8.3 个百分点。2023 年 9 月,天津城镇调查失业率为 5.1%,连续 4 个月回落,为 2022 年以来最低值,恢复至疫情前常规水平,2023 年前三季度均值为 5.5%,同比下降 0.3 个百分点,达到预期控制目标。居民收入稳步增长。天津居民人均可支配收入 40713 元,同比增长 4.6%。按构成分,工资性收入 26363 元,增长 3.8%;经营净收入 2894 元,增长 14.1%;财产净收入 3434 元,增长 7.7%;转移净收入 8022 元,增长 2.7%。按常住地分,城镇居民人均可支配收入 44253 元,增长 4.3%;农村居民人均可支配收入 23394 元,增长 6.1%。城乡居民人均收入比值为 1.89,比 2022 年同期缩小 0.03。

居民消费价格温和上涨。居民消费价格同比上涨 0.5%。分类别看,食品烟酒价格同比上涨 1.1%,衣着上涨 1.2%,居住上涨 0.5%,生活用品及服务上涨 0.2%,交通通信下降 3.4%,教育文化娱乐上涨 3.2%,医疗保健上涨 0.2%,其他用品及服务上涨 3.4%。食品价格中,粮食上涨 0.1%,猪肉和鲜菜分别下降 5.8% 和 3.2%。工业生产者价格同比下降,工业生产者出厂价格同比下降 4.2%,工业生产者购进价格下降 4.6%。

---

① 除特别标明外,文中统计数据均截至 2023 年前三季度。

(二)三次产业稳步回升

农业稳中有增。农林牧渔业总产值同比增长4.6%,比上半年加快0.5个百分点。秋粮长势平稳。蔬菜产量180.79万吨,与2022年同期基本持平。猪、牛、羊肉类产量分别增长13.5%、8.5%和11.9%,生牛奶和禽蛋产量分别增长8.7%和20.0%。猪、牛、羊出栏分别增长10.5%、6.5%和13.4%。水产品产量增长13.5%。

工业生产逐季回升。规模以上工业增加值同比增长3.5%,分别比上半年和一季度加快0.3个百分点和0.4个百分点。分经济类型看,国有企业增加值增长5.0%,民营企业增长3.3%,外商及港澳台商企业增长2.7%。分三大门类看,采矿业增加值增长4.3%,制造业增长3.0%,电力、热力、燃气及水生产和供应业增长3.9%。重点行业中,石油和天然气开采业增加值增长4.2%,汽车制造业增长9.2%,医药制造业增长9.5%,电气机械和器材制造业增长5.5%。重点产品中,化学药品原药产量增长50.7%,电子计算机整机产量增长31.7%,医疗仪器设备及器械产量增长19.8%,汽车产量增长12.7%,天然原油产量增长5.0%。2023年第三季度,规模以上工业产能利用率75.4%,分别比第二季度和第一季度提升1.5个百分点和2.7个百分点。

服务业继续恢复。服务业增加值增长5.5%,快于全市地区生产总值增速0.9个百分点,占全市地区生产总值比重为63.1%。其中,金融业增加值增长6.0%,交通运输、仓储和邮政业增加值增长7.4%,批发和零售业增加值增长1.9%,住宿和餐饮业增加值增长19.6%。

(三)三大需求稳中趋缓

消费市场延续恢复态势。天津市立足国际消费中心城市建设,大力发展高品质商圈,举办各类会展、文艺演出和促消费活动,有效激发消费潜力。社会消费品零售总额同比增长6.9%,比上半年回落1.2个百分点,总体仍保持恢复态势,增速快于全国平均水平0.1个百分点。升级类消费需求持续释放。限额以上商品中,金银珠宝类零售额增长24.8%,家用电器和音像器材类零售额增长24.4%,服装鞋帽针纺织品类零售额增长11.0%,新能源汽车、智能手机等绿色智能类商品零售额分别增长52.7%和39.1%。接触性消费不断回暖。限额以上住宿业和餐饮业营业额分别增长31.6%和24.7%,购物中心、百货店和便利店零售额分别增长26.0%、10.9%和10.4%。网络消费增长加快。限额以上网上零售额增长13.2%,比上半年加快3.2个百分点,增速连续7个月保持在10%以上,限额以上住宿餐饮单位通过公共网络实现的客房收入和餐费收入分别增长1.6倍和32.3%。

固定资产投资同比下降。固定资产投资(不含农户)同比下降20.8%,降幅分别比上半年和一季度扩大4.8个百分点和18.2个百分点。分产业看,第一产业投资增长6.2%,第二产业投资增长8.2%,第三产业投资下降30.7%。分领域看,工业投资增长7.2%,基础设施投资下降12.6%,房地产开发投资下降48.5%,下拉全市投资21.6个百分点,是导致全市投资下降的主要因素。

外贸出口下降。外贸进出口总额6002.06亿元,同比下降2.7%。其中,进口3231.18亿元,下降2.4%;出口2770.88亿元,下降3.0%。从出口贸易方式看,一般贸易出口1610.24亿元,下降7.8%,占全市出口的58.1%;加工贸易出口870.93亿元,下降2.3%,占比31.4%。从出口伙伴看,对美国、欧盟、东盟出口分别下降18.5%、13.9%和9.0%,对韩国、俄罗斯、巴西出口分别增长6.3%、19.2%和95.0%。

二 经济发展质量进一步提升

(一)产业结构优化升级

推动制造业高质量发展行动见行见效。坚持把发展经济的着力点放在实体经济上,实施推动制造业高质量发展若干政策措施,大力推进产业成龙配套撮合对接,制造业支撑作用继续巩固。制造业增加值占地区生产总值的22.3%,分别比上半年和一季度提高0.3个百分点和0.9个百分点。规模以上工业中,汽车制造业、医药制造业拉动有力,增加值分别增长9.2%和

9.5%,分别快于规模以上工业5.7个百分点和6.0个百分点,贡献率合计超四成。

现代产业体系基础性地位持续加固。全市十大现代产业体系工业增加值增长3.5%,分别比上半年和一季度加快0.1个百分点和0.3个百分点,占规模以上工业增加值的90.9%,分别比上半年和一季度提高0.4个百分点和1.9个百分点。分产业看,航空航天产业增加值增长24.5%、汽车产业增长9.2%;生物医药产业、装备制造业、汽车产业、石油化工产业对全市拉动作用突出,合计拉动规模以上工业3.2个百分点。

现代服务业增势较好。生产性服务业扩容提质,重点打造金融、科技、信息、航运等10条特色产业链。规模以上服务业中,商务服务业、互联网和相关服务、专业技术服务业营业收入保持两位数增长,分别增长17.4%、15.5%和11.0%。

(二)动能转换扎实推进

重点产业链规模稳步扩大。12条重点产业链在链规模以上工业企业增加值增长4.0%,快于规模以上工业0.5个百分点,占规模以上工业增加值的比重超过八成,达到80.5%,比上半年提高0.3个百分点。5条产业链增加值增速超过10%,其中集成电路增长24.2%,中医药增长22.1%,车联网增长15.7%,高端装备增长13.5%,航空航天增长12.8%。

新产业保持较快发展。规模以上工业中,高端装备制造业、生物产业、新能源汽车产业等战略性新兴产业增加值分别增长4.4%、7.7%和46.9%,分别快于规模以上工业0.9个百分点、4.2个百分点和43.4个百分点。规模以上服务业中,高技术服务业、战略性新兴服务业、科技服务业营业收入分别增长8.9%、13.6%和13.6%,分别快于规模以上服务业4.3个百分点、9.0个百分点和9.0个百分点。

新产品产量快速增长。城市轨道车辆、新能源汽车、服务机器人产量分别增长3.8倍、2.9倍和22.9%。

新产业投资平稳增加。高技术产业投资增长6.3%,其中高技术制造业投资增长 3.1%,高技术服务业投资增长 11.2%。

(三)质量效益稳步提升

财政金融保持较快增长。一般公共预算收入 1568.57 亿元,完成年初预算的 81.7%,超序时进度 6.7 个百分点,同比增长 14.8%,增速连续 6 个月保持在两位数以上。其中税收收入增长 23.4%,占一般公共预算收入的 76.8%。本外币存贷款余额月均增长 8.8%,为 2018 年以来同期新高。2023 年 9 月末,全市金融机构(含外资)本外币各项存款余额同比增长 12.3%,各项贷款余额增长 7.5%,分别比 6 月末加快 1.5 个百分点和 2.3 个百分点。

企业利润继续向好。规模以上工业企业利润降幅持续收窄,2023 年前三季度下降 5.9%,降幅分别比上半年和一季度收窄 10.0 个百分点和 12.2 个百分点,降幅小于全国 3.1 个百分点,其中,三季度利润增长 14.2%,呈加快回升态势。近九成行业实现盈利,其中,石油、煤炭及其他燃料加工业利润增长 58.4%,食品制造业增长 16.5%,通用设备制造业增长 5.2%,汽车制造业增长 0.5%。营业收入利润率逐月提高,2023 年前三季度为 6.81%,分别比上半年和一季度提高 0.53 个百分点和 0.78 个百分点,高于全国 1.19 个百分点。规模以上服务业利润增速加快,2023 年前三季度增长 25.4%,比上半年加快 20.9 个百分点,其中,交通运输仓储和邮政业、租赁和商务服务业、文化体育和娱乐业利润高速增长,分别增长 1.1 倍、83.5% 和 49.8%。

(四)发展中的积极因素持续累积

市场主体数量增长较快。全市新登记市场主体 23.62 万户,同比增长 14.1%。其中,新登记企业 8.13 万户,增长 14.1%,占比 34.4%;新登记个体工商户 15.47 万户,增长 14.2%,占比 65.5%。新登记民营市场主体 23.44 万户,占全部新登记市场主体的 99.2%,增长 13.8%。2023 年 9 月,全市新登记市场主体增长 19.5%。

生产要素稳定支撑。2023 年 9 月,工业用电量(剔除线损)增长 4.6%,连续 8 个月增长;2023 年前三季度增长 3.6%,增速连续 2 个月加快。客货运输畅通有序,公路货物周转量连续 8 个月保持两位数增长,2023 年前三季度增长 13.7%;水运货物周转量增长 3.1%,比上半年加快 0.2 个百分点;快递业务量增长 15.7%,加快 0.9 个百分点;港口货物吞吐量增长 1.1%,集装箱吞吐量超过 1700 万标准箱,增长 6.5%,机场旅客吞吐量增长 2.2 倍。

三　2024 年天津经济形势展望及对策建议

(一)经济形势展望

展望 2024 年,天津市经济持续稳定恢复态势有望延续,但国内外环境复杂性、不确定性仍然较大,多重风险挑战依然存在,天津市在高质量发展之路上仍需勇毅前行。

从国际看,全球经济继续缓慢复苏并展现出韧性,但增速持续下降,各国分化趋势加剧,经济增长仍面临多重风险挑战。国际货币基金组织(IMF) 2023 年 10 月预计全球经济增长将从 2022 年的 3.5% 放缓至 2023 年的 3.0%,到 2024 年经济增长将再度微幅放缓至 2.9%,2024 年预测值相比 2023 年 7 月份时下调了 0.1 个百分点。其中,随着货币政策收紧的影响进一步显现,发达经济体经济增速预计将从 2022 年的 2.6% 放缓至 2023 年的 1.5%,2024 年经济增速将进一步放缓至 1.4%;新兴市场和发展中经济体韧性强于预期,经济增速将出现温和下降,2023 年和 2024 年经济增长预测值均为 4.0%,略低于 2022 年的 4.1%。经济合作与发展组织 2023 年 9 月预测显示,2023 年上半年全球经济强于预期,但增长前景疲弱,通胀持续,存在下行风险,受遏制通胀所需的宏观经济政策收紧的影响,预计 2023 年和 2024 年全球 GDP 增速分别为 3.0% 和 2.7%,仍将低于平均水平。

从国内看,2023 年前三季度,面对复杂严峻的国际环境和艰巨繁重的改革发展稳定任务,我国坚持稳中求进的工作总基调,精准有力实施宏观政策调控,着力扩大内需、提振信心、防范风险,国民经济持续恢复向好,为实现全年发展目标打下了坚实基础。但也要看到,外部环境更趋复杂严峻,国内需求仍显不足,2023 年 10 月,我国制造业采购经理指数、非制造业商务活动指数和综合 PMI 产出指数分别为 49.5%、50.6% 和 50.7%,比上月分别下降 0.7 个百分点、1.1 个百分点和 1.3 个百分点,反映出我国经济景气水平有所回落,经济回升向好基础仍需巩固。

从天津看,2023 年,在天津市委、市政府坚强领导下,全市扎实推进高质量发展"十项行动",经济保持稳定恢复态势,市场信心逐步增强。企业景气状况调查结果显示,规模以上工业中,对 2023 年第四季度行业运行状况预期持肯定预期的企业占 91.3%,比第三季度提高 2.1 个百分点;对第四季度企业自身运行持肯定预期的企业占 90.4%,比第三季度提高 1.9 个百分点。规模以上服务业中,对 2023 年第四季度宏观经济运行持肯定态度的企业占 92.9%,比第三季度提高 0.3 个百分点;对本行业第四季度运行持肯定预期的企业占 91.3%,比第三季度提高 0.1 个百分点;对第四季度企业自身生产经营情况持肯定预期的企业占 89.7%,比第三季度提高 0.8 个百分点。但同时,内外部环境更趋复杂严峻,经济运行仍处于恢复和产业升级的关键期,结构性问题、周期性矛盾交织叠加,经济发展仍面临较多困难挑战。

初步展望,2024 年天津市经济将继续呈现稳定恢复态势。

(二)对策建议

下一阶段,要坚持以习近平新时代中国特色社会主义思想为指导,实施推动高质量发展"十项行动",坚定信心、保持定力,不断推动经济运行持续好转、内生动力持续增强、社会预期持续改善,推动经济实现质的有效提升和量的合理增长。为此提出以下建议。

1. 深入推进京津冀协同发展

2024 年是京津冀协同发展国家战略实施十周年,要充分抓好用好这一重大机遇,深入实施京津冀协同发展走深走实行动,全力服务北京非首都功能疏解和"新两翼"建设。锚定"中国式现代化建设先行区示范区"目标,立足天津"一基地三区"功能定位,完善承接载体建设,充分发挥市场机制作用,增强疏解和承接的内生动力。将吸引北京企业来津摆在招商引资中更加重要的位置，更加积极主动地加强与国家部委对接，加强与央企合作对接，盯紧北京企业疏解名单中的优质企业，靠前服务，力争使天津成为北京企业疏解的首选之地，下好高质量疏解发展“一盘棋”，唱好新时代京津“双城记”。深化基础设施互联互通，加快建设世界级港口群、机场群，提升区域服务能力。

2. 加快产业创新升级步伐

进一步细化全市产业发展规划，围绕实施制造业高质量发展行动和推动重点产业链建设，以建链、补链、强链、延链、扩链为抓手，构建更加完整的优势产业集群，吸引和培育更多拥有核心技术、集群辐射能力强的“链主”企业，完善产业链上下游、产供销整体配套，推动优势产业链成龙配套、成链成群。实施科教兴市、人才强市行动，聚焦建设创新策源地，加强战略科技力量建设。开展关键核心技术攻关，协同打造更多“国之重器”。以高标准建设天开高教科创园为抓手，健全科技成果转化机制，提高科技服务水平，提升科技创新增长引擎作用。

3. 加快投资项目建设谋划储备

盯紧抓实项目建设进度，稳住工业投资基本盘，推动重点大项目多做贡献；用好已经发行的专项债和政策性开发性金融工具等资金，推动轨道交通、高铁等领域形成更多实物工作量；加快房地产开工建设，对于已拿地的项目加快前期手续办理，加快项目入库；加快实施城市更新项目建设，形成投资增量。加快签约项目投资转化，特别是加快集中签约重点项目落地进度，力争早日立项开工。强化谋划储备，精准谋划产业链上下游项目，形成项目清单和招商指引，进一步加大对大项目、好项目的招商引资力度，不断优化投资结构，充实项目储备。

4. 推动消费持续稳定恢复

立足服务超大城市群消费主体，加快推进国际消费中心城市建设。深入落实近期国家和天津市出台的恢复和扩大消费措施，积极利用好海河国际消费季、世界智能大会、中国旅游产业博览会、中国国际矿业大会等各类展会活动，着力推动“人流涌动”转化为“消费优势”，立足网红 IP 商圈或载体，大力推动银发经济、宠物经济、夜间经济、邮轮经济等新业态发展壮大，培育发展新兴消费,吸引青年群体汇聚,进一步拉动零售、餐饮等行业发展。推动百年金街、古文化街、意式风情区等传统商圈提质升级,加力发展首发首店经济,吸引高端消费回流。打造新消费场景,围绕文旅、会展、商业等领域,引导“体育+”“旅游+”“会展+”等消费场景应用,鼓励会展赛事优先选用配餐等本地服务企业,着力帮助会展服务企业成长壮大,引进相关龙头企业入驻天津。

5. 有效稳定外贸外资基本盘

落实外贸稳规模优结构若干措施,积极引入外贸经营主体,大力开拓俄罗斯、中亚、中东等“一带一路”新兴市场,鼓励外贸企业“出海抢单”、推动跨境电商拓展扩容,以二手车试点企业大幅扩容为契机,建立出口供应链体系,巩固天津市在二手车出口市场的优势地位。充分发挥天津市自贸区优势和外贸新业态齐全优势,用好外资招商政策,有效开拓目标市场,及时跟进招商成果落地,提升吸引利用外资质效。

6. 加强人才、资金等要素资源建设

充分利用好天津优势教育资源,强化教育前端培养,优化高校学科布局,培养更多高素质的科研人才、技术技能人才,吸引更多本地高校毕业生留津就业,增加人才供给。将招商引资与招才引智相结合,更加注重对研发机构、科技型企业、科研院所的引进和培育,深入实施“海河英才”行动计划升级版,完善科技人才激励政策和“高精尖缺”人才培养引进机制,营造“引得进、留得住”的良好人才发展环境。进一步加强金融市场建设,优化服务,为有上市意愿的企业提供专业指导,助力企业加速融入资本市场。充分发挥天津自贸区金融改革创新政策优势和各类金融机构、海河产业基金等作用,拓宽企业融资渠道,用好“金融活水”。

7. 进一步优化营商环境

继续深入实施“一制三化”改革,一体推进法治、市场、政务、政策、社会环境建设。强化全国和天津市各项稳经济政策措施落地效果,加大支持政策的执行力度、精度和覆盖面,以企业有效需求为导向,及时制定出台新的接续政策。加快落实好国家和天津市近期出台实施的促进民营经济发展政策措施,加大对民营企业特别是中小型民营企业的帮扶力度,推动本市民营企业参与国家重大工程项目和补短板项目建设,持续推动民营经济加快发展。

参考文献:

[1] 国际货币基金组织(IMF):《世界经济展望报告》,2023 年 10 月 10 日。

[2] 经济合作与发展组织(OECD):《中期经济展望》,2023 年 9 月 19 日。

[3] 中华人民共和国国家统计局:《前三季度国民经济持续恢复向好高质量发展稳步推进》,2023 年 10 月 18 日。

“十项行动”见行见效篇

天津推动京津冀协同发展走深走实研究报告

天津社会科学院区域经济与城市发展课题组①

摘　要： 天津推进京津冀协同发展成效显著，承接非首都功能疏解的项目规模和能力不断提升，基础设施一体化不断完善，科技创新协同水平显著提升。同时，实践中也存在承接非首都功能疏解能力有待提高，基础设施连通性和便捷性有待提升和科技创新产业链存在短板的问题。立足问题导向，政策建议如下，完善承载平台配套，补齐承载力结构性短板；打通道路和轨道交通“痛点”，优化新型基础设施布局，增强基础设施同城便捷性；完善创新产业链，提高生产要素配置效率，提升科技创新产业链协同发展水平。

关键词： 京津冀　协同发展　走深走实

---

① 课题组成员：贾玉成、孙德升、赵云峰、崔寅、刘肖

一 推动京津冀协同发展走深走实的实践成效

(一)承接北京非首都功能疏解项目规模和能力不断提升

1.承接平台建设成果丰硕

形成了明确的平台发展导向。天津从政策上明确了承接纾解产业与城市自身定位相结合的平台发展战略,明确平台载体的产业定位要与待纾解产业和“一基地三区”的功能定位相对应,具备承接总部企业、研发转化资源、金融资源、先进制造业、国际航运资源、现代服务业等功能,同时全力争取更多疏解项目落地,形成了一批具备有效承载力的多元化平台。科技园区型承接平台初具规模。依托城市外围土地资源优势和政策空间,形成了滨海—中关村科技园、宝坻京津中关村科技城、武清京津产业新城、京津合作示范区等重点科技承接平台。2023 年前 5 个月,天津从北京疏解新设机构 530 家,落地重大项目 108 个。与中央部门持续共建创新研发平台。2023 年上半年,天津与科技部签订新一轮部市工作会商制度议定书,在构建开放协同创新格局、提升科技创新策源能力方面开展重点合作,形成一批以中海油、中石化和中石油为代表的能源创新研发平台,并同步推进建设物质绿色创造与制造海河实验室在材料科学、分子技术和制造业软件研发领域的科研创新平台。

2.承接北京非首都功能成果丰硕

通过新建项目,天津主动承接北京地区的科技产品转化、人员流动、教育、医疗卫生和公共服务,截至 2023 年上半年,天津引进北京企业投资项目累计超 6900 个,资金到位额超 1.2 万亿元。建成疏解项目对接场所,市京津冀协同办和市政府驻京办举行承接北京非首都功能疏解前端统筹工作推动会,揭牌京津冀协同发展交流服务中心、津商联合会(北京)活动交流中心、北京天津企业商会活动交流中心、南开北京校友会活动交流中心、天津大学北京校友会活动交流中心 5 个对接场所,成为信息交流和项目对接的物质载体。交通工程、医疗健康和教育产业纾解项目落地生效。河西区初步形成以交通工程建设为引领的协同发展生态圈,通过引进中交京津冀区域总部,河西区在高速公路、港口建设、城市综合开发、城市更新等领域取得了显著的合作成果,形成以中交京津冀区域总部、中交智运等为代表的中交系产业生态圈。天津健康产业国际合作示范区(静海)承接首都医疗资源落地转化。截至 2023 年 10 月,已有大约 100 家生物医药类企业在园区注册、投产。作为园区内标志性项目,北京协和医学院天津医院(一期)项目成为落实京津冀协同发展国家战略的标志性建筑。公共服务和教育资源逐步实现区域共享发展。在天津的积极推进下,京津冀区域初步实现医疗费用联网结算,京津冀看病实现“一账通”,极大便利了百姓的看病问题。

3. 全域承接能力不断提升

夯实城市外围区域科技园区的平台承接能力。天津市委、市政府协调各职能部门,以提升产业园区周边基础设施、人才技术支持和金融服务保障为抓手,夯实了滨海中关村科技园、宝坻京津中关村科技城、武清京津产业新城、京津合作示范区等重点平台承接能力。打造城市中心区域的新承载平台。一方面,建成资源承接—转化的平台机构。天津发挥中心城区的区位优势和资源要素富集优势,以“城市更新”项目为抓手,推进天开高教科创园(简称“天开园”)招商引资。截至 2023 年 9 月,园区新增京津冀和其他区域入驻企业 600 余家。另一方面,推进金融商务承载平台建设。目前河西区正大力推进中央商务区(CBD)和中央创新区(CID)建设。规划显示,中央商务区涉及河西小白楼片区大约 0.5 平方公里,共有商务楼宇 13 座,总建筑面积 85 万平方米,已经有天津市多式联运行业协会、天津市报关协会、天津市国际货运代理协会等多个行业协会组织坐落于此。

(二)基础设施一体化不断完善

1. “轨道上的京津冀”日益成熟

区域性铁路网络不断完善。历经京津冀协同发展九年实践,天津铁路交通初步融入区域高铁网络布局,实现京津之间半小时通达,京津冀主要城市之间 1 至 2 小时通达。天津铁路总里程达 1468 公里,路网密度居全国第一。铁路与航空枢纽之间的连通性不断优化。随着天津至北京大兴国际机场铁路(简称"津兴铁路")安次站至胜芳站右线完成铺轨,津兴铁路正线铺轨工程全线贯通,预计2023年底正式通车,有效推动北京大兴国际机场客流集疏运网络的便利化,对带动沿线区域经济社会协调发展和优化京津冀地区铁路网具有重要意义。

2. 持续推进互联网基础设施建设

大力推进以5G互联网为代表的通用型新基建建设。天津基础设施建设部门以项目合作为引领,通过与中国移动、中国联通和中国电信等央企合作,扩大本市互联网规模经济效应。截至2023年初,天津市数字基础设施整体建设水平位居全国第7位,千兆宽带接入用户占比达20.04%,位居全国第7位。工业互联网应用进程不断加快。2023年7月,天津市工业和信息化局联合北京市经济和信息化局、河北省工业和信息化厅在天津组织召开网络安全和工业互联网产业协同发展对接交流会,合力推动网络安全和工业互联网产业协同发展。另外,天津多家数字企业积极参加2023年9月在石家庄举办的"中国国际数字经济博览会京津冀工业互联网协同发展示范区对接会",进一步寻找项目资源。

(三)科技创新协同水平显著提升

1. 产业协同发展程度提升

主动召开三地合作交流会,加强协同政策精神落实。2023年4月,天津滨海新区举办京津产业交流合作对接洽谈会,进一步落实两市政府签署的《进一步加强战略合作框架协议》。活动期间签署了7个专项合作协议,深化产业、创新、交通、民生、生态等重点领域合作,天津滨海—中关村科技园、宝坻京津中关村科技城等平台的高端要素集聚水平得到极大提升。制造业协同发展成效明显。北辰区基于已有制造业优势和北京项目资源转移机遇,壮大装备制造业和生物制药的产业协同优势。液压装备制造领域,通过加入北京的中国通用技术集团,天锻压力机有限公司取得2023年上半年订单额6亿元、全年有效订单额预计超15亿元的亮眼成绩。2023年7月,天津举办了现代医药专题对接会,推动天士力医药、中央药业、中逸安科、百特医疗等13家重点京津知名企业项目洽谈,壮大生物制药协同发展。

2. 科技创新协同取得成效

城市外围承接高技术产业转移规模扩大。2023年9月,天津市委、市政府审批通过《武清京津产业新城规划建设方案(简称"方案")》,以培育三个千亿级产业集群为核心(智能科技千亿级产业集群、生物医药千亿级产业集群、高端时尚消费千亿级产业集群)。预计到2025年,武清京津产业新城在"同城一体"方面取得新进展,经济总量突破1100亿元,人口规模达到120万人。城市中心区域承接更多研发创新资源。中心城区围绕创新研发和成果转化初步形成了京津冀要素资源集聚格局。天开园的"一核两翼"布局形态在市域范围初步呈现,正在探索形成北京、雄安和天津三地技术、人才和信息资源汇集的"黄金三角"。目前,天津正在探索以"飞地"模式引进中关村资源,同时主动融入小米、联想等头部科技企业产业链环节,吸引清华工研院和清华电子院等研发机构在园区设立分支机构。

二　推动京津冀协同发展走深走实中面临的问题

(一)承接非首都功能疏解能力有待提高

1. 承接能力存在结构性短板

劳动力供给存在结构性短板。根据《推动京津冀协同发展走深走实行动方案》,天津市近几年计划承接总部企业、研发转化资源、教育资源、医疗机构、金融资源、事业单位、先进制造业、国际航运资源和现代服务业等项目资源,对高技能劳动力、职业技术人才和低成本劳动力均有较大需求。而天津对应的劳动力要素数量明显不足。职业教育规模还有待提升,尤其是高技能人才稀缺。另外,天津人口净流出局面依旧存在,外来低成本劳动力的保有量不断紧缩,而本市户籍人员又较多不愿意从事相关工作。产业链不完备。一方面,同层次企业数量不足会降低被疏解企业的落地意愿。企业生产经营实践需要与更多的同行业、同层次企业展开交流合作，如大型国企更需要来自国企的支持，小型私营企业更需要与同行私企合作，而天津主要的市场资源集中于大型国企，中小型民营企业数量有限，导致对北京民营企业的吸引力不足。另一方面，配套产业中的企业数量不足。虽然天津的二、三产业类型较为齐全，但市场主体数量与沿海领先区域差距明显，导致生产要素的竞争不充分和价格过高，加重了企业生产成本。

2. 承接平台质量不高

与承接平台相伴而生的电力、用水、消防等专用性配套服务供给不足。目前，天津的承接平台主要集中在宝坻、武清和西青等外围城区，普遍面临紧张的电力供给缺口，特别是在夏季用电高峰期，问题就更为显现。另外，上述产业园区的建设标准，如消防、抗震等级较低，很难满足一部分研发创新企业的专用性生产环境资质要求。园区周边的配套公共服务资源质量有限。承接平台多位于城郊区域，普遍存在教育、医疗卫生和休闲娱乐等公共服务供给缺口。即使部分配套设施数量充足，其质量较中心城区仍然差距明显。此外，医疗卫生和休闲娱乐公共设施的数量也有限，很难满足产业迁入人员的公共服务需求。

（二）基础设施连通和便捷性有待提升

1. 公路和轨道交通网络存在“断点”

天津内部区域依旧存在部分“断头路”。城市外围区域或与中心区域连接处仍然存在“断头路”，造成交通堵点。另外，在国道和省道层面依旧存在畅通性问题，而权责隶属关系、资金保障和共同行动达成等成本问题是导致上述问题的主要成因。城际轨道交通网络不完善城际和城郊轨道设施实际建设中面临较大的资金、土地等障碍，尤其是在城际铁路建设中，由于各方对线路走向方案等持不同意见，主管部门评审时间有所延长。与之类似，“通武廊”市城郊铁路项目在前期推进中也遇到部门协同不够、资金供给不足、土地拆迁阻碍等问题，项目前期工作仍在推进中。

2. 新型基础设施区域配置效率有待提升

部分新基建布局规模有待调整。以5G互联网为代表的通用基础设施具有极高的投资和运营成本,但其准公共产品属性往往导致投资规模过度。数据要素市场开放力度不足。数据要素的价值实现以开放性为基础条件,而部门机构的权责边界和数据要素市场平台的缺乏,制约了数字要素的价值实现。目前京津冀均建立了独立的数据管理机构和数据储存中心(大数据中心),但存在区域内部和区域间不经济的现象。一方面,数据要素机构还在探索数据要素的市场化管理方式。以"大数据中心"为代表,海量数据汇集于此,但如何使用,特别是如何最大限度提升数据要素的经济价值和社会价值还需要实践摸索。另一方面,数据在区域间的流动性较低。流动性是数据的生命,也是其市场价值的来源,但数据管理隶属不同部门,制约了信息要素的区域流动和配置。就承接北京创新资源而言,天津的承接平台缺乏专业化信息对接和处理能力,导致无法精准识别在京企业的落地转化需求。

(三)科技创新产业链存在短板

1. 创新产业链不完整

产业链各环节市场主体不健全。就天津科技创新产业链分析发现,研发创新端和配套服务端的市场主体数量较少,多元化类型不足。在产业链上游,缺乏科技型创新企业,特别是类似华为、腾讯等领先数字企业。现有科技企业主要承接生产制造业务,其经营规模和影响力有限。在产业链下游,数字服务型企业数量较少,类型单一。天津在数字经济领域的政府投资较多,但相关民营企业数量不足,特别是商业信息数据整理、信息咨询、数字产品销售经营和软件设计生产等企业数量明显不足。产业链关键环节竞争力不高。聚焦关键环节,天津还存在企业核心竞争力较弱的问题。科技创新企业的自有专利技术竞争力较为有限,多数专利来源于外商投资或技术合作,没有形成对外来资产"吸收—转化"的完整过程。另外,对于科技含量较高的产品而言,其生产制造和销售服务环节的资源整合能力较弱。具体而言,就是没有充分利用天津和河北省的加工制造和市场资源优势,企业在京津冀科创产业链中的垄断力和生产活动附加值有限。

2. 生产要素配置效率有待提升

协调区域间土地和人力资产要素面临较大阻力。虽然天津中心城区外围和河北省拥有相对充足的土地储备，但由于顶层机制的不完善，津冀相关部门在用地指标的调度和配合中往往面临较高的协调成本。另外，跨区域产业人才的流动也面临一定阻碍。由于公共产品供给存在区域界限，天津对外来劳动力人群，特别是高技能产业工人的教育、医疗等公共产品供给质量有限，降低了对人力资本的吸引力。引进和盘活金融资本的效率不高。科技创新和制造产业的发展需要充足的金融资本和高效率的流动性予以保障，对应上述需求，天津在金融资本“引进来”和“用得好”方面存在一定差距。一方面是对北京金融资本的引进力度还不够大。特别是在承接非首都功能疏解项目中缺少外来配套资金的支持。另一方面是资本跨区域流动性不足。受限于科技产业领域经营的限制，天津高技术产业中还存在不同程度的行政壁垒和地方保护效应，重点集中于创新研发、信息和计算机技术（ICT）和生物医药制造领域，一定程度上阻碍了三地之间的资本优化配置。

三　进一步推动京津冀协同发展走深走实的对策建议

（一）提升承接北京非首都功能疏解的资源承载力

1. 补齐资源承载力的结构性短板

一是确保项目用地。项目用地的充足性和适用性是企业生产经营的基础条件和保障，是关系京津冀协同发展成效的关键。一方面要建立疏解项目专项用地机制。针对疏解项目建立包括土地规划、资质审批和用途更改在内的专项制度体系，重点针对商贸服务和加工制造等劳动密集型产业的用地偏好，不仅要在天津宝坻、武清和滨海新区等外围区域增设用地指标，而且要会同河北廊坊等邻近区域，置换土地资源，形成“天津—河北”联动型承载力格局。另一方面要利用“城市更新”项目，提升中心地区承载力。在“城市更新”用地指标中,安置部分附加值高、用地规模小的商贸文化和信息咨询服务来京企业,并结合天津河西区打造国际航运服务集聚区的引资需求,吸引北京航运中介企业和租赁信贷企业。二是提升人力资本规模和质量。从“引人”和“育人”两方面着手。一方面要加大对京冀制造业技术人才的吸引力度。针对制造业企业需求,推出专项引人计划,从住房安置、子女教育和医疗服务等方面给予政策倾斜。另一方面要构建京津冀职业教育联盟,提升职业技术人才的质量。以天津职业技术教育体系为引领,面向京冀制造业企业推广定向培养的职业教育模式。另外,依托天津先进制造产业优势,建立京津冀职业教育训练基地,吸引更多技术人才来津就业。三是提升产业链完备性。一方面要以民营企业数量增长为重点,提升产业链的市场主体规模给予京冀民营来津投产以更多政策优惠,同时充分释放天津大型国有制造业企业的项目资源,形成不同属性市场主体之间互利互惠的可持续发展模式。另一方面要提升天津重点产业链和重点环节的企业数量。基于天津在港口经济、装备制造和数字经济等重点产业发展优势,提升研发端和生产制造端的头部企业数量。推动天津港集团与招商局(北京)集团的业务合作,吸引更多龙头海运和金融租赁企业落户天津港。承接北京研发创新项目在津设立业务中心,在河北省建设生产基地,充分释放天开园平台的“桥梁”优势。

2. 完善承载平台的配套保障

确保电力、用水和消防等设施保障。一是建立政府部门与承接平台之间的对接机制,安排专门机构人员对接入驻企业,满足对电力、用水和消防安全等设施的具体要求。同时,针对区域间生产安全要求差异,强化对北京和河北外来企业的政策规范宣讲。二是积极吸引专业化施工单位入驻,利用市场化力量,满足新建企业的多元化基建需求,改善园区周边教育和医疗公共服务。不断扩大以北京师范大学、南开翔宇和耀华为代表的优质集团化教育资源规模和数量,同时鼓励更多市三甲医院在园区周边开设分院,满足随迁家属及其子女的教育和医疗需求。

（二）增强基础设施同城便捷性

1. 打通道路和轨道交通“痛点”

完善制度安排，打通区域“断头路”。一是开展“断头路”专项治理行动，针对“断头路”集中分布于城区环线和京津冀交界处的客观实际，统筹区域内部和区域之间责任主体部门，拆解细化具体工作任务，明晰工作实施时间表。二是充分调动基建企业积极性，吸引民间资本参与道路基础设施建设和周边商业地产的开发，缓解资金短缺问题。三是建立京津冀三地商会机制，重点解决工程建设中面临的土地征收和拆迁安置等问题，加快形成主管部门之间的行动共识。

2. 优化布局新型基础设施

一是提升新基建区域配置效率。新基建工作需要妥善处理“改造”和“新建”之间的关系，优化传统基建与新基建的有机结合。一方面要加快电信设施的改造，通过对接5G数字网络，提升传统电信信号传送速率，形成电信产品服务创新的基础条件。另一方面要加快区域大数据中心建设工作，以武清大数据中心项目为抓手，逐步夯实天津大数据产业在京津冀区域中的关键节点地位。二是加快数据要素市场开放。打通数据要素在不同区域和部门之间的流动性障碍，以市场化机制实现数据价值变现。一方面要打通区域间和部门间数据壁垒，以天津大数据管理中心为抓手，率先探索政府部门之间的数据信息整合机制，并逐步对接北京和河北大数据管理机构。另一方面要坚持市场化导向，积极推进数据资源的价值变现。借鉴国外数据资源管理和交易经验，依托三地产权交易平台，探索数据资产定价和公开交易机制。

（三）提升科技创新产业链协同发展水平

1. 完善创新产业链

一是坚持“引进来”和“练好内功”相结合，充实产业链主体数量。以承接北京非首都功能疏解为契机，加大引进首都创新研发和高端制造企业，与天津数字制造、生物医药和海洋装备等产业基础形成功能互补。积极做好营商环境提升工作,重点落实对外来企业(北京、河北省)的安置补贴费用和配套服务保障。二是坚持"项目牵引",壮大产业竞争力。持续向民营企业释放政府项目和国企项目资源,通过不同市场主体之间的商业互动,壮大产业竞争力。

2. 提高生产要素配置效率

一是提升专用性土地供给规模。一方面要从用地政策上层面给予保障。依托天津承接京津冀创新研发资源的政策安排,在园区用地规划中明确关于研发中心、高技术生产制造的土地开发标准,并预留足够的土地指标。另一方面要积极与河北省建立"科技企业承接联盟",利用后者的土地存量优势,转移天津的部分劳动密集型制造业,形成科技产业的"梯度"发展模式。二是建立技术和资本相结合的科技创新产业发展逻辑。技术和资本之间的有机结合决定了研发创新和技术制造的可行性和可持续性,要以承接平台为载体,形成技术和资本集聚中心,强化天开园与北京风险投资机构的合作关系,积极推介高潜力创新项目。

参考文献:

[1] 张学波、付文硕、马海涛:《京津冀地区经济韧性与产业结构演变的耦合关联》,《地理学报》2023 年第 10 期。

[2] 屈庆超:《加强京津冀产业深度协作》,《北京观察》2023 年第 10 期。

[4] 王翠敏:《京津冀协同高质量发展下物流效率提升路径研究》,《中国储运》2023 年第 10 期。

[5] 陈泽金、蔡蒙蒙、王玉杨,等:《京津冀协同视域下区域会展业发展条件及对策研究》,《商展经济》2023 年第 18 期。

滨海新区经济高质量发展形势分析报告

庞凤梅　天津滨海综合发展研究院副研究员

摘　要： 高质量发展是我国全面建设现代化国家的首要任务，是以习近平同志为核心的党中央审时度势作出的重大战略决策。滨海新区作为国家级新区和国家综合配套改革试验区，也应成为全国高质量发展的排头兵、先行者和实验区。2023 年，滨海新区深入实施滨海新区高质量发展支撑引领行动，经济高质量发展成效显著。2024 年，国内外环境复杂性和不确定性依然较大，滨海新区高质量发展仍面临较多挑战。初步预测 2024 年滨海新区地区生产总值增长 4.5% 左右，规模以上工业增加值增长 5%，一般公共预算收入增长 10%，固定资产投资增长 2%，实际利用内资增长 10%，实际使用外资增长 5%；城乡居民可支配收入与 GDP 同步增长，节能减排指标完成天津市下达的任务。建议滨海新区持续深入推进高质量发展支撑引领行动，扩大"通道型、平台型、制度型、都市型、海洋型"开放新优势，不断激发滨海新区高质量发展的新动能，推进滨海新区高质量发展迈上新台阶。

关键词： 滨海新区　高质量发展　支撑引领

高质量发展是我国全面建设现代化国家的首要任务，是以习近平同志为核心的党中央审时度势作出的重大战略决策。滨海新区作为国家级新区和国家综合配套改革试验区，也应成为全国高质量发展的排头兵、先行者和实验区。天津市委、市政府围绕全面建设高质量发展、高水平改革开放、高效能治理、高品质生活的现代化大都市,作出了实施“十项行动”的战略部署,特别是把滨海新区高质量发展支撑引领行动作为“十项行动”之一,更是突出了滨海新区在全市高质量发展中的龙头带动作用。2023 年,滨海新区深入实施高质量发展支撑引领行动,全面落实各项目标任务,经济和社会事业持续健康发展。

一 2023 年滨海新区经济高质量发展情况[①]

2023 年滨海新区全力稳经济、抓项目、促发展,经济整体呈现“恢复、稳定、向好”之势。2023 年前三季度,地区生产总值增长 4.9%,规模以上工业增加值增长 4.1%,规模以上工业总产值下降 2.9%,建筑业总产值增长 9.7%,交通运输业营业收入增长 7.1%,限额以上商品销售额增长 3.6%,限额以上社零额增长 12.6%,限额以上住宿餐饮业营业额增长 21.1%,本外币存贷款余额月均增长 9%,本外币存款余额月均增长 5.7%,规模以上服务业 15 个重点行业营收增长 12%。固定资产投资下降 5.2%,一般公共预算收入增长 10.7%,实际利用内资增长 25.1%,实际使用外资下降 6.6%,外贸出口增长 2.7%。从发展的质量看,经济高质量发展成效显著。

(一)服务京津冀协同发展走深走实

实施京津冀协同发展战略合作功能区建设工程,明确 7 个方面 20 项工作任务,项目化、清单化推进落实。2023 年前三季度,引进北京资源在津落地重大项目共 60 个,引进北京资源在津落地新设机构 311 个。天津—滨海—中关村科技园新注册机构 679 家,累计注册 4730 余家。入驻经认定的国家高企 62 家,“雏鹰”企业 49 家,“瞪羚”企业 4 家。华电北京燃料物流、中国康教示范基地等一批总部经济、大健康企业签约入驻“于响”片区。深化交通领域协同,津

① 文中所用滨海新区经济运行数据,时间截至 2023 年 9 月,下同。

滨城际(南段)开工,津潍高铁(天津段)有序推进,兴港高速公路加快建设。设立北京 CBD—天津港京津协同港口服务汇中心,与河北港口集团签署《津冀世界一流港口联盟合作协议》。强化产业转移承接合作,中石化 120 万吨乙烯、北燃 LNG 一期、联想智慧创新服务产业园等项目进展顺利。加强创新协同,推进国家重点实验室建设,累计获批国家级重点实验室 17 家。强化体制机制协同,累计向京冀自贸试验区推送 172 项改革试点经验和案例。推出 179 项政务服务事项“同事同标”,162 项高频事项三地“跨省通办”,发布首批“京津冀 + 雄安”自助办项目 200 余项。高效能推进公共服务一体化,京津冀医学临床检验结果互认项目增至 43 项,滨海新区 207 家定点医疗机构开通异地就医普通门诊直接结算、41 家开通异地就医住院直接结算。

(二)改革开放持续深化

实施改革开放先行区建设工程,坚持向改革要动力,向开放要空间。重点领域改革持续深入,扎实推进“放管服”改革,在天津率先开展高频证照联办“一件事一次办”改革,推出 43 个“一件事一次办”事项。持续向街镇放权赋能,将部分行政审批事项“菜单式”下放到相关街镇。实施“春笋行动”,助力民营企业不断发展壮大。深入推进要素市场化改革,推出天津首个成规模新型产业用地(M0)项目。北方大数据交易中心揭牌,天津国际油气交易中心主体建设和创新交易模式正式获批。积极探索农村集体土地改革,入选全国集体性建设用地入市试点,获批自然资源部地籍调查工作示范点。

坚持以自贸区引领开放,滨海新区自由贸易区纳入国家对接国际高标准经贸规则试点,获批建设临港综保区和自贸区推进制度型开放试点。金融创新运营示范区加快建设,融资租赁税前抵扣政策落地,融资租赁资产总规模超过 2 万亿元,商业保理资产位居全国第一。持续拓展“保税 + ”业态,除滨海新区综合保税区外,3 个保税维修再制造项目获批,保税展示交易范围拓展到京津冀。

(三)创新生态持续优化

实施创新驱动发展示范区建设工程,全力打造创新发展新引擎,成功获批建设国家级创新驱动示范区。高水平建设国家自主创新示范区"升级版",高起点规划滨海新区中央创新区,推动天河数字产业园等一批科技园区建设,着力构建"2+N"科技创新空间布局。加快打造"一心四室多平台多园区"的创新体系,强化算力赋能产业发展。细胞生态海河实验室、信创海河实验室等4个海河实验室加快建设,新增3家全国重点实验室、3家国家企业技术中心、2家市级技术创新中心,3家国家级孵化器。创新主体加快成长,入库国家科技型中小企业3067家,"雏鹰""瞪羚"、科技领军企业达1142家。加强知识产权保护,成功入选首批国家知识产权保护示范区建设城市。探索产教融合新机制,生物医药、信创联合体获批国家级市域产教联合体。

(四)现代产业体系加快构建

加快实施现代化产业聚集区建设工程,围绕"8+8+8"现代产业体系,推动制造业高端化、智能化、绿色化发展。推动41个主体园区基础设施和综合服务升级,22个工业园区主题率超94%,19个服务主体园区主题率超86%。大力发展战略性新兴产业,全国首个海洋油气装备制造"智能工厂"开工建设,海洋工程装备创新型产业集群入选国家级产业集群。超算天津中心发布天河天元大模型,北方大数据交易中心完成数据交易超1.5亿元。东疆综合保税区获批国家骨干冷链物流基地。入选全国第一批中小企业数字化转型试点城市。加快重点产业链项目引进建设,空客二线、北化院科学实验基地、液空轻程氢能供应基地等一批重大项目落地。大力发展港口经济,积极谋划南港、临港、东疆三大空间利用,抓好临港产业和适港经济发展,加快从"通道经济"向"港口经济"转型。大力发展文旅产业,注重提振旅游市场消费活力,举办首届滨城"向海乐活节",海博馆、极地海洋公园、泰达航母主题公园位居全市热门景区前列,邮轮母港正式复航。

（五）加快北方国际航运中心建设

实施北方国际航运核心区建设工程，主动融入共建“一带一路”。天津港加快世界一流智慧港口、绿色港口建设，天津港智能理货系统集装箱码头实现全覆盖，获批启运港退税政策，推出船舶不停航办理、登记全流程网上办等举措，开通世界最大船型集装箱新航线。2023 年前三季度，天津港累计完成货物吞吐量 3.67 亿吨，同比增长 1.1%；完成集装箱吞吐量 1761 万标准箱，同比增长 6.58%；天津港雄安新区绿色通道完成操作量超 6000 标准箱。持续提升航空客货运枢纽功能，依托大通关基地，大力发展航空货运服务，航空口岸实现免预约“7×24”小时通关和“空中申报、落地通关”。

（六）绿色低碳发展迈出新步伐

实施绿色低碳发展新模式试验区建设工程。积极开展绿色制造体系创建工作，累计获评国家级绿色工厂 46 家、绿色园区 2 个。优化能源结构，世界单体最大华电海晶 100 万千瓦盐田光伏发电项目并网投产，探索用能权交易。海水资源利用技术创新中心获批组建。持续推进“双城”间绿色生态屏障等生态工程建设，启动北大港湿地保育放流、水环境治理等工程，生态城岸段入选全国第二批美丽海湾优秀案例。生态环境质量持续提升，深入打好蓝天、碧水、净土保卫战，突出抓好环渤海综合治理，空气质量优于全市平均水平，16 个地表水考核断面全部达标。

（七）城市功能逐步优化提升

实施城乡高品质生活样板区建设工程，坚持规划先行，高标准编制“滨城”国土空间总体规划和“滨城”规划导则。美丽“滨城”十大工程加快建设，轨道交通 B1、Z4、Z2“三线一枢纽”建设加快推进，部分道路新建、改扩建工程加快推进，天津港集疏运专用通道全面开工。高标准制定“于响”片区规划导则，海河两岸城市更新项目加快推进。加强城镇老旧小区改造，保税区海港片区、胡家园街华北陶瓷等城市更新项目稳步推进。智慧城市建设持续推进，中新天津生态城成为国家首批智慧城市试点。

坚持教育事业优先发展,推进学前教育普惠发展,义务教育均衡发展。大港东城三幼等幼儿园基本完工,紫云幼儿园等加快建设。耀华中学滨城分校、泰达岳阳道小学主体封顶,东壹区九年制学校进入收尾阶段。群众就医条件有效改善,北京大学滨海医院改扩建、中医医院二期工程等加快建设。开通住院、门诊等异地就医直接结算机构6家,率先启动京津冀"免备案"试点。

二 2024年滨海新区经济高质量形势分析

(一)发展形势

从国际看,各类风险挑战交织叠加,世界经济复苏乏力,通胀水平居高不下,地区冲突影响持续,全球贸易增长乏力,一些国家推动经济脱钩,对我国产业链、供应链稳定形成一定挑战。

从国内看,我国经济恢复向好总体回升的态势更趋明显,多个领域、多项指标都出现了一些积极变化。面对复杂的国际形势和国内发展的新特征、新要求,高质量发展仍然是我国全面建设社会主义现代化国家的首要任务,我国将加快形成以国内大循环为主体、国内国际双循环相互促进的新发展格局。

从2023年前三季度经济形势分析看,天津经济运行总体平稳,发展新动能向好,质量效益向好,市场预期向好。天津正进入加快建设社会主义现代化大都市和"津城""滨城"双城发展格局的关键阶段,天津市委、市政府着眼未来五年,部署"十项行动",强化滨海新区高质量发展的支撑引领作用,通过放权赋能、续航加油、升级加力,推动滨海新区在落实新发展理念中率先突破,全面提升"滨城"综合竞争力,着力建设生态、智慧、港产城融合的宜居宜业宜游宜乐美丽"滨城",打造社会主义现代化建设先行区。

从自身来看,滨海新区肩负国家与天津市赋予实现高质量发展的重要使命,正处于建设美丽"滨城"、开启新时代新征程的重要窗口期、改革开放攻坚期和新旧动能转换加速期。但也应看到,滨海新区经济结构还不够优化,受宏观经济影响,经济面临一定的下行压力,创新引领能力不够强、战略性新兴产业规模不够大、污染防治任务艰巨等问题依然存在。

(二)主要经济指标预测

对于我国经济增长速度,国际货币基金组织(IMF)综合分析疫情的长期影响、地区冲突、世界经济分化、以及央行政策收紧等影响因素,认为2024年经济增长率为4.2%。世界银行分析,受债务增长、私人投资意愿不强、房地产市场销售数据低迷等因素影响,中国2024年经济增速为4.4%。

根据2023年滨海新区前三季度主要经济指标运行情况,结合上述国际组织对我国经济增速的预测,初步预测2024年滨海新区经济运行总体平稳,具体发展目标如下:地区生产总值增长4.5%左右,规模以上工业增加值增长5%,一般公共预算收入增长10%,固定资产投资增长2%,实际利用内资增长10%,实际使用外资增长5%;城乡居民可支配收入与GDP同步增长,节能减排指标完成天津市下达的任务。

三　推进滨海新区经济高质量发展的对策建议

2024年,滨海新区应牢牢把握高质量发展这个首要任务,扎实实施滨海新区高质量发展支撑引领行动,推动自身不断实现质的有效提升和量的合理增长,在经济总量、规模、实力上成为全市支撑,在实现“四高”目标上成为全市引领,打造新时代高质量发展示范区、中国式现代化建设先行区。

(一)纵深推进京津冀协同发展

一是高水平建设北京非首都功能承接载体,增强滨海—中关村科技园、京津合作示范区等重点承接平台的综合配套服务能力,健全人才导入、企业引入、创新投入等体制机制和政策体系,不断提升资源集聚度,吸引更多高质量项目和市场主体落户滨海新区。推动五大开发区与中石化、中海油等龙头企业合作共建特色产业园,打造“于家堡—响螺湾”等主题园区承接平台。二是高站位建设京津冀便捷大通道,强化海、铁、路、空联动,推动津冀港口群协同,做强天津港集团雄安服务中心,构建天津港直通西部的铁路物流网络。建设轨道上的京津冀,加快京滨城际、黄万铁路(天津段)等工程建设。完善公路交通网络,加快滨唐、兴港等高速公路建设。增强航空枢纽辐射能力,促进京津冀机场群协同发展。三是推进重点领域深度协同,与北京中关村建立科技创新先行先试政策联动机制,构建"技术研发在京、创新应用在津、产业转化在滨、循环在港口"的深度协同模式。深化与京冀地区教育、医疗、社会保障等领域合作,提升公共服务一体化、便利化水平。

(二)不断提升改革开放优势

一是打造市场化改革新高地。推动区属国有资本优化产业布局、加强专业化改革。强化民营经济高质量发展,争创全国新时代"两个健康"先行区试点推广城市。争取用地用海综合改革、城镇低效用地再开发、农村集体经营性建设用地入市试点,建强用好油气交易中心、粮油交易中心等商品类交易平台。二是打造一流营商环境。持续优化市场化、法治化、国际化营商环境,持续推进政务服务集成化改革。深化府院联动机制,提升金融、知识产权、服务贸易等专业法庭功能,创新"信用+"守信激励应用场景,构建以信用为基础的新型监管机制。支持建设国际商事审判庭,健全国际商事审判与国际仲裁、调解的协同机制。三是打造开放平台升级版。推动开发区、主题园区、自贸试验区平台转型升级、提能增效,持续提升各类生产要素聚集程度。四是打造合作交流升级版,聚焦主导产业,加大吸引和利用外资力度。实施跨国经营主体培育工程,带动企业"抱团"出海。加快建设集拼物流中心和北方跨境电商物流中心,高水平建设国家进口贸易促进创新示范区和外贸转型升级基地。

(三)逐步提升自主创新能力

一是强化战略科技力量建设,推动高校院所、龙头企业争创全国重点实验室和国家级产业创新平台建设,吸引更多企业和金融机构出资建设实验室。聚焦操作系统、芯片设计、网络安全、信创终端领域,强化基础与应用前沿领域研究,攻关一批关键核心技术,实施一批重大科技项目。二是突出企业科技创新主体地位。加强产学研深度融合,支持企业布局前沿研究,持续加大载体孵化力度,促进各类要素向企业聚集,培育一批创新联合体,支持骨干企业建设共性技术工程中心,做大做强科技企业底盘。三是加快人才集聚。大力实施人才强区战略,探索构建"国际人才社区",引育一批领军人才、技能型人才和优秀企业家。推进中国天津人力资源服务产业园(滨城园区)和国家人力资源服务出口基地建设。四是推动科技成果转化,挖掘国家级科研院所、国家级创新中心、海河实验室等重大创新平台创新资源潜力,促进自主创新成果产业化。建强中试熟化和概念、技术、商业化验证平台,增强科技成果转化服务效能。持续推进国家知识产权示范城市建设。

(四)加快构建现代化产业体系

一是加快建设先进制造研发基地核心区。聚焦"1+3+4"现代化工业体系,推动高端化、智能化、绿色化升级。大力发展智能科技产业,推进绿色石化、汽车、装备制造等优势产业转型升级,发展壮大生物医药、新能源、新材料、航空航天等新兴产业,超前布局生物制造、细胞和基因治疗等未来产业,攻克一批关键核心技术,抢占产业发展新赛道。二是加快建设金融创新运营聚集区。推动于家堡建成金融创新运营示范区核心区,巩固提升租赁、保理等产业领先地位,探索全币种结算的国际保理业务,探索开展数字金融标准示范试点和检测认证。三是加快建设国际消费和区域商贸"双中心"城市聚集区。壮大研发设计、高端咨询、检验检测等生产性服务业。培育"贸易+制造+结算"业态,建设重点进口商品交易平台、农产品批发集散中心。推动"于响"片区打造成国内外顶级峰会集聚区。四是做强海洋文旅产业,开辟国际邮轮航线,开发邮轮入境游,打造世界级邮轮母港和中国北方邮轮旅游中心。打造国家现代农业示范区,扩大区域地理标志农产品社会知名度,提升全国"名特优新"农产品影响力。

(五)积极促进港产城融合发展

一是打造世界一流的智慧港口、绿色港口。试点建设零碳码头、低碳港口和数字孪生天津港,创新多式联运体系,推进“公转铁”“散改集”双示范港口建设。提升口岸智能化便捷化通关水平,提升港口通关效率。二是建设区域航空枢纽和国际航空物流中心,争取中国民用航空局对津航权、时刻等支持,培育客运、货运新航线。加快大通关基地建设,优化口岸服务环境。进一步延伸“港区联动”模式,实现口岸关、属地关有效互动衔接,货物在航空口岸和综合保税区一体化进出。三是发展壮大港口经济。集聚航运和贸易总部型企业,扩大临港贸易规模,做优商品类交易所,推动通道优势转化为贸易、结算优势。推动电商平台、电商企业以及大型物流公司在津设立物流分拨中心、贸易结算中心、新兴经济平台。推动石油化工、海工装备等适港制造业向高端延伸。支持天津港、天津港保税区空港片区发展港口服务业,支持“于响”片区做强金融保险、船舶租赁等产业。

(六)深入推动绿色发展

一是推进绿色发展。发展风电、光伏、氢能、液化天然气、冷能等清洁能源。开展泰达智能无人装备产业园“近零碳园区”、小王庄镇“零碳小镇”等零碳示范项目建设。探索碳普惠多场景应用,引导全民践行绿色生活方式。二是强化绿色治理,持续深入打好蓝天、碧水、净土保卫战,有序推进全域“无废城市”建设,深入开展“蓝色海湾”整治修复,推进生态廊道建设、岸线岸滩修复、滨海湿地及海湾保护修复等工程。三是完善绿色生态,推进“871”重大生态工程建设,推动新区开展生态产品价值核算,探索建立核算结果“进决策、进规划、进项目、进交易、进考核”的市场应用体系,积极开展生态产品价值转化试点。

(七)不断优化城市功能

一是强化“滨城”生产、生态、生活“三生”融合。制定实施“滨城”规划建设管理导则，大力实施轨道交通、城市更新等"十大工程"，突出产城融合、组团发展、职住平衡，推动教育、医疗健康、社会保障、养老服务等公共服务标准化、智慧化、均等化发展。二是强化"津城""滨城"双城联动发展。推进双城间快速路网建设，推动"滨城"骨架路桥建设和交通微循环畅通。吸引市里优质的教育、医疗、文化、体育等资源优先布局"滨城"，强化市级医疗资源对滨海新区的技术、人才支持，实施文旅资源融合发展，推动"津城"特色文化进"滨城"景区交流。三是强化"滨城"城乡协调发展，推动"滨城"的"一核两翼"均衡发展，教育人才优先布置在"两翼"。推进农村人居环境整治提升五年行动，建设宜居宜业和美乡村，推进城乡养老托幼服务标准统一、制度并轨、融合发展。

参考文献：

[1] 世界经济展望，2023 年 10 月 10 日，https://www.imf.org/zh/Publications/WEO/Issues/2023/10/10/world-economic-outlook-october-2023.

[2] East Asia and Pacific: Sustained Growth, Momentum Slowing. 2023-10-1: https://www.worldbank.org/en/news/press-release/2023/10/01/east-asia-and-pacific-sustained-growth-momentum-slowing.

[3] 庞凤梅：《深入践行国家级新区使命 勇当全市高质量发展先锋》，《天津日报》，2023 年 6 月 16 日。

天津港产城融合发展研究报告

石森昌　天津社会科学院海洋经济与港口经济研究所研究员

摘　要： “港产城融合发展行动”实施以来，在规划引领和政策保障、港口枢纽能级提升、港口经济产业集聚区建设以及港区城区联动协同等方面都取得明显成绩。但“物流带贸易”“港口带产业”功能不强、港口辐射腹地能力有待提升等问题依然存在。2024 年，航运市场增长放缓和区域竞争加剧会带来新挑战，但国内经济复苏和外贸市场新动态也蕴含新机遇。预计 2024 年天津港口货物吞吐量超 5.7 亿吨，港口外贸货物吞吐量超 3.3 亿吨，港口集装箱吞吐量超 2350 万标准箱。深化港产城融合发展，需要抓好现有规划方案和政策措施的落实和持续优化，持续提升天津港国际航运枢纽能级，推动物流和贸易更好融合发展，壮大港口经济相关产业以及完善城市服务配套功能，加快建设北方国际航运核心区。

关键词： 港产城融合　港口经济　航运服务　贸易

一　港产城融合发展现状

“港产城融合发展行动”实施以来，市级部门加强规划引领政策保障，相关行政区积极对接天津港，主要港口经济集聚区加快能级提升，天津港持续强化港口运营和市场开拓，港产城功能有机融合、相互赋能、良性互动的城市发展新格局正在加速形成。

（一）政府强化规划引领政策保障

市级部门制定行动方案加强规划引领。2023 年 6 月，发布《天津市港产城融合发展行动方案》。方案从四个方面提出促进港产城融合发展的 26 项具体举措。一是加快建设世界一流智慧绿色枢纽港口，聚焦服务京津冀协同发展，提升港口基础设施能级，扩大港口服务功能（7 项举措）。二是加快拓展陆海双向联通大通道，打造国内沿海运输主干线通道，拓展近远洋外贸航线海上通道，畅通欧亚陆上通道（5 项举措）。三是加快推进适港产业提质升级，打造区域性国际物流分拨中心，做强做大海洋装备产业，延伸拓展石油化工和化工新材料产业（10 项举措）。四是加快提升港产城融合发展能级，打造宜居宜业宜游的港产城融合发展特色片区，更新改造老码头和涉港老城区，加强与国际港口城市交流合作（4 项举措）。

政策扶持体系保障能力得到强化。2023 年 6 月，印发《天津市促进港产城高质量融合发展的政策措施》。政策措施包括四个部分 27 项具体措施。一是做大港口航运规模，提升港口通道能力，鼓励航运企业发展，发展邮轮旅游（10 项措施）。二是做强港口关联产业，鼓励船舶修造产业发展，保税船供业务发展、口岸大型外贸主体落户（7 项措施）。三是做优城市航运服务功能，促进航运要素集聚，发展航运金融，优化口岸营商环境（7 项措施）。四是明确资金来源、政策具体实施方式及有效期限等。此外，市交通运输委、市商务局、市金融局、市文旅局、市发展和改革委等部门和相关区政府又研究制定了 12 项配套实施细则，进一步完善深化港产城融合发展政策扶持体系。

（二）港口增强辐射带动功能

物流网络布局进一步完善。开通“中国—苏里南”“中国—南美”直航航线、沃尔沃汽车出口欧洲班轮航线、最大船型集装箱直航欧洲航线等国际新航线，搭建“银川—天津港—迪拜”“武威—天津港—韩国群山”等海铁联运出口货运通道，扩大对外辐射范围。开通“天津港—银川”“天津港—安阳”“天津港—大红门”3 条海铁联运班列和“银川—天津港”罐式集装箱班列，“天津港—河北天环冷链基地”“天津港—高碑店”“天津港—济南”多个冷链干线长途运输项目运营，新开“吐鲁番—天津—华南”内贸出口新通道，升级“天津—新疆”贸易物流通道，重启“津蓉冷链”专线，开行我国铁路 35 吨宽体集装箱海铁快线,与天津港相连的环渤海内支线“天天班”航线达 19 条,为畅通国内国际双循环提供有力支撑。

港航服务水平持续提升。主动服务区域发展,设立北京 CBD—天津港京津协同港口服务中心,挂牌成立天津港安阳无水港,前置港口物流服务功能。高质量开展“四千行动”“春雨行动”,积极开展招商推介活动,加强与港口企业、船公司和各类客户的沟通协调,优化提升服务举措。进一步优化港口营商环境,发布《海铁联运服务标准》,推动海铁联运服务体系化、标准化;启用海关集约封闭式查验中心,北疆港区四个集装箱码头全部实现港内查验作业,有效提升港区物流效能;实施启运港退税政策,为腹地经济高质量发展提供高效服务。

智慧绿色港口打造升级版。发布全球首个全物联网集装箱码头,按下“港口万物智能互联时代”快进键。三个滚装码头获得中国船级社颁发的碳中和评价证书,是全球首个滚装码头全部实现“零碳”运营的港口。自主研发制造全球首台氢电混合动力人工智能运输机器人,引领氢能源在港口应用。太平洋国际集装箱码头成为全国首个通过五星级“中国绿色港口”评审的传统集装箱码头。新能源发电系统总装机容量达到 42.55 兆瓦,实现年发“绿电”1 亿千瓦时,在全球港口中处于领先地位。

港口文旅产业迈上新台阶。邮轮旅游市场全面复苏,从 2023 年邮轮首航到国庆节期间,天津国际邮轮母港共接待 5 艘次国际邮轮,游客总数近 1.2 万人次;预计到 2023 年底还将有 30 艘次邮轮停靠邮轮母港,出入境旅客数量将达到 10 万人次。天津港文化旅游区暨国家 AAAA 级景区试运营开园,景区范围涵盖了一批天津港独特性、标志性点位,包括天津港零碳智慧码头、太平洋国际集装箱码头、东疆湾沙滩景区、天津国际邮轮母港、东疆仓储式红酒展销中心、码头主题餐厅等。

(三)产业集聚区能级提升持续赋能

东疆综合保税区引领港口经济发展。融资租赁领先行业发展,出台全国首个系统性的绿色租赁政策文件,实施知识产权质押融资高质量发展行动方案。2023 年上半年,新增融资租赁公司 10 家,顺利完成 61 架飞机、84 艘船舶、2 座海工平台的租赁业务,新增跨境租赁资产价值 48.1 亿美元。数字货运产业动能充沛,聚集近 70 家数字货运头部企业,2023 年上半年,数字货运企业实现营业收入 280.1 亿元,增长 34.9%。跨境电商极具潜力,引进财道星汇、易客派瑞等一批电商企业,稳步推进京东国际二期扩仓等在建项目,跨境电商专业仓储面积达 10 万平方米。冷链产业生态进一步完善,聚集 600 余家冷链产业链企业,拥有 9 座已建成及在建全温区冷库,冷库总库容达 35 万吨,获批国家骨干冷链物流基地。持续优化营商环境,开启跨境电商零售出口商品跨关区退货试点,跨境电商零售进口税款电子支付功能落地。

天津港保税区引育临港制造新动能。中船(天津)船舶制造有限公司为地中海航运建造的 6 艘 16000 标准箱集装箱船中的首艘完成交付;空客天津 A320 系列飞机第二条总装线项目开工建设,优质制造业大项目稳步推进,为临港制造业高质量发展打下坚实基础。深入实施创新驱动发展战略,聚集各类创新型科技企业超 2200 家,科技人才总数突破 3.2 万人,建设各类创新载体平台 40 家,其中国家级载体 12 家;企业创新能力持续提升,合力能源、太重滨海等企业获评国家级专精特新“小巨人”。

中心城区航运服务集聚区提质增效。和平区以小白楼国际航运服务业集聚区建设为核心,加大力度引聚高附加值总部型、全球资源配置型航运企业的新业务板块落户。河西区以中央商务区建设为抓手,着力推动现代航运服务企业集聚,成功引入俄罗斯船级社中国总部项目、上港物流华北地区总部项目等航运服务重点项目;加快航运服务载体建设,天津市首家航运金融中心在中国银行天津市分行正式挂牌,河西区泰达大厦挂牌“天津国际航运大厦”。河北区以天津远洋大厦挂牌“国际数智航运大厦”为契机,进一步提升航运产业载体发展能级。河东区规划建设占地面积 28.3 公顷的港产城融合发展特色片区,打造航运物流特色楼宇集群。

滨海新区打造航运服务新载体。在“于家堡—响螺湾”片区、滨海新区中部新城等区域规划发展航运服务及其相关产业,积极引进总部型、成长型航运服务企业,推动形成高端航运服务产业集群,打造“滨城”航运服务集聚区。出台《滨海新区实施北方国际航运核心区建设工程行动方案》《天津市滨海新区鼓励航运要素集聚发展的实施方案》等政策文件,引育航运要素加速集聚。

(四)港区城区联动协同多方支撑

中心城区加强与港区交流合作。2023 年以来,天津港集团先后与河北区、武清区、南开区签署战略合作协议,天津港集团服务窗口入驻河北区政务大厅。东疆综合保税区与和平区、河北区共同推进“飞地经济”发展,把东疆综合保税区的高成长科创企业、文创企业等资源引入和平区的核心商务楼宇、河北区的意式风情区,实现优质资源共享,促进城区港区联动。

滨海新区与天津港全面对接。统筹规划滨海新区城区与港区的空间利用,完善港口要素布局,优化港产城空间布局,科学规划利用城区港区交界土地空间。加快天津港集疏运货运专用通道——兴港高速建设进度,加快推进临港铁路专用线、东疆铁路延伸线等项目,构建畅通的港产城融合综合公共交通体系。加快构建以海洋油气及石油化工、海工装备制造、港口海洋文旅、航运服务等为特色的产业布局。

东疆综合保税区与天津港携手发展。充分利用东疆综合保税区内 250 万平方米物流仓储设施和港口资源,建设多功能“全球仓”,将“全球仓”运营方由仓储物流企业升级为国际贸易商,港口由货物装卸仓储作业区升级为国外直采、国内销售的开展跨国贸易活动的市场,进一步串联起仓储、租赁、加工、物流、分拨、贸易、金融等板块,实现了由“货物通道”向“经济走廊”升级的转变。

天津港与天津机场实现海港空港联动。天津港东疆物流板块所属公司与天津机场物流公司签订推进天津海空两港联动发展合作协议,双方发挥各自优势,共同打造天津海空联运物流平台。2023 年 3 月,天津港集团东港物流公司利用其“海空一站式”物流平台,将来自智利的一批进口红酒从东疆仓储展销中心运到天津机场国际货运中心,再通过飞机航班运往香港,海空联运物流平台顺利运营。

二　天津港产城融合发展的薄弱环节

与国内外港产城融合发展典型城市和地区相比,天津深化港产城融合发展还需要着重解决一些深层次问题,如"物流带贸易""港口带产业"功能不强、港口辐射服务能力需进一步提升等。

(一)"物流带贸易"功能有待发挥

通道能力与贸易发展不匹配。2023 年前 8 个月,天津、上海和深圳分别完成港口货物吞吐量 3.79 亿吨、4.96 亿吨和 1.88 亿吨,完成外贸货物吞吐量 2.19 亿吨、2.79 亿吨和 1.41 亿吨,完成口岸进出口货物总值分别为 1.24 万亿元、5.15 万亿元和 2.37 万亿元。从口岸货物总值看,天津为上海的 24.08%,是深圳的 52.32%。天津的港口货物吞吐量是深圳的 2.02 倍,但口岸货物总值仅为深圳的一半左右,通道能力与贸易功能严重不匹配。从单位外贸货物的价值看,天津、上海和深圳的每吨外贸货物的平均价值分别为 5662.1 元、18458.78 元和 16808.51 元,天津的单位外贸货物价值远低于上海和深圳。

外贸新业态发展规模需要提升。2022 年,天津本地跨境电商交易额超 150 亿元,占当年全市进出口贸易总额的比重超 0.75%;而同期深圳的跨境电商交易额达到 1800 多亿元,占当年全市进出口贸易总额的比重超 4.90%。此外,天津港年度货物吞吐量和集装箱吞吐量都位居世界港口前列,但贸易本地结算率不高;平行进口汽车和进口冻品规模均居全国首位,但未形成具有全国性影响力和辐射力的专业化交易市场。

(二)"港口带产业"功能需要增强

港口对城市经济的带动作用不足。以 2022 年为例,天津、上海和深圳的港口货物吞吐量分别完成 5.49 亿吨、6.68 亿吨和 2.72 亿吨,同时三地的 GDP 分别为 16311.3 亿元、44652.8 亿元和 32387.7 亿元。测算单位港口货物吞吐量对城市 GDP 的影响,三地分别为 2971.09 元/吨、6684.55 元/吨和 11907.24

元/吨,即港口运输 1 吨货物对天津 GDP 的贡献为 2971.09 元,对上海 GDP 的贡献为 6684.55 元,对深圳 GDP 的贡献为 11907.24 元。港口运输 1 吨货物对上海 GDP 的贡献是天津的 2.25 倍,对深圳 GDP 的贡献是天津的 4.01 倍。相比上海和深圳,发挥港口对天津经济发展的带动作用还有很大上升空间。

高端航运服务业发展水平需要提升。依照 2023 年新华·波罗的海国际航运中心发展指数排名,天津未能进入前 20 名。高端航运要素集聚度不够,目前天津尚无一家有国际影响力的船公司、船供企业、物流企业和航运功能性机构的总部或者区域总部。航运服务产业链不完善,以货运、船代等传统航运业务为主,航运金融、航运保险、海商海事法律服务等行业发展不足。航运服务业配套政策缺失,上海、宁波、青岛、深圳等城市都有较为完善的航运服务业发展政策扶持体系,天津也出台了一些支持航运服务发展的政策,但在体系化、连续性上有待加强。

临港制造业整体竞争力不强。临港经济区是推动天津市临港制造业发展的主要载体,与上海临港新片区相比存在如下不足:产业结构偏旧偏重,以石油化工、粮油加工等传统产业为主,新能源、新材料等新兴产业如氢能、海水淡化产业虽然发展较快,但体量小;船舶造修产业体系有待完善,船舶制造业开始恢复,但船舶维修业受政策限制难以快速跟进;开发规模和开发强度不够,规划面积 115 平方公里,实际利用仅 44 平方公里,岸线资源、土地资源存在闲置现象。

(三)港口辐射腹地能力有待提升

对腹地货源的吸引力不强。随着辽宁、山东、河北等地相继完成省内港口资源整合并实现一体化运行,周边港口市场的竞争力明显提升,天津港腹地货源流失压力加剧。从腹地进出口货物总量看,北京、河北、山西、河南、陕西等腹地,经天津港实现的进出口货物占各地外贸货物总值的比重持续下降。

航线与集疏运体系不够发达。目前天津港有集装箱航线 145 条,与深圳港(295 条)、上海港(300 条)相比差距明显。天津港缺乏直通西部和北部腹地的专用铁路通道,其货运通常要绕行唐山、石家庄或北京铁路枢纽,无法对天津港集疏运能力形成有效补充，导致区域货源开拓，特别是对蒙古国、俄罗斯、中亚、欧洲等国家和地区货源的市场组织开拓能力不足。疏港公路通道与城市道路矛盾突出，集疏运绿色低碳可持续发展压力较大。

三 2024 年的挑战、机遇与展望

在航运市场增长放缓、区域港口竞争进一步加剧的背景下，天津港及港口经济发展面临很多新挑战。但我国宏观经济有望复苏，以新能源汽车为代表的新技术产品出口重构我国外贸新格局，与“一带一路”共建国家和非洲、南美地区的贸易进入新阶段，也给天津港及港口经济发展带来新机遇。

（一）航运市场增长放缓和区域竞争加剧带来新挑战

航运市场增长放缓。联合国贸发会议指出，2023 年按吨计算的集装箱贸易量将增长 1.2%，2024—2028 年有望达到 3% 以上，但也低于过去 30 年约 7% 的长期增长率。对我国港口而言，除了要应对全球航运业整体不景气压力，还需面临欧美货物运输需求下降的挑战。相关数据表明，2017 年以来，自我国进口的商品在美国全部进口商品中的占比已由原来的 21.6% 下降到 2022 年的 16.3%，2023 年上半年进一步下降至 13.3%，我国由原来的美国进口商品第一大来源地下降为第四位，排在欧盟、加拿大、墨西哥之后。

环渤海港口竞争加剧。河北省提出到 2027 年基本建成陆海联动、产城融合的临港产业强省，要加快推动世界级港口群建设。秦皇岛出台 20 项工作措施，推动和支持港口高质量发展；沧州发布 28 个项目，总投资超千亿元推动港口发展。目前沧州入选港口型国家物流枢纽，黄骅港被国家明确上升为沿海主要港口。山东省出台《山东省世界级港口群建设三年行动方案（2023—2025 年）》，加快建设安全便捷、智慧绿色、经济高效、支撑有力、融合开放的世界级港口群。大连市出台促进东北亚国际航运中心和国际物流中心全面振兴新突破的政策文件，加快推进东北亚国际航运中心和国际物流中心建设。

(二)国内经济复苏和外贸市场新动态蕴含新机遇

国内经济复苏积极信号逐渐显现。随着各类政策稳步推进,推动经济向好的新动能正在逐渐发力,复苏信号开始显现。2023 年前三季度国内生产总值(GDP)同比增长 5.2%,增长持续恢复向好。2023 年 9 月的制造业 PMI 指数达到 50.2%,比上月回升 0.5 个百分点,回升至景气区间。2023 年的中秋、国庆假期,国内消费增长势头强劲。2023 年前三季度进出口总额同比下降 0.2%,降幅明显收窄。上述指标的积极变化,充分说明我国宏观经济正在持续恢复向好。

对外贸易孕育新变局。2023 年前三季度,我国与美国、欧盟、日本、韩国等国家和地区间以人民币计价的进出口总额分别同比下降 8.2%、1.5%、6.5% 和 10.6%;而与俄罗斯、非洲、拉丁美洲等国家和地区的贸易呈现稳步增长趋势,分别增长 38.1%、6.7% 和 5.1%;对"一带一路"国家进出口总额达到 14.31 万亿元,同比增长 3.1%。在天津,2023 年1—8 月,与日本、欧盟和韩国间以人民币计价的进出口总额分别同比下降 16.54%、7.69% 和 7.65%,与西亚、非洲、拉美间进出口贸易总额分别同比增长 47.64%、20.46% 和 16.8%。我国对外贸易面临新变局。

汽车跨境贸易等新运输需求成为航运市场新增长点。相关机构的数据显示,2019—2023 年,从东亚的中国、日本和韩国到其他国家和地区的海上汽车运输量增长了 37%。2023 年前 8 个月,我国汽车出口总量达到 294.1 万辆,同比增长 61.9%,预计全年将超过 400 万辆,其中超过四分之一为新能源汽车。2023 年前 8 个月,经由天津口岸出口的汽车达到 30.9 万辆,同比增长 23.8%,排名全国第三,占同期全国汽车出口总量的 9.6%。大力发展与新能源汽车进出口相关产业和业务是提升天津港口经济发展质量的重要内容。

(三)2024 年天津主要航运指标发展预测

港口货物吞吐量预测。采用比例趋势外推法预测天津市 2023 年、2024 年的港口货物吞吐量。2019—2022 年间,每年前 8 个月的港口货物吞吐量与全年吞吐量的比值分别为 0.66、0.672、0.676 和 0.681，该比值较为稳定。采用趋势外推法，得到 2023 年、2024 年前 8 个月货物货物吞吐量与全年吞吐量的比值为 0.679 和 0.68。2023 年前 8 个月天津市完成港口货物吞吐量为 3.79 亿吨，得到 2023 年全市完成港口货物吞吐量的预测值为 5.58 亿吨。利用 2019—2023 年每年前 8 个月港口货物吞吐量数据，采用趋势外推预测法，预计 2024 年前 8 个月天津市港口货物吞吐量将达到 3.89 亿吨，结合 2024 年前 8 个月港口货物吞吐量占全年比值 0.68 的预测值，预计 2024 年天津市港口货物吞吐量将达到 5.72 亿吨。综合考虑国内外经济发展形势和航运市场发展趋势，预计 2023 年天津市港口货物吞吐量将完成 5.6 亿吨左右，2024 年将完成 5.7 亿吨左右，参见图 1。

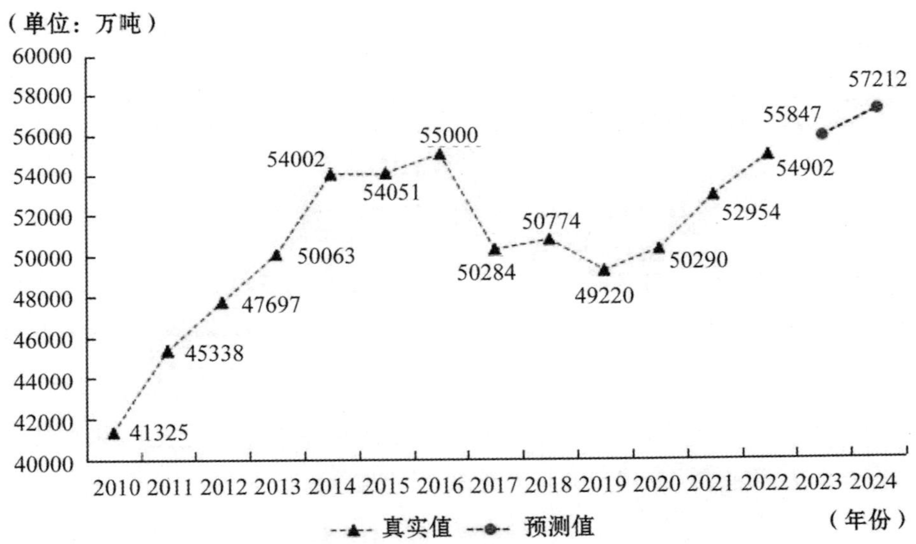

图 1　2010—2024 年天津港口货物吞吐量增长趋势

外贸货物吞吐量预测。同样采用比例趋势外推法预测天津市 2023 年、2024 年的港口外贸货物吞吐量。从天津市外贸货物吞吐量增长规律看，2019—2022 年间，每年前 8 个月的外贸货物吞吐量与全年吞吐量的比值相对较为稳定，分别为 0.654、0.671、0.669 和 0.678。采用比例趋势外推法预测，

2023 年、2024 年天津市外贸货物吞吐量有望分别达到 32503 万吨和 33880 万吨。综合考虑宏观经济发展形势和航运市场发展趋势,预计 2023 年天津市全年完成外贸货物吞吐量 3.25 亿吨左右,2024 年全年完成外贸货物吞吐量 3.38 亿吨左右,参见图 2。

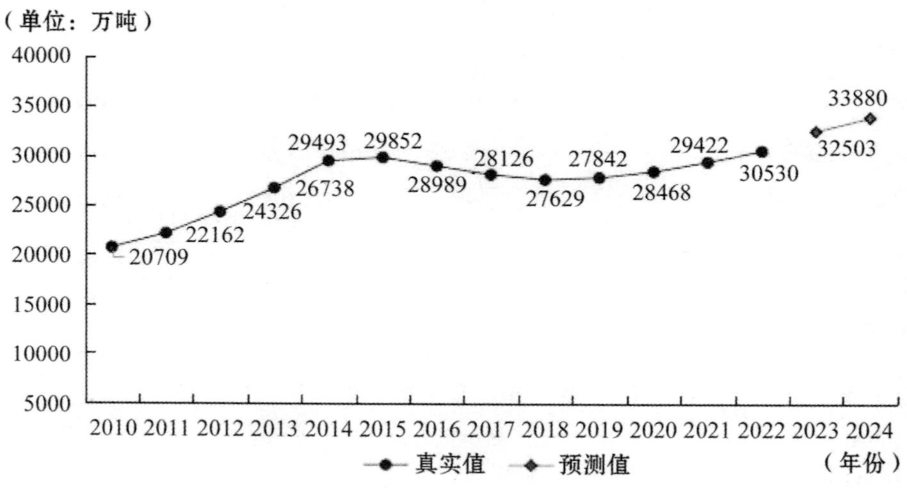

图 2　2010—2024 年天津外贸货物吞吐量增长趋势

集装箱吞吐量预测。2023 年前 8 个月,天津全市港口集装箱吞吐量完成 1560 万标准箱,同比增长 1.3%。运用增长模型预测,2023 年全年港口集装箱吞吐量将达到 2327 万标准箱,2024 年全年港口集装箱吞吐量将达到 2553 万标准箱,参见图 3。利用历年前 8 个月和全年的集装箱吞吐量数据,采用比例趋势外推法预测,2023 年、2024 年天津全市港口集装箱吞吐量将分别达到 2258 万、2342 万标准箱。综合两种方法预测结果,结合国内外经济发展形势和世界航运市场发展趋势,预计 2023 年天津全市完成港口集装箱吞吐量超 2250 万左右标准箱,2024 年将超 2350 万标准箱。

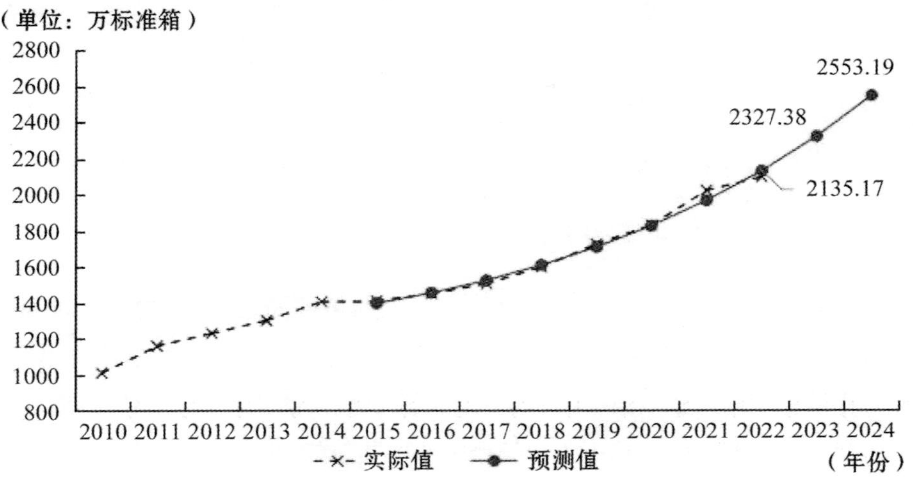

图 3　2010—2024 年天津集装箱吞吐量增长趋势

四　深化港产城融合发展的对策建议

积极应对航运市场增长放缓、区域港口竞争进一步加剧的挑战，把握好宏观经济变好的趋势以及航运市场新机遇，推动港产城融合向纵深发展，需要抓好现有规划方案和政策措施的落实和持续优化，持续提升天津港国际航运枢纽能级，推动物流和贸易更好融合发展，发展壮大港口经济相关产业以及完善城市服务配套功能。

（一）抓好规划和政策落地落实

推进规划和政策落地落实。对港产城融合发展行动方案中的预期目标、行动事项清单以及行动项目清单，对促进港产城高质量融合发展的政策措施中的各项具体举措，应做好督促检查和跟踪评估，推动各项措施和任务顺利实施，加快实现预期发展目标。跟踪评估应坚持问题导向，指出任务完成与预定目标的差距和剖析原因，提出针对性改进建议，督促相关部门及时调整政策的着力点和工作的发力点。对好的经验做法要及时总结、宣传推广。

适时调整优化相关政策措施。根据党中央最新部署,按照国家有关部门和天津市的新任务、新要求,分析港航领域面临外部环境的新变化、新趋势,紧扣深化港产城融合发展这一中心任务,研判即将面临的新机遇和新挑战,实施调整原定预期目标,增删改行动事项清单、行动项目清单和具体政策举措。

(二)持续提升港口枢纽能级

提升港口辐射范围和服务能力。增强面向俄罗斯、蒙古国的航线班列辐射服务能力,提升中蒙俄经济走廊海铁联运运输能力和国际贸易服务水平。寻找中欧班列新增长点,积极参与亚欧大陆物流新通道建设。积极筹划和增加天津港至东盟、非洲、拉丁美洲等地区的国际航线。进一步畅通港口集疏运体系,推动滨海新区城市交通体系与港口集疏运体系的有效衔接、高效运转。

打造世界一流智慧绿色港口升级版。加快"零碳港口"建设,推动更多码头实现"零碳"运营,支持更多码头公司打造五星级"中国绿色港口",持续推动更多风电、光伏项目在港区落地,增加港口氢能应用场景。升级智慧港口建设,进一步完善智慧化码头作业体系建设,打造港口全域数字化协同管控平台,实现"船、港、货、航"全要素数字化管理,提升港口"全域智治"水平。

(三)打造区域物流贸易枢纽

加快港口物流和贸易融合发展。加快港口物流企业转型升级,由以仓储运输业务为主向港口综合贸易商转变。升级冷链物流、跨境电商等产业链,打造以生鲜冷冻食品、服装、化妆品等为特色的国际快消品分拨中心。鼓励国际国内物流贸易头部企业、细分市场领军企业以及与天津产业关联度高的物流企业和贸易商落户天津,加速物流贸易优质资源集聚。

加快发展外贸新业态新模式。积极推动保税商品展示在中心城区和滨海新区有更多点位,吸引境外消费回流为在津消费。依托东疆综合保税区跨境电商优势,推动跨境电商优质资源加速集聚。做大平行进口汽车业务规模,提升服务水平。高水平推动落实《天津市推动冷链产业高质量发展的工作方案》,打造我国北方进口冷冻品贸易和加工聚集区品牌。

(四)增强适港产业竞争力

大力发展高端航运服务。高水平建设航运服务功能集聚区,优化产业发展环境,建立健全服务机制,加大政策支持力度,加强宣传推介引导,吸引优质航运资源汇集天津。加快航运服务市场主体集聚,积极培育天津本土航运服务龙头企业和高成长性企业,加大国际性、国家级航运专业组织和功能性机构引进力度。完善数智航运产业生态,培育数智航运龙头企业。积极培育航运金融、航运经纪、海事仲裁、航运科技等高端业态。

做大做强临港制造业。以天津临港综合保税区获批为契机,强化顶层设计,持续优化产业发展环境,积极对接全球投资贸易新规则,发挥在港产城融合发展中的示范引领作用,把临港经济区打造成为天津市临港制造业创新发展新高地、新名片。依托建设 12 艘大型集装箱船项目,不断完善天津船舶造修产业链。不断提升海水淡化、氢能等新兴临港制造业产业规模和竞争力。临港经济区加强与天津市其他城区和产业园区的交流协作,大力发展临港制造"飞地经济"。

(五)完善城市服务配套功能

完善城市功能吸引航运资源集聚。积极推进产业社区建设,促进研发、办公、住宅、商业等功能融合,强化园区品质塑造与职住平衡,打造港航主题特色居民小区。积极探索港口经济集聚区与城区协同发展模式,促进资源共享,共同发展。实施促进航运服务人才发展的政策举措,推动产学研联动建立航运高端人才引育体系。

营造浓厚港口城市文化氛围。举办以港口航运为主题的产业峰会、智库论坛、城市节庆活动、主题周以及会展活动等。建设港口航运主题城市公园、主题商场、主题商圈或者城市特色街区等。鼓励开发以港口航运为主题的沉浸式观光旅游项目,在城市主要商圈设置以港口航运为主题的 3D 裸眼大屏。大力发展港口航运职业教育和市民教育。

参考文献:

[1] 石森昌、贾艳慧:《推动港产城融合发展 打造世界级港口城市》,《天津日报》2023年3月6日,第10版。

[2]《天津港"绿电"发电量居全球港口首位》,新浪网,2023年7月27日,http://k.sina.com.cn/article_2804827393_a72e4501040016i04.html。

[3] 梁姊:《高质量发展调研行 产业创新发展之花在这里"活力绽放"》,新华网,2023年8月26日,http://www.news.cn/fortune/2023-08/26/c_1129826120.htm。

[4] 周琳:《天津东疆金融业创新成绩亮眼》,《经济日报》2023年9月18日,第1版。

[5] 滨海发布:《"超级黄金周",滨城广纳四海客》,搜狐网,2023年10月9日,https://www.sohu.com/a/726882097_121106842。

[6] 沈建光:《把脉后疫情时代 中国经济发展新机遇》,《中国信息报》2023年10月13日,第1版。

天津制造业高质量发展研究报告

丁绪晨　天津市经济发展研究院经济师

摘　要： 制造业是城市经济发展的根基和重要引擎，对国民经济的发展具有不可替代的作用，为经济社会发展提供物质基础，为地区综合实力竞争保驾护航。本报告分析了天津市制造业的发展现状与区域差距，剖析了天津市制造业发展的战略机遇，归纳了产业增长动力不足、传统产业转型困难、高端制造引领不强、优质企业数量偏少、民营经济支撑乏力五个方面的困难挑战，在此基础上提出了建设多元开放的制造业创新体系、主动错位承接京冀优质产业布局、做大做强优势产业集群、加快传统产业赋能改造、推动产业园区集聚发展、大力释放民企发展活力六个方面的对策建议，从而不断筑牢产业发展根基，推动制造业高质量发展再上新台阶。

关键词： 制造业　战略机遇　高质量发展

天津是我国北方重要的工业城市和先进制造业研发基地，天津制造业发展历史悠久、基础雄厚、体系完备，在航空航天、汽车制造、电子信息、石油化工等多个领域具有良好的发展基础。充分夯实天津制造业发展根基，提升制造业高质量发展能级，有助于增强天津的综合竞争力，为社会主义现代化大都市建设提供重要支撑作用。

一　天津市制造业发展现状

天津始终坚持把发展经济的着力点放在实体经济上，坚决贯彻落实制造业立市战略,加快制造强市建设,大力培育新动能,不断优化产业布局,制造业对全市经济社会发展的支撑作用不断增强。

(一)制造业根基逐步夯实

制造业是天津工业发展的主力,制造业总产值占规模以上工业总产值的比重超过八成,是全市工业经济平稳运行的压舱石,对经济大盘的稳定具有较强的支撑作用。2023 年上半年,天津实现制造业增加值 1725.42 亿元,占全市工业增加值的 71.9%,占全市生产总值的 22%。[①] 截至 2023 年 9 月末,天津主要的制造业行业包括汽车制造业,医药制造业,计算机、通信和其他电子设备制造业,化学原料和化学制品制造业等,四大行业占规模以上制造业增加值的 42%。为推动制造业发展提质升级,天津持续加大制造业重大项目的谋划招引,目前一汽丰田、长城汽车新能源车型顺利下线,环欧高效太阳能超薄硅晶片项目成功投产,中芯国际二期、空客二线、中石化 120 万吨大乙烯、大众变速器 APP550 电动汽车驱动电机等优质制造业项目稳步推进,对天津制造业发展形成强有力的支撑。

(二)新兴产业发展迅速

天津制造业产业结构不断优化,新动能领域保持较快增长。2023 年前三季度,天津战略性新兴产业增加值、高技术制造业增加值分别占规模以上工业的 24.8%、14.0%,新产业新业态保持良好发展态势,战略性新兴产业、高技术制造业投资稳步增长,电子及通信设备制造、医药制造等高技术产业是投资的热点领域,推动全市投资结构持续改善。新兴产业的快速发展带动新产品产量大幅提升,2023 年前三季度城市轨道车辆、新能源汽车、服务机器人产量分别增长 3.8 倍、2.9 倍、22.9%。[②] 天津服务机器人产业发展迅猛,根据《中国机器人技术与产业发展报告(2023 年)》,天津是国内优质机器人企业集聚地

① 《天津统计月报》2023 年第 6 期等相关资料。
② 天津市统计局:《经济稳定恢复 发展质量进一步提升》。

中排名前十的城市,产业格局涵盖机器人研发、制造、销售、维修和应用多个链条。[①] 同时,制造业的智能化发展也有所突破,在工业和信息化部于2022年12月公布的2022年度99个智能制造示范工厂揭榜单位和389个优秀场景名单中,天津分别有4家企业、13个场景入选。

(三)创新能力持续提升

天津积极围绕智能科技产业引领发展,大力推进制造业领域自主创新和原始创新,在信创、人工智能、大数据与云计算、机器人、智能软件等特色优势领域全面发展,新一代超级计算机、国家合成生物技术创新中心等重大创新平台为产业创新发展提供强力支撑,飞腾CPU、麒麟操作系统等有力打破国外垄断,产业创新能级稳步提升。创建了一批先进制造主体园区,如北方声谷、中国信创谷、天津滨海—中关村科技园等,在人工智能、信创、智能科技等领域集聚发展。根据赛迪顾问于2023年6月发布的《先进制造业百强园区(2023)》,天津经济技术开发区、天津滨海高新技术产业开发区、北辰经济技术开发区、武清经济技术开发区、东丽经济技术开发区和西青经济技术开发区6家园区入选,分列第7、53、71、83、95和99位。

(四)重点产业链加速提质

天津坚持把产业链作为制造业立市的核心抓手,围绕加快构建"1+3+4"现代工业产业体系,聚焦重点产业和关键领域,打造了12条重点产业链,近几年产业链发展速度始终快于全市平均水平,产业链规模不断做大、韧性持续增强。截至2023年9月,重点产业链在链规模以上工业企业近3000家,占全市规上工业企业的比重超过50%;产业链产值超过1万亿元,占全市规模以上工业总产值的70%左右,绿色石化、汽车及新能源汽车、轻工、新材料4条产业链产值已超千亿元。[②] 12条产业链中10条产业链增加值实现增长,其中绿色石

---

① 雪球:《十大城市争夺战,谁是中国机器人高地?》http://xueqiu.com/7250316721/259480785。

② 天津市统计局:《统计信息第(2023)275号前三季度我市产业链生产运行情况》。

化产业链、汽车及新能源汽车产业链、高端装备产业链带动作用突出,贡献了过半的产业链增加值。绿色石化产业链是全市规模最大的产业链,作为天津的支柱产业,绿色石化产业形成了石油化工、海洋化工、精细化工等较为完整的产业体系,正加速向绿色化、高端化、精细化迈进。

(五)产业分工趋向优化

为避免各区产业发展过度同质化竞争,天津积极引导各区错位发展,更好地贯彻落实制造业立市战略,天津出台了《天津市工业布局规划(2022—2035)》,统筹规划市域产业分工格局。从当前天津各区制造业发展情况来看,滨海新区是天津制造业发展的主阵地,涵盖 29 个制造业行业大类,制造业增加值约占全市的半壁江山,具有整体的产业规模优势,其中,汽车制造业、计算机通信和其他电子设备制造业、化学原料和化学制品制造业三大行业产值规模均超过千亿元。在信创产业方面,滨海新区已经具备一定的先发优势,是全国信创产业链条最全、聚集度较高的区域之一。环城四区重点打造新兴产业先导区、高端产业集聚区,远郊五区重点打造区域转型升级示范区、产业发展协同区,二者制造业增加值均占全市的两成左右。①

二　天津市制造业发展的战略机遇

在大力推进高质量发展“十项行动”的关键时期,全市各方面对制造业发展的重视程度达到空前水平,当前天津制造业发展的根基较为稳固,发展动能依旧强劲,资源禀赋丰富,为制造业的发展提供了强有力的基础支撑和良好的发展机遇。

(一)顶层设计支撑有力

国家赋予天津“一基地三区”的功能定位,其中“一”便是全国先进制造研

---

① 根据《天津统计月报》2022 年第 12 期等相关资料计算得出。

发基地,为天津制造业发展指明了方向。为加快制造强市建设,天津出台了一系列支持政策,2021 年 5 月,出台《天津市制造强市建设三年行动计划(2021—2023 年)》,2021 年 6 月出台《天津市制造业高质量发展“十四五”规划》《天津市工业布局规划(2022—2035 年)》。2022 年 5 月,印发《天津市促进工业经济平稳增长行动方案》。同时,“十项行动”中的京津冀协同发展走深走实行动、港产城融合发展行动、制造业高质量发展行动等都为天津制造业发展擘画了蓝图,创造了有利的发展机遇。

(二)港口作用支撑有力

制造业的发展离不开港口建设,港口是地区经济增长的重要推动力。天津港是我国新亚欧大陆桥的主要通道,也是中国大陆唯一具备三条连接境外通道的大陆桥港口,可以接卸所有进出渤海湾的大型船舶,对外通达 180 多个国家、500 多座港口,集装箱国际航线达 145 条,连续多年位列全球港口十强。港口基础设施条件不断完善,内陆服务营销网络不断健全,基本形成辐射东北、华北、西北等内陆腹地的物流网络,是京津冀、华北及西北地区便捷的出海口。当前天津港正处于港产城融合发展新阶段,这将更有助于为制造业发展所需的资源集聚和商贸流通等提供便利条件。

(三)产业基础支撑有力

天津是我国北方重要的工业城市,是先进制造业研发基地,产业门类齐全,拥有全部 41 个工业大类,207 个行业中类中占 191 个,666 个行业小类中占 606 个,行业覆盖率分别达到 100%、92.3%、91.0%,是全国工业产业体系最完备的城市。在汽车制造、生物医药、计算机通信等多个行业,天津拥有较高的覆盖率和较为完整的工业体系,为天津现代化产业体系的构建打下了坚实基础,也为更好把握制造业高质量发展的战略机遇提供了扎实抓手。

(四)创新能力支撑有力

科技创新是制造业高质量发展的核心竞争力。近年来,天津深入实施创新驱动发展战略,区域创新水平持续提升,国家新一代人工智能创新发展试验区获批建设,全面创新改革试验向纵深推进,国家自主创新示范区高标准建设,为制造业发展提供了坚实的科技支撑。2022 年,全社会研发投入强度为 3. 49% ,连续多年位居全国第三,综合科技创新水平指数达到 83. 5% ,仅次于北京、上海。国家高新技术企业和国家科技型中小企业均突破 1 万家;技术合同成交额超 1700 亿元,占 GDP 比重位居全国前列。[①] 创新能力的持续提升将为天津制造业的高质量发展提供有力的智力支撑。

(五)发展空间支撑有力

天津作为国家中心城市,是首都和雄安新区的“海上门户”、京津冀协同发展的重要一域、“一带一路”的海陆交汇点、中国参与区域经济合作和经济全球化的重要窗口,具有重要的战略地位和支点作用。天津也是我国特殊经济区域形态最齐全的城市之一,拥有国家级新区、自贸试验区、国家自主创新示范区,以及天津经济技术开发区、滨海高新技术产业开发区、天津港保税区、东疆综合保税区、中新天津生态城等高水平的功能区和海关特殊监管区。这一系列战略机遇和禀赋优势的加持将为天津制造业发展形成强有力的支撑,为产业提质增效提供更多发展机遇和发展空间。

三　天津市制造业发展面临的挑战

近年来,天津制造业发展取得显著成就,但制造业整体发展状况仍然落后于先进地区和同经济体量城市,与自身先进制造研发基地的建设目标也有差距,制造业发展过程中仍然面临挑战,存在一些不容忽视的短板和问题。

(一)产业增长动力不足

近年来,天津制造业发展速度较慢,产业规模与先进地区仍有差距,对经

---

① 《科技赋能发展 创新引领升级——我市深入实施创新驱动发展战略科技实力持续跃升》,http://epaper.tianjinwe.com/tjrb/html/2023-03/10/content_154_7421292.htm。

济增长的带动作用有待进一步加强。从发展速度看,近几年天津制造业增加值增速始终未跑赢全国平均水平,甚至低于天津地区生产总值的增速。2023年前三季度,天津制造业增加值增速为3.0%,低于宁波2.7个百分点,[①]天津39个行业大类中有14个行业负增长,仅19个行业增速比上半年回升,行业回升面仍不到一半。从产业投资看,受新入库项目减少等因素影响,2023年前三季度天津制造业投资(-4.2%)由增转降,低于南京25.1个百分点、低于宁波17.2个百分点,发展后劲和动力有所欠缺,天津制造业对工业增长的贡献程度亟须提升,较慢的产业增速以及较小的产业规模不利于经济发展和科技创新。[②]

(二)传统产业转型困难

近年来,天津加快传统产业转型升级,大力治理"散乱污"企业、破解钢铁围城等问题,高耗能产业调整成效显著,高耗能产业占比有所下降,但传统重化冶金产业占比依然较高。黑色金属冶炼和压延加工业,石油、煤炭及其他燃料加工业,化学原料和化学制品制造业等原材料制造业均属于高耗能产业,约占全市工业总产值的三成。以六大高耗能行业之一的黑色金属冶炼和压延加工业为例,仅规模以上工业企业就超过300家,较"十四五"初期仍呈大幅增加趋势,行业总产值占全市规模以上工业的12.7%,消耗了全市26.8%的综合能耗,并且在2022年下半年能耗开始出现反弹,成为影响天津节能降耗工作的重点行业。[③] 这类传统产业普遍存在规模大、能耗高、成本高、盈利水平低等困境,产业大而不强、转型较为困难,在一定程度上影响了整个制造业产业的转型升级。

---

① 宁波市统计局:《总体平稳 稳中有进——前三季度宁波市经济运行情况》,下同。

② 南京市统计局:《2023年前三季度南京经济解读系列数据》,下同。

③ 天津市统计局:统计信息第(2023)190号《"十四五"以来我市规模以上黑色金属冶炼和压延加工业企业对节能降耗的影响》。

(三)高端制造引领不强

从高端产业发展看,战略性新兴产业和高技术制造业是各地竞相发展的重点,也是衡量地区产业实力的重要标志。天津新产业、新业态发展速度较快,但在行业构成、需求结构以及经济总量中的占比偏低,战略性新兴产业、高技术制造业增加值占规模以上工业的比重低于南京 10 个百分点以上。从新产品制造看,天津新能源汽车产业发展的动力仍然不足,工业机器人产量与南京等国产机器人产业的领跑城市相比仍有较大差距,南京仅埃斯顿一家企业的年出货量就达 1.8 万套①。从先进制造产业集群看,作为制造业高质量发展的重要标志,天津在先进制造产业集群培育方面进展偏缓,仅京津冀生命健康集群入选。从重点产业链发展看,天津 12 条重点产业链在链企业数量均未超过千家,除绿色石化产业链年营业收入达到 5000 亿元外,其余产业链均未超过 3000 亿元,生物医药、信创、集成电路等产业链规模普遍较小,而南京重点打造的软件信息产业的在链企业超 2000 家,年营业收入近 9000 亿元。②

(四)优质企业数量偏少

企业是推动产业发展的主体,优质企业在带动产业高质量发展上发挥了重要作用,但天津在企业培育尤其是优质企业培育方面仍需加力。天津规模以上工业企业数量不足 6000 家。根据中国企业联合会、中国企业家协会于 2023 年 9 月发布的《2023 中国制造业企业 500 强榜单》,天津共有 12 家企业入选,以石化、钢铁、医药等行业企业为主,入选企业 2022 年营业收入均值为 392.52 亿元;宁波则有 16 家企业入选,以新材料、家电、新能源、汽车电子等行业企业为主,入选企业 2022 年营业收入均值为 418.53 亿元。从“单项冠军”和“小巨人”看,天津共有制造业“单项冠军”企业(产品)28 家,与全国排名第

---

① 《重磅!埃斯顿与三一机器人达成战略合作》,维科网,https://robot.ofweek.com/2023-02/ART-8321202-8500-30588370.html。

② 南京市统计局:《聚集资源要素 营造最优生态——2022 年软件和信息服务产业链发展报告》。

一的宁波(83 家)差距较大;天津有国家级专精特新“小巨人”企业 253 家,低于宁波(352 家)。天津制造业中小企业创新活力有待进一步提升,在一些关键基础件、基础材料等领域专精特新成效仍需加强。

(五)民营经济支撑乏力

从民营经济发展态势看,虽然天津民营经济发展活力持续增强,但民营经济的发展速度以及对全市制造业的支撑作用仍有待增强。2023 年前三季度,天津规模以上民营企业工业增加值增长 2.8%,低于宁波 4.5 个百分点,民企增加值占比也远低于后者。从民企进出口看,天津外贸进出口中民企占比与宁波等城市存在较大差距,天津民企与外企在进出口中的占比相当,均在四成左右,而宁波民营企业在其进出口中占据主导作用,占比超过七成。从民间投资看,天津制造业民间投资呈下降趋势,增长乏力,而南京保持了超过 20% 的高速增长。根据全国工商业联合会于 2023 年 9 月发布的《2023 中国制造业民营企业 500 强榜单》,天津仅 11 家企业入选,且企业规模整体偏小,2022 年营业收入均值为 396.92 亿元,低于 500 强企业户均 582.65 亿元的水平。相比之下,天津制造业民营经济发展的短板弱项仍旧较多,与南方先进城市差距较大,对全市制造业发展的贡献程度有待提升。

四　天津市制造业高质量发展的对策建议

党的二十大报告提出要坚持把发展经济的着力点放在实体经济上,推进新型工业化。制造业是实体经济部门最重要的组成部分,其发展状况关乎全市发展大局,有效解决制造业发展面临的问题挑战,推动制造业高质量发展,构建面向未来的现代化产业体系,是高质量发展“十项行动”中的一项重要任务,对提升天津城市竞争力具有重要支撑作用。

(一)建设多元开放的制造业创新体系

深入实施创新驱动发展战略,筑牢科技创新根基,大力促进产业链创新链融合发展,建设功能完备、充满活力的创新生态。一是推动产业基础高级化。围绕汽车、高端装备、石油化工、新材料、生物医药、新能源等行业组建科技攻关联合体,主动对接、参与国家产业基础再造工程,提高优势产品的可靠性、稳定性。支持龙头企业通过产业链延伸、业务并购等途径突破制约行业发展短板。二是培育壮大创新型企业。发挥大企业在产业链现代化中的"链主"作用,提高产业链协同创新能力和抗风险能力,构建大中小企业纵向分工合作、横向资源共享的产业生态。壮大中小企业阵营,引育更多国家高新技术企业,引导企业向专精特新方向发展。三是构建协同创新平台体系。积极探索以企业为主体、以市场为导向、产学研深度融合的技术创新体系,在石油化工、新材料、新能源等行业率先鼓励产业链上下游企业、高校、科研院所及金融机构组建创新共同体,推动科技创新资源优势向制造应用能力转化。

(二)主动错位承接京冀优质产业布局

按照"十项行动"方案完善全域承接格局,健全常态化调度机制,推动驻京央企总部及二、三级子公司和创新业务板块等优质产业来津布局。一是注重以商招商改落并举。发挥大乙烯等央企重大投资项目的示范效应,吸引更多央企将天津作为新增投产项目的重点地区,依托天津优越的港口和开放平台在滨海新区等地打造央企混改的综合试验区,吸引央企新增投产项目先混改后落地,增长板、补短板。二是坚持错位承接精准孵化。充分利用天开高教科创园以及各类众创空间平台和孵化平台,设立初创企业产业化照护基地,承接制造业硬科技初创企业落户,引导企业适时将孵化成熟项目落地转化。三是构建全方位的产业联盟。促进京津冀先进制造业领域人才及技术的快速流动,鼓励高校、科研院所等技术研发单位之间加强跨区域的产业链分工合作,借助北京的研发优势,顺势布局北京落地产业的产业链后端服务。

(三)做大做强优势产业集群

构建产业集群梯次培育体系,推动优势产业集群化、配套链条化,打造若干先进制造业集群。一是坚持突出特色错位发展。依据全市各区的产业基础和资源禀赋等条件进行特色化、差异化错位发展，统筹引导各区形成合理的产业分工，探索跨区协同培育发展先进制造业集群的机制，建立跨区的产业分工协作体系和要素流动体系，更好发挥滨海新区、西青区、武清区等经济大区的引领作用。二是发挥龙头企业带动作用。支持集群内的龙头企业牵头，通过产业联盟等组织方式进行集群管理和研发合作，形成横向、纵向融合发展的产业生态，打造集群产业发展命运共同体。三是提升产业链配套发展能力。针对产业集群发展的薄弱环节培育引进关联企业，提升关键环节产品的本地配套率，持续做大优势产业集群，推动石化产业精细化、绿色化转型，汽车产业向新能源、智能网联车转型，装备制造向智能制造、高端制造转型。

（四）加快传统产业赋能改造

传统制造业在天津制造业体系中仍然占据重要地位，需要因势利导促进传统制造业智能化转型升级，提升产业盈利能力和附加值。一是提升产业链现代化水平。全力推动产业链升级改造，引导制造业企业从制造的业务环节向高附加值服务环节延伸，推动石油化工、汽车、高端装备等优势重点产业链向价值链中高端攀升，布局精细化工、高端汽车零配件、特种钢材等产品。二是建设统一的云端服务器。针对制造业中小企业等数字化转型困难的企业，建设统一的制造业企业数字化转型云端服务器，为企业提供云计算存储资源、安全等级保护和统一的运维支撑，作为企业生产运营系统的运行载体，减轻企业自建机房和系统维护的成本，专注于智能制造的生产研发。三是加大金融支持保障力度。推出智能化改造贷款贴息政策，鼓励行业龙头、金融机构设立制造业领域产业智能化改造基金，统筹推进行业企业的升级改造。

（五）推动产业园区集聚发展

推动园区治理体系变革，瞄准传统制造业产业园区发展的痛点和堵点，调动各方积极性，通过资本和技术平台引导集聚发展。一是引导产业园区协同发展。推动功能定位接近、产业链创新链协同的产业园区联手发展，避免产业空间散乱布局和发展雷同，推动具有同类产业的园区建立紧密合作关系，实现园区功能互补,设立产业协作发展投资基金,为各园区产业发展提供稳定的资金保障。二是进行园区产业的优化整合。探索组建平台型园区开发企业,运用市场化手段推动同类产业园区的开发主体进行整合,推动战略合作产业园区之间错位发展,打造高品质专业园区。三是打造有影响力的品牌形象。推动园区企业建立技术创新政策体系,加大创新力度,积极搭建研发平台,努力打造高端产品、行业精品;加大对消费市场的重视程度,依托各类展会资源,由园区统一组织开展制造业品牌推介活动,增强制造业产品的影响力。

(六)大力释放民企发展活力

民营经济是天津制造业高质量发展过程中的短板,也是需要加力追赶南方城市的重要方面,需要逐步提升民营企业对制造业发展的支撑作用。一是创造公平竞争的市场环境,坚决破除制约民营经济发展的各种藩篱,强化对各区、各部门政策兑现不到位的行为进行督促整改,制定新一轮促进民营制造业发展壮大的政策措施,畅通民营企业参与国家重大工程项目和补短板项目建设渠道。二是持续优化民营企业服务机制,举办好融洽会暨民洽会、全球津商大会、制造业"单项冠军"和专精特新"小巨人"企业发展大会,打造民营企业投融资交流合作平台,编印"单项冠军"企业发展报告,分享企业成长经验。三是加大对民营企业发展的资金投入,引导金融机构强化资源倾斜,腾出更多信贷资源优先满足民营及小微企业,为优质民营企业"一对一"量身定制低息信贷产品和保险产品,为民营制造业企业发展提供更多源头活水。

参考文献:

[1] 叶芳羽、单汨源:《中国制造业高质量发展研究》,《财务与金融》2019 年第 2 期。

[2] 刘宁宁:《江苏省制造业高质量发展研究》,《改革与开放》2019 年第 21 期。

[3] 邓洲、李童:《制造业高质量发展的战略机遇与风险挑战》,《中国井冈山干部学院学报》2023 年第 2 期。

天津乡村振兴发展研究报告

谢心荻　天津社会科学院海洋经济与港口经济研究所助理研究员

摘　要： 乡村振兴是实现中华民族伟大复兴的重要内容，也是推进中国式现代化的必然要求。2023年，天津扎实推动实施乡村振兴战略，在农业生产、产业融合、乡村人居和生态环境等方面取得了亮眼成绩。未来，天津将持续锚定加快建设农业强国的战略目标，在农业农村现代化、科技创新、金融支农以及推动小农户与现代农业有机衔接等方面持续发力。

关键词： 乡村振兴　产业融合　农业生产

《中共中央、国务院关于做好2023年全面推进乡村振兴重点工作的意见》提出，必须坚持不懈把解决好"三农"问题作为全党工作重中之重，举全党全社会之力全面推进乡村振兴，加快农业农村现代化。2023年1月，天津提出实施"十项行动"，其中之一就是"乡村振兴全面推进行动"。乡村振兴是实现中华民族伟大复兴的重大战略举措，也是习近平总书记擘画解决我国"三农"问题的总抓手。推动城乡融合发展、建设美丽乡村，需持续发力、久久为功。

一　2023年天津乡村振兴主要成效

2023年是巩固拓展脱贫攻坚成果同乡村振兴有效衔接的关键之年，天津印发《天津市乡村振兴全面推进行动方案》，扎实推动乡村振兴战略实施，锚定加快建设农业强国的战略目标，建设宜居宜业和美乡村，在农业生产、业态融合、乡村人居与生态环境改善、乡村基层治理能力提升等方面取得亮眼成绩。

(一)农业基础支撑能力显著提升

一是粮食生产有序实施。2023 年,天津夏粮实现播种面积与总产量双增。播种面积达 122.9 千公顷,同比增长 3.5%。总产量达 74.6 万吨,同比增长 2.1%。2023 年天津新建成的 21.8 万亩高标准农田建设有效助力粮食生产,部分农田具备了将单季作物改为小麦、玉米两季种植的良好条件,部分低洼农田的新增泵站有效发挥排涝作用,小站稻种植区实施沟渠衬砌,显著提升了水资源利用率,推进小站稻产能增加。天津农业产业化龙头企业作为粮食安全的担当者、农业农村现代化的引领者,有力保障农副产品市场供应,加大科技研发投入,提升产业链现代化水平。

二是种业振兴持续推进。种子是农业的“芯片”,是农业现代化的基础。天津推进资源保护、创新攻关、企业扶优、基地提升、市场净化“五大行动”,为粮食安全提供有力支撑。农作物育种方面,“津强”系列强筋春小麦、“白峰”等花椰名片菜品种已经可以部分替代进口品种,科润、德瑞特、天隆等一批种业龙头企业逐步培育壮大。水产育种方面,天津鲤鲫鱼水产种质资源场于 2022 年投入使用,淡水鱼苗种的市场占有率居全国前列,鲫鱼新品种数量占全国新选育品种的三分之一。

三是现代都市型农业提速升级。持续构建具有天津特色的现代农业经营体系,积极探索新型农业经营主体因地制宜发展模式,大力发展农业社会化服务,实现小农户与现代都市型农业发展有效衔接。2023 年,天津绿缘食用菌专业合作社、德虎家庭农场和昽森家庭农场有限公司 3 家企业入选农业农村部公布的第四批新型农业经营主体典型案例。《天津新型农业经营主体调研报告(2022 年)》显示,规模户与家庭农场发展势头良好,农民合作社经营管理规范化明显,近六成新型经营主体经营范围向二、三产业融合延伸。

(二)产业融合发展程度显著加深

一是乡村休闲旅游业提质升级。天津点、线、面结合打造休闲农业精品工程。“点”上,加强特色文化旅游村建设,培育蓟州区春山里项目、宁河区盆罐庄理想村高端民宿群项目等一批乡村旅游示范村；"线"上，加强精品乡村旅游路线推介，与抖音集团联合推出"DOU 游天津——野趣蓟州好村光"达人采风活动，以短视频平台为媒介提升精品路线推介力度；"面"上，天津积极开展休闲农业重点县建设，武清区入选 2022 年全国休闲农业重点县名单。

二是现代乡村服务业不断壮大。天津乡村新型服务业的业态类型逐步扩增，在农业生产服务业与农村生活服务业领域持续发力，畅通工业品下行和农产品上行渠道，不断优化乡镇商贸中心建设，推进食品集团、物美集团、华润万家等大型流通企业拓展农村市场。例如，东丽区供销社服务超市丰年店、津南区供销社操场河服务中心等供销合作社，由农户、农民专业合作社直接运送到超市，实现农超对接，减少中间流通环节，为社区居民提供更加丰富的农资商品供给。

三是农村寄递物流体系持续完善。天津积极引导快递企业加强资源整合共享，推动交通、邮政、快递网络节点共建共享，打造"畅通便捷、经济高效、便民利民"的区、乡、村三级农村"客货邮"服务体系。2023 年，"客货邮"融合服务站在武清区河西务镇、蓟州区上仓镇、宝坻区林亭口镇、静海区子牙镇开通运营，打通了快递进村配送的"最后一公里"，解决了由镇到村快件配送中存在的二次分拣难、油费支出高等问题。

（三）乡村人居环境显著改善

一是基础设施更加完善。天津全面推进"四好农村路"建设，打造了蓟州区西井峪路、西青区王稳庄镇丰收大道、武清区河北屯镇爱一路等特色旅游联络线。供水工作实现从"源头"到"龙头"全周期精心管理，搭建水利信息采集系统，实施动态监测。

二是生活环境更加宜居。目前天津农村生活垃圾收运处置装置已基本实现全覆盖，生活垃圾收集率达到 100%，无害化处理达 95% 以上。对全市村庄的排污设施与户厕进行全覆盖整治，率先探索建立农村生活污水设施依效付费制度及运维制度，设施出水水质达标率稳步提升。

三是基本公共服务更加便利。天津着力于促进城乡公共服务资源均衡配置,提高农村居民享受公共服务的便利性。农村电网改造升级和“煤改电”工程圆满收官,农村饮水提质增效工程全面完成,生活污水处理设施和生活垃圾收运处置体系基本实现全覆盖。在推进普惠性学前教育、加强紧密型县域医共体建设等方面取得亮眼成绩。2023 年国庆假期,全市 2000 余个乡村卫生室正常接诊。

(四)乡村基层治理能力显著加强

一是党建引领基层治理行动扎实推进。天津以强基赋能为抓手,为基层赋权赋能、减负减压,积极解决基层实际困难,助力基层治理水平不断提升。天津已从市、区两级抽调 1600 余名干部,向 100 个乡村振兴示范村、800 个经济薄弱村和约 350 个评星定级确定的无星村选派了 1100 余名第一书记和 450 个工作队,并建立常态化选派、动态调整机制。

二是数字赋能基层治理新模式持续探索。天津利用智慧化数字平台工具,构建一体化智慧治理云平台,创新群众参与、各方协同的治理机制,用网格员的温度与信息化的精度为基层治理赋能。例如,天津一体化社会治理信息化平台“津治通”自全面应用以来,在全市 16 个区、281 个街道(乡镇)级“战区”和 5846 个社区(村)级“战区”、21066 个“全科网格”实现全面贯通,已累计办结社会治理事件 1715 万余起,构建起市、区、街道(乡镇)、社区(村)四级联通体系。

二　天津乡村振兴面临的困难与挑战

实施乡村振兴战略是实现社会主义现代化的必然要求,也是天津贯彻落实习近平总书记对天津工作“三个着力”重要要求的具体体现。乡村振兴战略是天津促进农业供给侧结构性改革、推进城乡区域经济循环、增强农业农村发展活力的有效手段,也是提高天津农民收入水平、拓宽增收致富渠道、促进就业创业的重要举措。天津在全面推进乡村振兴中仍存在科技贡献率不足、资金需求较大、金融服务与农业农村发展实际供需不匹配等挑战。

（一）传统要素投入依赖度较高，科技贡献率不足

一是农产品加工业的科技创新能力有待进一步提升。“十三五”期间，天津农业科技进步贡献率达68%，农作物耕种收综合机械化率达到90.15%，但在农产品加工业的科技创新能力特别是精深加工水平上仍有待提升。天津部分农产品加工企业未建立专业的研发机构，农产品加工科技创新能力不足，装备水平相对落后，存在生产效率较低、耗能高、污染处理落后等问题。

二是乡村产业科技成果转化率有待进一步提高。天津深入实施科技创新专项与科技特派员制度，乡村产业科技创新供给能力持续提升，但仍面临乡村产业科技成果转化率偏低、推广应用能力不足的困境。农业科研成果研发、转化需要较为细致的总体规划，在科研项目的选择和申报方面，以科研人员自行选择为主，较难集中优势力量、优化资源配置开展大项目、大成果的研发，导致在现实生产中部分成果的购买费用高昂且实效不佳。

（二）社会资本参与程度有待深化，金融体系有待健全

一是社会资本参与动力需进一步增强。第一，财政对社会资本的带动能力有限。天津农业农村基础设施建设投资以公共财政投入为主，具备公共产品属性，资金回报率较低，缺乏清晰的产权主体。以财政贴息、先建后补等模式较难吸引社会资本与金融资本对农业农村基础设施进行投资。第二，社会资本投资布局有待优化。社会资本对农业农村领域的投资布局较为集中，投资布局有待优化。部分工商资本并未深入了解乡村产业的发展特征，基于政策激励与利益吸引在乡村旅游、观光农业等市场看好的领域进行投资，没有做好完备的前期调研与风险控制。

二是涉农金融服务需进一步增强体系完善。第一，涉农金融产品有待扩增。部分涉农信贷产品较为同质化，无法完全满足农业农村现代化发展的多元融资需求。第二，金融服务与农业农村发展实际供需不匹配。部分商业银行的服务对象偏向于传统农户，对一般农户的小额普惠贷款发放较多，对小型农业合作社、家庭农场等新型农业经营主体的投放较少。

(三)小农户市场关系比较松散,与现代农业衔接不够通畅

一是小农户在市场竞争中处于劣势。小农户生产规模小、区位分散且受季节性限制,导致其难以满足大市场的大规模供应、连续供应等需求。小农户对市场信息的获取分析能力较弱,难以准确把握市场需求动态,可能导致小农户种植结构单一,难以完全满足消费者对农产品的特色性、品牌化要求。小农户抵御风险能力较弱,在遭受自然灾害与市场价格波动时,由于其生产条件相对不完善、信息获取不足,可能无法有效管控和减轻风险。

二是小规模经营对现代生产要素承载力不足。小规模经营较难实现规模经济,总体收益较低,不仅较难留住设施农业领域与经营管理层面的高素质人才,也难以提供充足资金用于现代化农业投资与技术引进。同时,由于分散经营、资源有限,小农户参与联合经营、开发产品的机会较少,联盟式协同发展的机会有限。

三是小农户降本增效难度较大。成本方面,小农户由于规模较小,从购置农业输入材料到劳动力雇佣,均承担较高的单位成本。附加值方面,小农户以出售原料产品为主,加工与价值提升环节较少,且农产品的品牌性与差异化较弱,使得小农户较难获取更高的市场价格。

三 天津全面推进乡村振兴的对策建议

党的二十大报告强调,要全面推进乡村振兴。有序推进乡村振兴,对于增进农民福祉、解决我国社会主要矛盾、实现“两个一百年”奋斗目标和中华民族伟大复兴具有深远意义。2023 年是全面贯彻党的二十大精神的开局之年,应在农业生产、科技创新、金融支农、推动小农户与现代农业有机衔接、提升共同富裕能级等方面持续发力。

(一)在提升农业生产能力方面升级加力

一是实施高标准农田建设。高标准农田建设是保障国家粮食安全和重要

农产品有效供给的重要举措。应进一步扩大集中连片、旱涝保收的高标准农田建设面积,进一步推进田块整治、灌溉排水、防护生态等基础设施完善,提高耕地质量与水资源利用效率。加强项目管理与监督评估,对耕地用途进行严格审核,防止“非农化”“非粮化”等情况出现。鼓励引导社会资金、受益农户等主体投入高标准农田建设。

二是加快设施农业提档升级。围绕“一环、两翼、三区”的设施农业发展新格局,推广应用设施农业领域新技术、新装备,加强设施农业人才支撑,持续推进“互联网+设施农业”建设,实现数字化智能化管理。将设施农业发展与农业结构调整、农民增收致富有机结合,加强品牌建设与市场开拓力度,优化电商推广、社区团购、直播带货等新模式,提高天津优质特色农产品的高端市场占有率与品牌溢价水平。

三是构建多元化食物供给体系。多元化食物供给体系指除粮食外,增加肉类、果蔬、水产品等各类食物供给,以满足城乡居民多样化食物消费需求,保障食物供给安全。应拓宽食物供给渠道,从耕地和动植物获取食物之余,进一步开发森林与海洋资源,从传统农作物和畜禽资源向更丰富的生物资源扩展,加强对非常规农业生产空间的开发和利用,促进生物科技和生物产业的发展。应坚持以粮食生产为基础,实现粮、经、饲的生产统筹,推动种养结合,农林牧渔协调发展,以优化农业供给体系结构,提高生产效益。这需要促进现代农业生产结构和区域布局的优化,使其更符合市场需求和资源环境的承载能力。

(二)在科技创新突破方面升级加力

一是加强核心技术攻关。进一步完善现代农业技术体系,包括提升科技应用效率、科技应用主体的适应能力与体制机制的变革能力。依托国家重大科技设施与创新平台,围绕生物育种、耕地质量、智慧农业等关键领域,针对性研创一批关键核心技术。着力提升农业重大风险防控和产业安全保障能力,加快动物疫病和农作物病虫害气象环境成因、传播激励与致病机理研究。应发挥“种业”对乡村振兴的引领作用,聚焦小站稻等农作物,花椰菜、黄瓜等蔬菜,肉羊、肉牛等畜禽,七里海河蟹等水产四大本土优势“种业”,集中力量攻破如基因编辑、合成生物等前沿技术应用研究。

二是完善农业科技服务体系。搭建科技咨询、科技评估、科技金融、科技培训等形式多样的服务支撑体系,针对良种苗繁育、绿色防控、测土配方施肥等环节针对性提供指导。以送科技下乡活动、科技特派员精准帮扶项目为抓手,积极向合作社、家庭农场、种粮大户与小农户推广新技术、新品种。探索建立"农业技术需求反馈—技术市场需求收集—技术开发团队设计—技术供需双方联动"服务体系,整合科学仪器设备、生物种质、知识产权等资源,搭建农业科技资源共享平台。

三是注重农业科技人才队伍建设。推进乡村振兴的重点在于有情怀、懂专业、有能力、真实践的人才。培养和造就一支懂农业、热爱农村、关爱农民的"三农"人才队伍,不仅是对接农业强国建设的现实要求,也是基层实践的紧迫需求。第一,扩大选任范围,拓宽人才来源渠道,优化选任方式,确保从源头上选拔和吸引农业高素质人才。第二,加快培育农业生产经营人才,以需求为导向,以产业链为纽带,以创新链为支撑,在植物育种、畜牧养殖、农业机械等领域组织一批科技项目,加强对农业农村领域科技领军人才、创新创业人才和创新团队的支持培育力度。第三,重视培育农村创业创新型人才,搭建农村电商人才培养平台与配套的认证体系,通过线上线下、虚拟结合的智能技术开展多层次人才培训。

(三)在加大金融支农力度方面升级加力

一是加大社会资金对乡村振兴投入。第一,构建财政金融联动机制,明晰财政投入、金融支持、社会资本投入的分工定位与具体作用。财政支农的重点领域应放于农业担保体系、农业保险制度等领域,完善农业融资担保机制的运作模式,按照信贷供给主体、供给风险的差异适当给予补偿,保障金融资源供给可持续。金融和社会资本的投入应按照市场化原则,主要集中于农业产业化、"三链协同"、农村特色产业发展等领域。第二,创新投融资模式,在财政补贴、用地保障、项目审批等方面降低社会资本运营成本,充分发挥政府投资基金作用,与社会资本合作成立乡村振兴投资基金、产业发展基金等专项基金,通过股权合作、债券发行、项目收益权转让等方式，为社会资本提供多元化的融资选择。在基础设施建设、公共服务提供等领域与社会资本展开合作，实现风险共担、利益共享。第三，提供专业支持，建立健全社会资本投融资合作对接机制，通过投融资洽谈会、项目信息库等途径，为社会资本提供有效的信息沟通与项目对接渠道。加强科技支撑体系、生产服务体系、品牌与市场营销体系、质量控制体系等建设，为社会资本提供技术指导、生产管理、市场开拓、质量保障等专业服务。

二是打造惠农利民金融产品与服务。第一，深入调研，精准识别。深刻把握农业生产经营的规律特点，掌握农业供给侧结构性改革、现代农业产业体系建设、乡村产业高质量发展等方面的政策导向和市场需求，精准识别不同类型与层次的农民、农业、农村金融需求，找准金融服务的痛点和难点，针对性制定解决方案。第二，优化流程，提升效率。简化审批流程，缩短放款周期，降低成本费用，提高信贷的可得性和可负担性。充分运用移动支付、电子签约、线上线下一体化等手段，提升金融服务渠道的便捷性和覆盖率。加强风险识别和控制能力，提高信贷资产质量和回收率。第三，强化合作，形成合力。完善政策支持和激励机制，营造良好的政策环境和市场环境。加强银企合作和信息共享，建立长期稳定的合作关系和信任机制，实现资源优化配置和效益最大化。加强跨行业跨领域跨区域的合作协调，形成政银企合作共赢的局面。

三是加强项目和资金监督管理。第一，加强项目规划，优化资金安排。按照“藏粮于地、藏粮于技”战略，突出重点领域和关键环节，科学制定农业项目规划，合理确定项目数量、规模、标准和投资额度，避免重复建设、低水平建设和虚假建设。依据“大专项＋任务清单”的管理方式，统筹安排涉农资金，优化支出结构，促进衔接配套，提高资金效益。第二，创新监督方式，提升监督效果。运用大数据、云计算、区块链等新技术，建立健全农业项目和资金信息化监管平台，实现项目申报、审批、执行、验收、评价等全过程动态监控。加强对工程项目与资金的监管，严肃查处挪用挤占、虚报冒领、截留私分等问题。第四，完善评价机制，强化绩效考核。建立健全以绩效评价结果为导向的项目和资金安排机制，采用第三方评估或社会评估，对项目实施过程和成果进行全面客观评价,考核项目对粮食安全、生态环境等方面的贡献度,并将评价结果作为下一步项目调整优化和资金分配调整的依据。

(四)在推动小农户与现代农业有机衔接方面升级加力

一是提升小农户的组织化程度。保护小农户利益,通过订单收购、保底分红、股份合作、吸纳就业等方式带动小农户共同发展,构建起紧密型利益联结机制,拓展小农户增收空间。培育小农户的自主性,激发小农户参与组织的积极性与主动性,增强小农户在生产、组织、销售等环节的能力和话语权。

二是健全农业专业化社会服务体系。第一,完善政策支持和激励机制,营造良好的发展环境。设立专项资金用于支持农业社会化服务项目建设、设施装备更新与人才培训。完善税费优惠政策,减轻服务主体和小农户的负担,提高参与社会化服务的收益。第二,创新服务内容和方式,提高服务质量和水平。结合新技术、新装备、新模式的应用,开展多层次、多类型的专业化服务。探索订单收购、保底分红、股份合作等多种服务机制。推动信息化、智能化同农业社会化服务深度融合,利用大数据、云计算、物联网等手段,提升服务效率和效果。

三是加快发展农民合作社与家庭农场等新型经营主体。第一,健全农民合作社规范管理、财务和会计制度,加强登记管理和内控制度,规范利益分配和退出机制,防范非法集资风险。建立家庭农场"一码通"管理服务机制,实现家庭农场名录管理、统一赋码、信息公示和数字化服务。第二,培养新型农业经营主体带头人,开展分层分类培训,建立人才库,支持青年农场主创办和发展家庭农场,引入职业经理人,提升经营管理水平。促进主体融合发展,鼓励家庭农场联合组建或加入农民合作社,支持农民合作社兼并、合并或组建联合社、行业协会或联盟,形成规模优势和市场竞争力。第三,深化社企对接,引入信贷、保险、科技、物流、网络零售、农产品加工等各类优质企业,面向新型农业经营主体提供全产业链条的服务和产品,实现优势互补、合作共赢。

（五）在综合提升乡村振兴质量方面升级加力

一是进一步提升生态宜居水平。坚持生态优先、绿色发展，加强耕地保护和用途管控，优化乡村空间布局，合理保障农村居民住宅用地和新产业新业态用地。加强水利基础设施建设和水资源管理，进一步实施农村全域清洁化工程和“厕所革命”，治理好农业面源污染和农村生活垃圾污水，打造美丽宜居的乡村人居环境。加强农村绿化美化工作，建设一批特色风貌村庄和美丽乡村示范点。

二是进一步提升乡风文明层级。深入推进移风易俗重点领域突出问题专项治理，推广积分制、道德评议会、红白理事会等做法，加大对不良风气的治理力度，加强家庭、家教、家风建设。利用各种媒体平台和文化活动，宣传推进移风易俗、树立文明乡风工作动态，报道工作中涌现出的先进人物事迹，调动群众参与的积极性和主动性。

三是进一步提升基层治理效果。加强农村基层民主建设和议事协商能力，充分调动各方主体参与民主协商的积极性、主动性、创造性，为各方主体参与民主协商提供有力支撑，增强群众参与意识和能力。加强农村基层安全建设和应急管理能力，完善安全防范体系和应急预案机制，形成基层风险评估、监测预警、及时处置的闭环管理。推进数字乡村建设发展工程，提高“互联网+”惠民便民服务水平，建立全民广泛参与的数字乡村综合管理服务平台。

四是进一步提升共同富裕能级。第一，提升农民在富民兴业方面的参与度。进一步加强农民科技文化素质与职业技能培训，壮大村集体资产规模、拓宽集体收入来源，加强农村产权流转交易市场建设，实现集体资产盘活利用。第二，千方百计增加农民收入。积极推动农民转移就业，增加工资性收入。在“春风行动暨就业援助月”“春暖农民工”等专项服务活动的基础上，进一步为农村劳动力提供政策咨询、岗位推荐、职业指导等公共就业服务。鼓励农民创新创业，增加经营性收入。在成功举办农村创业创新大赛、先锋榜人物典型宣介活动的基础上，进一步支持职业院校、职业培训学校和公共实训基地等培训机构对有意愿的农村劳动力开展技能培训。第三，提升乡村共同富裕水平。

坚持以乡村振兴示范村和经济薄弱村为重点,加快推动乡村振兴示范村创建和扶持经济薄弱村工作,提升乡村基础设施完备度、公共服务便利度、人居环境舒适度,实现乡村由表及里、形神兼备的全面提升。以东西部协作和支援合作为重要抓手,加强与河北省、山西省等地的产业合作、人才培训、社会事业等方面的交流互动,推动共同富裕取得实质性进展。

参考文献:

[1] 丁海涛:《中国式现代化指引全面推进乡村振兴的内在逻辑、时代意蕴与实践突破》,《北方民族大学学报》2023 年第 5 期。

[2] 张琦、庄甲坤:《高质量乡村振兴的内涵阐释与路径探索》,《贵州社会科学》2023 年第 5 期。

[3] 乔家君:《中国乡村振兴研究进展、热点及评价指标展望》,《河南大学学报(社会科学版)》2023 年第 5 期。

[4] 刘艳霞:《乡村振兴背景下农村社会工作人才队伍建设研究》,《人民论坛·学术前沿》2023 年第 15 期。

天津绿色经济发展研究报告

刘俊利　天津社会科学院生态文明研究所副研究员

摘　要： 人与自然和谐共生的现代化是中国式现代化的鲜明特色和本质要求,“十项行动”之“绿色低碳发展行动”成为天津生态文明建设及推动绿色发展的行动指南,绿色经济则是促进绿色发展、建设生态文明、推动人与自然和谐共生的重要抓手。因此,天津要持续放大实体经济的“长板”,补足生活方式绿色的“短板”,打造绿色能源供给“跳板”,推动发展方式绿色化加速升级;健全生态产品价值转化机制,拓展生态产品价值实现路径,完善生态产品价值转化支撑体系,加快推进生态产品价值转化;壮大绿色技术创新主体,强化战略科技力量建设,畅通科技成果转化通道,建设绿色低碳技术创新高地;建立生态环境治理感知体系、大数据体系及多维协同环境治理体系,助力数字生态文明建设。

关键词： 绿色经济　生态价值转化　绿色低碳技术创新　数字生态文明

人与自然和谐共生的现代化是中国式现代化的鲜明特色和本质要求,要牢固树立和践行“绿水青山就是金山银山”的理念,站在人与自然和谐共生的高度谋划发展。绿色经济是促进绿色发展、建设生态文明、推动人与自然和谐共生的重要内容,更是推动经济高质量发展的重要支撑。天津以绿色低碳为发展方向,持续推动经济社会发展向绿色化、低碳化、智慧化转型,组织实施的“十项行动”之“绿色低碳发展行动”成为天津生态文明建设及推动绿色发展的行动指南。立足新发展阶段,天津协同推进经济高质量发展和生态环境高水平保护,以高品质生态环境支撑高质量发展,持续深入挖掘绿色经济新的增长点。

一 天津绿色经济发展态势分析

绿色经济是以产业为基础、以市场为导向、以保护和改善生态环境为目标的新经济形态,通过化解经济发展和环境保护间的对立矛盾促进经济增长与社会发展、生态环境的和谐统一,是新发展阶段彰显时代进步、响应国家需求及促进经济社会可持续发展的新业态。

(一)产业体系绿色升级

1. 产业结构进一步优化

天津以现代服务业为主导、以先进制造业为支撑、以现代农业为基础的现代产业体系加速优化,2023 年前三季度,三次产业结构为 1.2 ∶35.7 ∶63.1,其中,服务业增加值同比增长 5.5%,成为天津经济增长的重要引擎,其主导地位持续凸显且趋于稳定;工业引领经济高质量发展势头依然强劲,规模以上工业增加值同比增长 3.5%,制造业占比 64.7%,汽车制造业、医药制造业增加值分别增长 9.2% 和 9.5%,制造业高质量发展目标稳步推进;现代都市型农业稳步推进,农林牧渔业总产值同比增长 4.6%,秋粮长势平稳,蔬菜、肉禽蛋奶等农副产品供给充足。

2. 新动能引领持续凸显

智能科技产业引领作用日益显现,其中,信息安全产业入围工信部先进制造业产业集群,天地伟业、飞腾、天津超算中心入围工信部新一代人工智能产业创新重点任务揭榜单位,新一代超级计算机、曙光先进计算创新中心、先进操作系统创新中心等创新平台获批建设。战略性新兴产业不断壮大,2023 年前三季度,全市规模以上工业中,战略性新兴产业增加值占规模以上工业的 24.8%,其中,高端装备制造业、生物产业、新能源汽车产业等战略性新兴产业增加值分别增长 4.4%、7.7% 和 46.9%,已形成新一代信息技术、汽车和机械装备制造、石油化工、新能源新材料等多个千亿级产业集群。

3. 产业转型升级步伐加快

制造业加速向高端化、智能化、绿色化发展。产业链、供应链、价值链不断向高端化迈进，重点产业链规模稳步扩大，全市重点产业链在链规模以上工业企业近3000家，产值超过7000亿元，2023年前三季度，12条重点产业链在链规模以上工业企业增加值增长4.0%，其中集成电路、中医药、车联网、高端装备、航空航天产业链增加值增速超过10%。工业绿色低碳发展水平明显提升，绿色制造体系加速构建，截至2023年8月，累计组织实施绿色制造重大工程项目6项，培育市级绿色工厂300余家，国家级绿色制造示范单位累计达到154家，成为引领全市工业绿色低碳转型的重要示范。制造业加速向数字化网络化智能化跨越，截至2023年8月，天津建成智能工厂和数字车间316家，上云工业企业超万家，其中滨海新区培育较大型工业互联网平台超过50家，重点工业企业关键工序数控化率、数字化研发设计工具普及率超过65%，部分领域智能制造水平居于国内领先水平。

（二）能源结构持续优化

1. 能源结构转型加速推进

能源转型是实现"双碳"目标的重点领域。近年来天津出台了一系列政策加快建设清洁低碳安全高效能源体系，稳妥有序推进能源绿色低碳转型。化石能源清洁高效利用加速推进，推动盘山电厂、东北郊电厂等煤电机组节能升级改造，工业、建筑、供热、交通等领域电气化替代加速推进，电能占终端用能比重提升至36.5%。新能源和可再生能源跃升发展，宁河丰台、静海中旺、华电国能滨海"盐光互补"等一批风电、光伏发电项目建设投产，全市可再生能源电力装机增至525万千瓦；氢能推广应用加速推进，目前已建成2座加氢母站、8座加氢站，打造形成货运重卡、物流、叉车等规模化应用示范场景。新型电力系统稳步建设，"外电入津"特高压通道建设有序推进，着力推广"可再生能源+储能"模式，谋划布局蓟州龙潭沟、西大峪抽水蓄能电站，截至2023年8月，天津煤炭占能源消费总量比重降至32%，天然气、非化石能源消费比重分别提升至21%、10%以上。

2. 能源利用效率持续增长

天津坚持系统思维,把节能增效作为推进生态文明建设、实现“双碳”目标、推动高质量发展的重要抓手。深入推进结构节能,通过削减煤炭用量、开发利用可再生资源、改造燃煤锅炉、推动港口运输公转铁等方式,全方位多领域协同推进节能工作,结构性减排成效显著。持续加强技术节能,氢能、先进储能、智慧能源系统等领域减排降碳关键技术加速攻关,绿色低碳能源开发与利用水平不断提高。大力推进管理节能,印发《重点用能单位节能管理办法》《天津市发展改革委关于进一步加强重点用能单位节能管理的通知》等政策文件,推动部门及重点单位开展节能工作。通过结构节能、技术节能、管理节能三协合力,天津能源利用效率不断提高,2022 年万元 GDP 能耗同比 2020 年下降 7%,超“十四五”进度目标 0.9 个百分点。

3. 新能源产业蓬勃发展

新能源产业是天津主导产业之一,目前已初步形成锂离子电池、风电、太阳能、氢能等优势产业。2023 年上半年,天津新能源产业规模以上工业企业超过 110 家,企业利润总额接近 30 亿元,同比增长 27%。其中,锂离子电池生产能力和产值规模占全国三分之一以上,成为国内综合实力最强的绿色二次电池产业基地。新能源汽车与智能网联汽车产业高质量发展,印发《天津市加快新能源和智能网联汽车产业发展实施方案(2023—2027 年)》,大力发展新能源整车,抢占智能网联汽车产业新赛道,同时不断优化提升关键核心零部件产业链,完善基础设施体系,重塑汽车服务业版图,2023 年,吉利新能源商用车项目落户滨海新区。

(三)绿色技术创新持续加强

1. 创新资源持续供给

资金投入方面,2022 年,天津投入研究与试验发展(R&D)经费 568.7 亿元,其中,研究与试验发展(R&D)经费投入强度达 3.49%,位居全国第三位,科研院所研究与试验发展经费集聚显著。人才引育层面,天津深入实施人才引领战略,目前已拥有高技能人才 84 万人,新建博士后科研工作站 34 个,新进站博士后632人，较2022年增长25.9%和5.3%，人才层次高级化趋势逐渐显现。平台搭建方面，2023年5月天开高教科创园正式开园，出台34条政策及17套政策实施细则将其打造成为天津科技创新策源地、科研成果孵化器、科技服务资源集聚区。创新主体方面，国家级专精特新“小巨人”企业累计192家，市级专精特新中小企业累计961家，国家级企业技术中心77家，市级企业技术中心680家，国家级制造业“单项冠军”达到28家。

2. 核心技术加速攻关

“双碳”目标提出以来，天津持续推进绿色低碳技术创新，狠抓绿色低碳技术攻关，并取得显著成效。一方面，积极布局国家科技战略力量，脑机交互与人机共融海河实验室在滨海高新技术产业开发区正式揭牌，目前已拥有先进计算与关键软件、细胞生态、合成生物学等6家海河实验室。另一方面，积极突破一批关键核心技术，在信创领域，麒麟公司推出的“星光麒麟”软件填补万物互联国内操作系统空白；在人工智能领域，群体智能操作系统（micROS）研发应用取得新突破，兼容适配“陆海空天”4域20型无人平台、32种任务载荷；在生物医药领域，中国科学院天津工业生物技术研究所在全球首次实现二氧化碳到淀粉的从头合成；在新能源新材料领域，风力旋筒助航系统的成功开发填补国内空白，渤化集团海晶公司成功破解化学法替代电解法制备氢氟醚的难题，打破国外技术封锁和产品市场垄断。

3. 创新成果日渐丰硕

随着创新资源不断投入及核心技术加速攻关，天津科技创新成果初见成效。2022年全年市级科技成果登记数1703项，其中，264项达到国际先进水平。知识产权实现质的显著提升和量的稳步增长，全年发明专利1.12万件，同比增长59.2%；有效发明专利达到5.12万件，同比增长17.9%；每万人口高价值发明专利拥有量达到14.4件，高出全国平均水平53.2%，其中，企业有效专利总量在全市比重达到89.1%，成为天津主要的创新主体。

(四)支撑体系不断健全

1. 绿色生态加快构筑

污染治理方面,天津扎实推进蓝天、碧水、净土保卫战,深入打好渤海综合治理攻坚战,并取得显著成效。2023 年前三季度,天津空气质量达标天数为 163 天,优良天数比率达 59.7%。水环境质量持续改善,水质优良断面比例达到 71.4%,劣Ⅴ类水质断面全面消除,除化学需氧量浓度小幅增长外,其他各污染物指标浓度均呈不同程度的下降。生态建设方面,天津统筹山水林田湖海一体化保护和系统治理,持续实施重要生态保护修复工程,大力实施山区重点公益林管护和封山育林,森林蓄积量达 384.97 万立方米;全面加强七里海、大黄堡、北大港、团泊 4 个湿地保护和修复,完成生态补水 2.8 亿立方米,生态修复 3 万亩;持续推进绿色生态屏障区建设,完成植树造林 421 亩、提升改造 907 亩;实施"蓝色海湾"修复整治,滨海新区海洋生态保护修复项目完成 72.4%;有序建设"一环十一园"植物园链,建成口袋公园 56 个并实现全部开放,高质量发展的绿色基底不断夯实。

2. 绿色社会持续创建

公共绿色交通体系持续优化,印发《天津市交通运输领域绿色低碳发展实施方案》,从推广低碳运输工具、构建绿色出行体系、优化货物运输结构、打造世界一流绿色港口等方面不断强化绿色交通体系建设,天津新增或更新公交、出租、物流配送等车辆中新能源汽车占比 80.5%,地铁 11 号线一期工程东段进入试运行阶段,轨道交通运营里程数达 286 公里,中心城区绿色出行比例达到 72.9%。城乡绿色建设水平不断提升,新建民用建筑项目 100% 执行绿色建筑设计标准,城镇新建建筑中绿色建筑占比已达到 85%。碳普惠机制加速落地,印发《天津市碳普惠体系建设方案》,推动形成以商业激励、政策鼓励和核证减排量交易相结合的全民共享低碳权益的可持续发展普惠性工作机制,大力支持有条件的金融机构开发基于碳普惠核证减排量的碳普惠金融产品和服务,从而带动社会广泛参与碳减排。

3. 绿色金融体系不断健全

积极推动绿色金融创新,绿色金融体系不断健全。截至 2022 年末,全市绿色贷款余额 4942 亿元,同比增长 22.36%。绿色基金支持作用持续发挥,大力支持海河产业基金投资绿色产业,重点布局新能源产业链母基金 4 只;大力发展绿色信托,推动联合赤道与北方信托研究绿色信托标准,实施"七里海湿地生物多样性绿色公益信托"并成为天津首只湿地保护主题绿色信托产品;发行绿色债券 28 只,金额达到 208 亿元,天津首笔"蓝色债券"、首单"碳中和"资产支持票据等绿色金融创新产品和服务相继落地。完善碳排放权交易市场建设,天津碳排放履约率连续 7 年达 100%;绿电交易有序推动,2023 年夏季达沃斯论坛 100 万千瓦时绿电交易在天津电力交易中心完成,截至 2023 年上半年,天津电力交易中心累计开展跨省绿电交易和省内绿电交易 424 笔,绿电交易 12.17 亿千瓦时,为本地用电企业划转绿证 116 万余张。天津积极推动树立先进示范典型工作,遴选出城乡建设、交通运输、工业生产、农业农村、绿色生活 5 个领域 28 个低碳(零碳)应用优秀场景,天津自贸试验区建设"双碳"联动创新示范基地,中新天津生态城率先实施"零碳示范单元标准体系"。

二　天津绿色经济发展面临的问题与挑战

(一)发展方式绿色转型仍需升级加力

天津产业结构偏重、能源结构偏煤、交通运输结构偏公路的结构特征尚未发生根本性转变,"高碳依赖"特征依然明显,居民消费碳排放量依然较大,绿色生产生活方式尚未根本形成。首先,天津对传统产业依赖度较高,传统产业绿色化转型步伐仍待提速。此外,信创产业、高端装备、生物医药等新兴产业的规模较小,尚未成为天津经济增长的主导力量。其次,能源结构优化调整仍需加速,能源结构仍以煤炭消费为主,风电、光伏发电、水电等可再生能源开发利用规模较小,发展潜力有待进一步激发。最后,全社会绿色消费及绿色生活方式尚未形成,居民消费产生的碳排放量占全社会碳排放总量的 53%,消费端的碳减排不容忽视,但作为绿色生产拉动力的绿色生活方式尚未有效形成,亟待激发绿色内需潜力。

(二)生态产品价值转化有待进一步加强

近年来,天津大力推动重大生态工程建设,生态环境质量显著提升,但生态价值向经济价值转化的机制及路径亟待打通。首先,生态产品价值转化机制有待健全,生态产权界定不清、价值核算机制不完善、生态产品供需双方精准对接机制不健全、供给侧生态产品品牌化程度低、需求侧市场需求不足等问题亟待解决。其次,生态产品价值市场转化路径有待畅通,天津生态产业面临产业规模小、生态产业链条延伸不足、价值链上下游增值空间有待拓展,文旅融合深度不够,缺少“叠加态”的文化生态产品等问题,生态产业发展较为受限。最后,生态产品价值转化金融服务体系有待加强。目前天津生态领域金融资源匹配较少,2022 年,天津绿色贷款在贷款总额中占比为 11.6%,有待推进绿色基金、绿色保险、绿色信托、绿色租赁等金融产品向生态产业等领域进一步倾斜。

(三)绿色技术创新体系有待进一步完善

在“双碳”目标牵引下,绿色低碳技术创新成为实现人与自然和谐共生现代化的核心竞争力,但天津在构建以市场为导向的绿色技术创新体系方面仍有较大提升空间。在绿色技术创新供给端,天津绿色技术创新主体规模及创新能力仍有待提升,绿色技术创新相关的人才培育、技能培训、平台搭建、晋升渠道等机制有待完善,绿色低碳技术创新型领军企业、绿色低碳科技企业、绿色技术创新领域专精特新小企业等有待进一步培育。在绿色技术创新交易环节,天津绿色技术交易市场有待建立,绿色技术推广机制有待完善,绿色技术标准体系有待健全,绿色产品采购机制有待完善,绿色技术产权服务保护有待进一步强化。在绿色技术创新应用端,创新链与产业链双链融合还存在障碍,主要表现在原始创新能力不足,科技成果就地转化和承接技术转移的能力仍需提升,“双链”互融互促机制有待进一步深化,绿色技术创新亟待实现更大突破。

（四）数字治理体系及治理能力现代化有待进一步加强

我国经济社会发展已进入加快绿色化、低碳化的高质量发展阶段，生态文明建设进入以降碳为重点战略方向，推动减污降碳协同增效、促进经济社会发展全面绿色转型、实现生态环境质量改善由量变到质变的关键时期。数字时代背景下对生态文明建设及生态环境治理体系及治理能力现代化提出更新更高的要求，但目前天津在生态环境数字化治理方面仍存在一定短板，生态环境数字化基础能力较为薄弱，全方位、智能化、精准化的生态环境系统感知能力有待提升，生态环境大数据体系还不健全，“数据孤岛”现象依然存在，数据要素在生态保护和治理中的作用发挥得还不够充分，业务、技术、数据融合不深，跨层级、跨地域、跨系统、跨部门、跨业务协同机制有待加强。

三　推动天津绿色经济高质量发展的对策建议

（一）加速发展方式绿色转型升级

要坚持把绿色低碳发展作为推动人与自然和谐共生的根本之策，加快形成绿色生产方式和生活方式，厚植高质量发展的绿色底色。一是放大实体经济“长板”，塑造低碳产业赛道新优势。强化传统产业技术升级，立足新技术、新模式、新业态，加强对传统高能耗产业的技术改造升级，大力发展绿色智能制造，研发、示范、推广一批减排效果显著的低碳零碳负碳工艺装备产品，积极推动“近零碳园区”“零碳小镇”等零碳示范项目建设。持续壮大培育战略性新兴产业，引进和培育技术密集型、知识密集型的绿色低碳产业，大力发展风电、光伏、新能源汽车等绿色产业，构建绿色低碳型、高技术型的现代产业体系。二是打造绿色能源供给“跳板”，加快构建新型能源系统。加快风电、光伏、氢能、冷能等可再生能源开发，加强与新能源龙头企业合作，推进“盐光互补”“渔光互补”项目，大力发展氢能产业。推进能源技术革新，加快建设京津冀绿色能源互联互通专网,推进工业、建筑、交通、公共机构、基础设施等重点领域节能增效。在碳排放强度控制基础上,逐步转向碳排放总量和强度“双控”,聚焦能源、工业、建筑、交通四大重点领域,实施可再生能源替代行动、减污降碳协同等重大专项行动。三是补足生活方式绿色“短板”,构筑绿色低碳新风尚。从需求和供给两端同时发力,完善绿色生活形成机制与绿色消费促进机制,以绿色消费拉动绿色产品有效供给,扩大绿色产品供给。推动碳普惠落地实践,政府端加快出台碳减排核算地方标准,为个人和企业广泛参与碳减排提供标准依据;企业端积极探索碳普惠多场景应用,研究和开发更多碳普惠激励方式,积极参与碳普惠标准制定;公众端不断提高减排意识,全面践行绿色低碳全民行动。

(二)加快推进生态产品价值转化

“改善生态环境就是发展生产力”,良好生态环境蕴含着无尽的经济价值,能不断创造综合效益,促进经济社会可持续发展。一是建立健全生态产品价值转化机制。依托自然资源统一确权登记厘清生态资产产权主体及边界,搭建价值核算多维指标体系,制定生态产品价值核算规范,推进核算结果“进决策、进规划、进项目、进交易、进考核”的应用体系建设;健全生态产品经营开发机制,建立生态产品认证和质量追溯体系,促进生态产品供需精准对接;健全生态产品保护补偿机制,完善纵向生态保护补偿制度,建立横向生态保护补偿机制,健全生态环境损害赔偿制度。二是拓展生态产品价值实现路径。大力推广生态环境导向的开发模式,促进区域生态产品价值转化;推动生态资源权益交易,建立健全碳排放权、排污权、用能权等交易机制,加快森林碳汇项目开发及市场交易,大力发展海洋蓝碳;推动优质生态资源的产业化经营、品牌化发展,积极培育新业态,依托自然景观、人文风情、民俗文化等资源大力发展“生态 + 文旅”“生态 + 农业”“生态 + 体育”“生态 + 教育”“生态 + 康养”“生态 + 工业”等绿色产业,借助“互联网 + ”、新媒体营销等手段持续打造本土优质生态品牌,创新标准化、金融化、电商化的生态品牌运作模式。三是完善生态产品价值转化支撑体系。强化法治保障,出台生态保护补偿政府规章或法规，固化公共性生态产品的政府补偿路径，保证生态补偿实践有法可依，维护各主体的合法权益。强化金融支持。创新绿色金融产品及服务，推动绿色债券、绿色保险、绿色租赁、绿色信贷、绿色基金等金融产品与生态产品价值转化有机融合，持续扩大生态产品的市场化经营规模及集聚程度。

（三）打造绿色低碳技术创新高地

绿色技术创新是引领绿色发展的第一动力，也是构建现代经济体系的核心路径，为此，要着力构建以市场为导向的绿色低碳技术创新体系，打造绿色技术创新先锋。一是持续壮大绿色技术创新主体。一方面，强化企业科技创新主体地位，加强产学研深度融合，支持企业布局前沿研究，持续加大载体孵化力度，促进各类要素向企业流动及聚集，支持骨干企业建设共性技术工程中心，做大做强科技企业底盘。另一方面，加大国家高新技术企业培育力度，壮大“雏鹰—瞪羚—领军”企业发展梯队，推动龙头企业、新型研发机构开放共享创新资源。二是强化战略科技力量建设。推动高校院所、龙头企业争创全国重点实验室和国家级产业创新平台，支持信创、合成生物学、细胞生态、脑机交互与人机共融等海河实验室牵头组织和承担国家重要任务和项目，吸引更多企业和金融机构出资建设实验室。聚焦操作系统、芯片设计、网络安全、信创终端领域，强化基础与应用前沿领域研究，攻关一批关键核心技术，实施一批重大科技项目。三是畅通科技成果转化通道。挖掘国家级科研院所、国家级创新中心、海河实验室等重大创新平台创新资源潜力，推动自主创新成果产业化。推动科研院所深化“四不像”“四位一体”新型研发机构改革，鼓励工生所、血研所等国家级院所引入市场主体共建创业载体、共享创新收益。探索“创业导师＋持股孵化”“天使投资＋创新产品”等新型孵化模式，支持企业布局科技成果转化机构和专业孵化器，建强中试熟化和概念、技术、商业化验证平台，增强科技成果转化服务效能。

（四）大力推进数字生态文明建设

数字化和绿色化是全球经济社会发展的两大趋势，两者相互协同、相互促进。新发展阶段加快推进绿色智慧的数字生态文明建设,将为建设人与自然和谐共生的美丽天津提供有力的数字化支撑。一是建立健全生态环境治理感知体系,依托物联网、大数据、GIS、云计算等先进技术汇集各类生态环境要素的感知信息,建立集风险防范、灾害预警、应急防控、环境监测、智慧监管等于一体的生态环境治理智慧感知系统,强化对各类生态环境要素、生态风险要素的全面感知和动态监测不断提升生态环境治理质量及效率,助力天津生态环境治理的科学化、精细化、智慧化提升。二是打造生态环境治理大数据体系,加强对生态环境监测数据的深度挖掘、综合分析和创新应用,推动其在生态环境监测业务实践中持续迭代升级,激发数据要素价值,打造集数字化、网络化、智能化于一体的生态环境智慧监测数据体系;强化生态环境、自然资源、水务、交通、住建等多部门间的数据共享及融合机制,推动自然生态、环境质量、环境监测、气候变化等数据要素化、资源化、资产化,助力生态环境决策科学化、生态环境监管精细化。三是构建多维协同的环境治理体系,运用大数据、人工智能等数字技术创新变革优势,对生态环境协同治理的体制机制、组织架构、流程再造进行全方位、系统性重塑,破解生态环境协同治理难点,以数字赋能生态环境治理体系创新升级及发展。

参考文献:

[1] 杜洁:《“双碳”背景下绿色经济发展路径分析》,《产业创新研究》2022 年第 19 期。

[2] 杨劬、赵莹、张荣光,等:《政府创新偏好、产业结构优化与绿色经济发展水平》,《统计与决策》2022 年第 19 期。

[3] 刘俊利:《燃动“绿色”引擎 高质量推进生态产品价值实现》,《天津日报》2022 年 10 月 17 日,第 19 版。

[4] 赵世新:《建设绿色智慧的数字生态文明》,《光明日报》2023 年 11 月 5 日,第 5 版。

现代化产业体系建设篇

天津数字经济发展研究报告

陈　滢　天津社会科学院数字经济研究所副研究员

刘　旺　天津社会科学院数字经济研究所助理研究员

摘　要： 2023 年天津数字经济创新发展环境不断优化，数字化与工业化融合更加紧密，数字天津服务、治理能力持续增强，数字产业化与产业数字化进程加快，数字经济已成为引领经济高质量发展新动能。但天津仍存在数字经济核心产业发展不均衡、产业数字化转型支撑不足、产业创新能力有待提升、数字治理能力有待进一步提高等问题。建议天津提升数字产业集聚度，加快数字经济产业链串链、补链、强链；以数字技术赋能传统企业转型升级，提高产业数字化与数字产业化融合性；发挥创新平台带动作用，增强人才链、创新链、产业链融合度；提升数字治理水平，打造数字孪生技术支撑的城市大脑；创新数字经济生态圈，呈现多样化数字生活服务新场景。

关键词： 数字经济　数字产业化　产业数字化

一　天津数字经济发展的现状

2023年以来,天津市以产业链为核心抓手,全力构建现代化产业体系。围绕深入提升产业链韧性和安全水平,将数字经济核心产业中的信创、集成电路、车联网等列入12条重点产业链,深耕细作,努力推进产业基础高级化、产业链现代化,引领数字产业新发展,培育数字经济新动能。

(一)数字产业成为引领经济高质量发展新动能

1. 信创产业全国领先

天津把信创产业作为发展数字经济的核心,形成了以基础硬件、软件系统、“信创+服务”为核心产业链条,以信息安全为保障的信创体系,培育壮大“PK”“海光”“鲲鹏”三大生态,拥有滨海新区信创谷、河西新八大里数字经济主题园等数字产业园区。截至2023年9月,“中国信创谷”产业规模超过800亿元,信创产业生态企业超过1000家,以“飞腾PhytiumCPU+麒麟KylinOS”为代表的“PK”体系成为国家信创领域主流技术路线,麒麟软件连续11年位列中国市场占有率第一名,全国信创市场占有率超过80%。[1]

2. 集成电路产业链趋于完善

天津聚集了中芯国际、诺思、恩智浦、华海清科、绿菱电子、中环领先等头部企业,形成IC设计、制造、封测、设备与材料的完整产业链条。截至2023年,飞腾芯片交付量累计超过600万片[2]。国内首家FBAR滤波器生产企业诺思解决了我国射频滤波器件的“卡脖子”技术,绿菱电子成为高纯氧硫化碳半导体制程新材料全球唯一工业化生产供应商,中电科46所在三代、四代半导体材料领域国内领先。2023年前三季度,集成电路产业链增加值增速超过10%。[3]

3. 车联网产业快速发展

天津(西青)国家级车联网先导区深入探索并逐步将智能网联车技术复制推广,围绕车、路、云、网、图五大核心元素,深化布局,完成408个路口基础设施智能化改造提升，在全国率先实现多主流厂商车路终端信息互联互通和规模化部署，车、路、基础设施、软件算法等形成完整闭环，成为全国集中部署规模最大、覆盖面积最广、配置最高的车路协同网络环境。包括中科创达、奇安信、经纬恒润在内的30多家行业龙头企业和细分领域领军企业相继落户先导区，2023年1—9月，车联网产业链增加值增速超过10%。

4. 软件产业保持良好发展态势

天津通过深入实施软件"铸魂"工程，锻长板、补短板，逐步形成资源聚集、区域联动、特色鲜明的软件产业布局。培育形成了以飞腾、海光、麒麟、中科曙光、南大通用、360为代表的领军企业，打造了涵盖CPU设计、操作系统、数据库、超级计算、信息安全服务等具有影响力的产品链条，重点打造滨海高新区软件园，成功获批国家新型工业化示范基地（软件和信息服务业基地）。2023年前三季度，软件业务收入2270.02亿元，同比增长15.6%，产业发展持续向好。[4]

5. 人工智能产业助力现代产业体系构建

天津高度重视人工智能产业发展，将智能科技产业作为全市"1+3+4"现代化产业体系的引领产业，全力打造人工智能先锋城市和全国领先的信创产业基地，目前已形成以人工智能为核心、以场景为驱动，各领域深度融合、蓬勃发展的产业格局。2021年成功获批天津（滨海新区）国家人工智能创新应用先导区，2022年全市人工智能产业核心规模达到140亿元，带动产业规模超3000亿元。截至2023年9月，有机器人相关企业近200家，整体产业规模约210亿元，前三季度服务机器人产量增长了22.9%。[5]

（二）数字化与工业化融合更加紧密

1. 产业数字化转型提档加速

2023年天津出台《天津市推动制造业高质量发展若干政策措施》等智能制造相关领域支持政策，推进智能制造试点工作，支持工业互联网平台和安全体系建设，对制造业数字化转型领域项目、智能化数字化应用场景、新型智能基础设施建设等提供资金支持。并通过实施智能制造赋能工程，推进产业数字化转型,目前信创、高端装备、集成电路、车联网等10条重点产业链相关企业均引入5G应用,截至2023年10月,5G全连接工厂重点项目超20个。[6]

2. 多层次工业互联网平台体系加速构建

天津培育了一批行业级、企业级工业互联网平台,建设面向重点行业和区域的特色型工业互联网平台。推动以紫光云为代表的工业互联网二级节点建设,已建和在建标识解析二级节点6个,标识注册量突破35亿。支持忽米网、汉云、京东云等国家级工业互联网双跨平台落地及产业应用,推动天津工业互联网生态创新基地建设。截至2023年9月,已汇聚以中汽数据、卓朗科技、宜科电子、凯发电气等具备工业软件研发能力的企业近50家,营业收入规模合计超过400亿元。[7]

3. 中小企业数字化赋能稳步推进

天津通过加强示范宣传、提供指导性服务等方式引导中小企业数字化转型。2023年全市上云工业企业突破万家,培育通用半导体、爱玛科技、玖龙纸业、天津钢铁等157个上云上平台应用示范项目。高水平建设"中国信创谷",依托"PKS"体系、鲲鹏生态体系等生态优势,助力曙光、云账户等核心企业发展壮大;深化与特斯联、华为等龙头企业战略合作,北方"开源鸿蒙之城"加快建设。

(三)数字化赋能传统产业改造升级

1. 农业数字化助力乡村产业振兴

天津聚焦"研发、购置、应用"三端,大力推动传统农业生产向智慧农业转变,实施"物联网+"农业、"电商网+"农业、"信息网+"农业的"三网联动"工程,5G信息技术与农业农村生产、经营、管理、服务全面深度融合,2022年全市农业生产信息化率为30.5%,名列全国第七[8]。天津依托智能农业研究院产学研平台,探索建立科教长期合作新机制和新模式,积极打造智能农业园区示范工程。截至2023年9月,已完成8亩露地甘蓝无人农场建设,全面启动86亩智慧温室与智慧水产养殖、143亩智慧大田与智慧果园示范区建设。[9]

2. 数字技术提升物流智能协同能力

传统物流运输行业实现了多种数字技术支撑下的智能化升级。目前天津市西青区已开展了自动驾驶小巴和低速物流配送车示范应用，东疆综合保税区已构建了关键港口设施、海关查验、汽车进出口、冻品进出口、跨境电商等特色运输场景。以天津港集团为例，集团自主研发制造的氢电混合动力人工智能运输机器人配合搭载的港口全面数字孪生技术底座“津鸿”，实现了不同生产设备之间“近场交互”。截至 2023 年 10 月，东疆港区已获批以满帮、货拉拉为代表的网络货运资质企业 75 家，整合了全国 33.5% 的社会运力和 44.4% 的驾驶员数据，上传运单总量占全国的 13.1%。[10]

3. 数字赋能传统商贸激发消费新需求

数字技术赋能打造的新业态新消费层出不穷，成为激发市场活跃度，提升消费意愿的新动力。2023 年 1—9 月，天津限额以上网上零售额增长 13.2%，限额以上住宿餐饮单位通过公共网络实现的客房收入和餐费收入分别增长 1.6 倍和 32.3%。跨境电商活力涌现，2023 年前两个月，天津口岸跨境电商 B2B 出口额达 166.67 亿元，同比增长 956.5%。[11] 通过全力打造“跨境 + 直播”电商产业生态，拉动区域消费，2023 年 9 月，天津跨境电子商务示范园区（经开区）暨抖音直播生态产业基地获批国家电子商务示范基地。

4. 平台经济带动信息技术服务领域快速发展

2023 年天津市颁布《关于推动生产性服务领域平台经济健康发展的实施意见》，通过强化平台引育、场景牵引、政策支持、创新驱动，营造活跃规范的平台经济生态，并汇集了云账户、拾起卖、58 同城、今日头条、吉旗物联等 100 多家知名平台经济企业。2023 年上半年，360 科创园正式开园，打造了平台经济新载体。货拉拉、云账户、滴滴、58 同城等平台企业继续保持 20% 以上的高速增长，有效带动了天津信息技术服务领域快速发展。[4]

（四）数字产业化创新发展进程加快

1. 算力网络基础设施建设规模扩大

天津市积极推进全国一体化算力网络京津冀国家枢纽节点建设，有力支撑“东数西算”工程。截至 2023 年 5 月,天津各基础电信企业数据中心标准机架数达到 18392 个,高性能算力占比 58.8%,先进存储占比 10.86%,数据中心互联低时延达标率、算力灵活调度节点占比均达 100%,[13] 有力保障了各行业、各领域的算力需求。2023 年 7 月底,天津市人工智能计算中心 200P 算力正式上线,成为天津拥有最大规模人工智能算力平台。[14]

2. 数据潜能释放能力明显增强

截至 2022 年底,天津市人均数据产量位居全国第 3 位,市信息资源统一共享交换平台接入 68 个市级部门、16 个区和 5 家公共服务机构,归集数据总量 148.26 亿条,同比增长 36.3%。截至 2023 年 5 月,天津“城市大脑”中枢系统已累计发布 API 资源 234 个,调用量 700 余万次,各部门利用中枢系统建设了“惠民惠农政策直达”“银发智能服务”等 50 余个与经济社会发展、人民群众生活密切相关的应用场景[15]。

3. 数据资源与产权交易体系加速完善

天津布局建设了中国电信京津冀大数据基地、腾讯天津数据中心、华为智算中心等高等级算力项目,打造了“天翼云”“紫光云”“华为云”等一批大数据和云计算平台。率先在省级层面出台数据交易专门制度文件《天津市数据交易管理暂行办法》。2023 年 5 月正式成立北方大数据交易中心,并创新提出知识数据交易模式,立足“促进数据合规高效流通使用,赋能实体经济”的主线,将低价值高风险的原始数据交易,转变为高价值低风险的知识产品交易。[16]

(五)数字天津服务、治理能力持续加强

1. 网络基础设施规模能级大幅提升

天津网络覆盖和承载能力保持全国领先。截至 2023 年 5 月,中国移动已实现天津市农村 5G 普遍服务能力;千兆覆盖超过 450 万个家庭,家庭宽带网络覆盖率超 96%;拥有空港、海泰、智慧港 3 个数据中心,具备装机能力超 7000 个机架,互联网出口带宽达 14200G。[17] 截至 2023 年 10 月,天津累计建成 5G 基站 6.3 万个,入选全国首批千兆城市[6],并积极拓展海域 5G 网络覆盖范围,开通 97 个基站,成功实现 30 公里近海域 5G 网络连续覆盖,解决了渔船基本

通信、数字应用及安全定位等需求[19]，全面实现5G海陆互联互通。

2. 数字生活新场景更加普惠共享

天津市基本建成高校智慧校园“云、网、端”一体化服务体系。完成全市266家基层医疗卫生机构基层数字健共体建设。积极推动惠民惠农“一卡通”服务平台与“城市大脑”中枢对接，完成与“津心办”应用软件及微信、支付宝小程序的功能对接，助力“一卡通”实现掌上办、便捷办。至2023年3月底，民政、农业农村委、人社、侨联、水务领域共计33项补贴通过服务平台实现“一卡通”发放，发放人数516.68万人[20]。

3. 数字政府治理能力持续增强

天津运用数字技术推进政府治理流程优化、模式创新和履职能力提升，聚力打造智治协同、运转高效的数字政府，着眼推动治理体系和治理能力现代化。截至2023年6月28日，天津市一体化政务服务平台注册用户超2100万，提供从市级到村（社区）级85445个政务服务事项办事入口，推出79个高频服务事项、22个速办服务事项，除特殊事项外100%政务服务事项“网上办”。[21]截止2023年9月27日，天津市登记备案的政府网站共87个，政务新媒体1745个。[22]

（六）数字经济创新发展环境不断优化

1. 创新要素不断完善

创新生态持续优化。科技创新载体加快布局。截至2023年9月，“中国信创谷”集聚市级以上研发机构76家，其中国家级8家，信创海河实验室、国家先进计算产业创新中心、天津先进技术研究院、先进操作系统创新中心等重大创新平台，成为信创产业发展的强劲动力。成立了以信创基金、新动能基金为主力的12只基金，总规模超过280亿元[1]。“海河英才”行动计划深入实施，在全国率先出台《天津市数字经济领域技术技能人才培育项目实施方案》，南开大学、天津大学、高职、中职等院校相继开设数字经济相关专业，构建起多层次数字经济人才培养体系。

2. 创新能力显著提升

2023 年上半年,“中国信创谷”持续引聚海芯光电高清高精度 CMOS 芯片项目、服务器生产制造项目等 80 余个重点项目和重点信创企业落地高新区。锻造了海光、飞腾芯片、麒麟操作系统、天河超算、曙光服务器、华海清科抛光机等一批“国之重器”。2023 年 7 月,我国首个开源桌面操作系统“开放麒麟 1. 0”正式发布,标志着我国拥有了操作系统组件自主选型、操作系统独立构建的能力[23]。

3. 数字领域国际交流合作更加活跃

截至 2023 年,天津已连续举办七届世界智能大会,全面打造了展示智慧天津、数字中国的高端国际平台,在传播先进理念,承接项目落地等方面获得了丰硕成果。2023 年第七届世界智能大会智能科技展设置了人工智能、“5G + 工业互联网”等 10 个主题展示区和 5G、智能网联车 2 个智能体验区,包含世界 500 强、国内智能科技领军企业及高校在内的 492 家企业和机构参展,共签约亿元以上重点项目 98 个,协议签约额 815 亿元,涉及新一代信息技术、汽车、生物医药等产业。[24]

二　天津数字经济发展的不足和短板

天津将数字经济作为推动经济发展的核心动力,数字产业化和产业数字化快速发展,在国家网信办 2022 年数字中国地区发展评价中,天津的数字化综合发展水平位居全国第八。与浙江、北京、广东、江苏、上海等先进省市相比,天津还有一些需要借鉴提升的地方。

(一)数字经济核心产业发展不均衡

一是软件产业发展与较发达城市相比仍有一定差距。2023 年前三季度,天津软件业务收入 2270. 02 亿元,排在全国第九位,前三位分别是北京(18962. 23 亿元)、广东(14887. 47 亿元)、江苏(10181. 55 亿元),天津在软件产品、信息安全、嵌入式系统软件等业务领域仍有提升空间。二是数字产品服务业发展不够强劲。2023 年前三季度,天津信息技术服务收入 1682.11 亿元,在全国省市中排名第八,与前三位的北京(13013.99 亿元)、广东(10500.38 亿元)、上海(6500.83 亿元)差距较大,[25] 天津仍需继续发展数字产品批发、数字产品零售、数字产品租赁、数字产品维修等产业,提高数字产品服务能力。

(二)产业数字化转型支撑显不足

一是本土品牌龙头企业带动作用不明显。近年来,不少知名企业相继落户天津,但核心业务落地较少,对中小企业的引领带动作用仍需加强。二是适用型工业互联网平台等技术支撑不足。数字产业化、产业数字化尚未形成互为支撑、良性互动、融合发展的格局。三是中小企业数字化转型动力不足。部分企业存在缺乏专业人才、技术水平制约、启动维护资金不足等问题,数字化转型意愿不强烈或中途止步。

(三)产业创新能力有待进一步提高

一是产业创新能力有待进一步提高。天津市一些中小企业创新主体地位不够突出,企业研发投入强度低于全国平均水平,新技术成果本地转化率不高。二是核心技术仍存在"卡脖子"问题。智能制造和工业互联网系统解决方案供应商数量及整体能力水平尚显不足,关键技术、软件国产化率较低。三是产业数字化应用场景较少,数字农业、智能制造、智能交通、智慧物流、数字金融、数字商贸、数字社会等领域仍需创新打造多样性数字化应用场景。

(四)数字治理方面仍存在提升空间

一是仍存在数据壁垒、信息孤岛、信息不对称等问题。数字政府公开平台建设存在统筹不足的情况,法定主动公开事项还未应公开尽公开。部分政务新媒体更新不及时,集中推送的重要政务信息未发布,群众了解信息渠道较窄。二是数字政府治理难度较大。相关服务部门管理项目众多、事务庞杂,依靠传统治理模式中机械低效的办法,造成落实标准不高、事件办理进度较慢,管理服务缺乏互动性、精细性,管理数据资源共享性不足。

三 推动天津数字经济发展的对策建议

(一)提升数字产业集聚度,加快数字经济产业链串链补链强链

1. 吸纳数字经济核心业务龙头企业,推动数字产业集群化发展

建立、充实特色化数字经济产业园区,优化配套政策,完善基础设施,改善营商环境,提高服务保障能力,吸纳数字产品制造业、数字产品服务业、数字技术应用业、数字要素驱动业等核心业务龙头企业百强企业入驻产业园区。充分发挥优秀龙头企业的虹吸带动作用,吸引相关产业链技术研发、生产、交易等关键环节企业、商务机构、服务平台加入,引进优质数字经济龙头企业核心业务产业项目,推动产业链自生性补链、串链,以产业链带动数字经济产业集聚度提升,推动数字产业高端化、专业化、集群化发展。

2. 扩大软件产业链规模,构建软件产业数字新生态

持续加大对软件产业的扶持,推动软件产业特色园区和创新平台建设,通过龙头企业带动软件产业链上下游协作,引导软件产业集群化发展。完善开源软件法律法规体系,提升软件产品、嵌入式系统软件核心技术水平,提高信息技术服务、信息安全服务能力。加快培育一批“独角兽”“专精特新”等拥有自主知识产权核心技术的高精尖软件企业。加强高校专业软件人才培养,鼓励软件企业与高校协作共建实践基地,努力形成全要素软件产业链生态体系。

3. 发展平台经济,提升数字产品服务能力

发展以互联网络为特征的平台经济,优化平台经济发展环境,促进政府信息透明化,推动数字化、智慧化监管与服务。支持新业态新模式发展壮大,确立新就业形态的法律地位,建立统一标准规范体系。明确平台权利与责任,打造稳固的智慧安全防护体系。推动支持数据服务平台、科技服务平台、网络货运平台、零工经济平台、循环经济物流平台、信息服务平台、跨境电商平台等优质互联网核心业务平台发展壮大。

(二)数字赋能传统企业转型升级,提高产业数字化与数字产业化融合性

1. 大力发展新兴数字产业,牢固数字产业化的动力基础

立足信创产业、集成电路产业等技术、生产优势,充分发挥国家超算中心、北方大数据交易中心等数据分析挖掘、流通交易优势,培育壮大人工智能、云计算、大数据、区块链、物联网、车联网等新兴数字产业,继续加大车联网、人工智能等先导区建设的支持力度,聚焦区块链、元宇宙等尖端技术,提高核心团队技术攻坚能力,建立技术领先、产业紧凑的元宇宙数字产业园,促进数字经济产业链前瞻化、高端化、智能化发展,为数字经济发展提供新动力。

2. 推进产业数字化转型,增强数字产业发展韧性

突破企业界限、精细产业分工、重新整合上下游产业链,调整优化区域产业链布局,以降低沟通交易成本,扩大区域协作范围,促进区域产业协同发展。培育“5G + 工业互联网”生态体系,借助物联网、大数据、云计算等技术精准对接产业链环节,确保产业链、供应链、物流链稳定畅通。通过接链、补链等方式,合作共建具有更强创新力、更高附加值的产业链,提升产业链、供应链韧性和安全水平。

3. 创新工业互联网平台,搭建产业数字化示范应用场景

加强企业主导的产学研深度融合,加快工业互联网平台、工业软件国产化进程。推动底层软件、工业设计软件等关系整个生产业务运营的相关国产化软件平台的创新发展。以企业为主体,联合国内重点高校,将国产化软件平台在高校相关院系进行推广应用,通过实践完善软件平台产品迭代升级。支持人工智能、车联网、大数据、人工智能、卫星应用、超高清视频、虚拟现实/增强现实(VR/AR)、智能终端、区块链、物联网、元宇宙等数字经济产业链价值链高端领域应用场景创新,促进工业互联网向数字经济集聚区的推广应用,打造产业数字化示范应用场景。

(三)制订相关保障措施,为产业数字化转型提供有力支撑

1. 打造一批优质示范数字化企业,形成多渠道宣传引导机制

鉴于企业对数字化改造的顾虑,建议选取产业互联网覆盖率高、企业信息化布局全面的国企、大型制造企业,打造一批优质示范数字化企业。同时通过多种形式多种渠道宣传推广优秀案例,协助企业管理者及员工树立数字化理念,形成数字化战略意识,通过示范效应逐步推动产业链供应链的数字化、网络化、智能化、绿色化转型,实现企业降本增效。在数字化改造过程中也要及时了解企业需求,制定相关政策,提供服务保障。

2. 扩大投融资渠道,建立多方参与的产业投资体系

建议以数字经济产业基金方式加大对数字经济领域技术研发、掌握尖端技术企业生产的资金投入,以期研发更多具有自主知识产权的尖端技术、高端产品。同时进一步拓宽投融资渠道,吸引社会各方面资金的介入,尤其对关系数字经济长远发展的新型数字化基础设施建设领域,积极探索政府和社会资本合作新机制,适当引入国内外风险投资与企业共同生产硬件设备,形成以政府为主导,企业、社会共同参与的产业投资体系。

3. 加强人才培育,为专业技术人才提供服务保障

天津可充分发挥高校资源丰富、职业教育发展领先的优势,有计划地培养短缺的专业技术、应用人才。如在南开大学、天津大学等高校开设专业课程,培养专业技术型人才;在海河教育园的高职院校中开设实践课程,培养应用型人才。同时推行相关人才保障措施,改善现有数字经济领域专业技术人才待遇,为专业人才提供专项生活补贴,提供融洽和谐的科研、生产环境,提升天津在数字经济领域人才竞争中的优势。

(四)发挥创新平台带动作用,增强人才链创新链产业链融合度

1. 优化京津冀区域资源配置,提升创新链要素集聚性

缓解创新要素市场自然分割现象,促进优势互补的创新链建设。协调京津冀区域内资源,实现创新溢出,获得规模经济效益。通过充分发挥三省市优

势，取长补短、统筹规划，围绕产业链部署创新链，促进创新要素在区域间的有效流动，弥补创新主体资源稀缺问题。优化京津冀创新资源配置，贯通区域研发生产转化链条，增强自主创新能力，研发出适合智能制造企业发展的拥有自主知识产权的新技术、新产品，提高创新集聚度，打造创新策源地。

2. 搭建科教创新平台载体，以创新链产业链吸引人才链聚集

利用数字技术，为人才搭建增强职业能力、发挥职业专长的平台载体，以创新链、产业链吸引人才链聚集，以人才链促进创新链、产业链质的提升。建立京津冀专业人才、技术平台，试行人才流动机制，破除人才流动壁垒。以天津实施"十项行动"为契机，加快建设国家重点实验室，鼓励自主创新和原始创新，完善人才激励制度，打造高水平专业人才聚集地，推行多元化培训计划，激发人才内生动力，推动创新链、产业链、资金链、人才链深度融合。

3. 提升区域创新协同能力，完善科研成果研发转化体系

建立京津冀区域内数字化资源高度协同的全面创新模式。加快推动北京创新资源与天津研发转化优势互补、紧密衔接，推进补链、强链进程，合作共建京津冀数字经济示范创新产业链，借助大数据技术、物联网等技术联结链上企业进行生产流程规划、规范化生产管理、仓储运输、产品销售、售后服务。鼓励京津冀数字经济企业、科研部门、高校紧密联系，搭建科研成果自主对接转化平台，提高科技成果转化率，提升产业化水平。

（五）提升数字治理水平，打造数字孪生技术支撑的城市大脑

1. 释放数据要素价值潜能，建立健康的数字产业生态

畅通数据资源循环，搭建智能制造数据链生态网络，实现数据要素化与要素数据化的协同发展。规范数据格式，统一行业标准，统一规划管理。加强数字赋能，畅通数据资源循环渠道，充分挖掘数据要素价值，完善数据共享网络，保障数据流通安全。通过构建绿色的数据链生态网络，打通上下游创新链、产业链对接渠道，提高生产效率和创新能力，助推智能制造进程，实现精益生产。

2. 以数字孪生技术模拟城市发展空间，提升数字治理水平

充分发挥数字政府对数字经济、数字社会、数字生态的引领作用，构建数

字化、智能化的政府运行新形态,为智慧城市提供“一站式”数字服务,形成“数字经济赋能数字政府,数字政府服务数字经济”的数字时代新局面。运用大数据、云计算等技术,搭建城市数字模型,模拟城市发展空间,利用数字孪生体实现虚拟与现实的动态仿真融合,构筑智慧城市大脑,实现城市智慧化管理。

3.探索数据要素市场建设中政企合作新模式

建立以“市场决定、企业主导、政府推动、数据为核”的企业首席数据官制度。赋予企业自主选择、任命企业首席数据官的权力,强化企业在数据要素市场上的主体地位。将企业首席数据官纳入产业人才政策、数字经济领域相关扶持政策,探索建立以数据为核心的企业数据治理体系。加强政府首席数据官与企业首席数据官的交流协作,打破数据边界,释放数字要素红利,拓展政企数据资源综合利用新场景,探索数据要素市场建设中政企合作新模式。

(六)创新数字经济生态圈,呈现多样化数字生活服务新场景

1.提供普惠性增进民生福祉数字生活新服务

开辟数字化社区服务新场景,为居民提供高品质生活保障,激发居民数字消费新需求。以物联网、大数据、云计算等技术科技赋能社区管理,将智慧服务注入社区,通过网络化管理为社区居民提供以居民为核心辐射不同距离圈层的智能化、精准化、个性化、便利化服务。通过社区数字零工经济平台为社区业主提供家政保洁、快递外卖、教育培训、交通出行等一系列生活服务,为社区内外零工从业者开辟社区化服务新空间。

2.创建数智化数字消费新业态新模式新场景

积极推进城市基建数字化建设,促进5G网络、云计算、大数据、物联网等数字技术与经济、社会核心要素职能深度融合,推动非秘密公共数据公开共享、公务公共平台融合联通,打造“5G+智慧旅游”文旅沉浸式体验场景、“5G+智慧养老”银发经济服务场景、“5G+智慧医疗”远程诊疗场景、“5G+智慧教育”虚拟教室场景、“5G+数字金融”在线银行、移动支付场景,以及更多提供定制化、精准化服务的数字文化、智慧家庭、智慧交通、智慧物流、数字

乡村等多样化新业态、新模式、新场景。

3. 打造高水平数字经济国际合作交流新平台

通过深化数字领域国际交流合作,启迪创新思维,推动构建网络空间共建共治共享格局。依托开放平台、体制机制、先行先试等综合优势,营造市场化、法治化、国际化一流营商环境。发展数字贸易,提升跨境电商能级,完善跨境电子商务产业链。优化区域开放布局,提升京津冀战略合作功能区能级,推动京津冀协同和共建"一带一路"高质量发展。引进国际化数字服务企业在津设立服务机构,积极举办数字经济领域国际性展会、论坛,持续将世界智能大会打造成高水平数字经济国际交流合作平台。数字化赋能会展经济,利用新兴数字媒体、数字技术将在天津举办的展会、比赛等通过线上线下结合方式扩大宣传,提供数字化场景体验。

参考文献:

[1]《"中国信创谷"产业规模超过800亿元信创产业生态企业超1000家 集聚市级以上研发机构76家》,《天津日报》2023年10月2日。

[2]《第七届世界智能大会"算力飞腾,赋智未来"高端论坛举行》,天津高新区,2023年5月20日。

[3]《经济稳定恢复 发展质量进一步提升》,天津市统计局,2023年10月20日。

[4] 吴巧君:《我市软件产业发展态势良好 上半年收入1289.3亿元同比增15.2%》,《天津日报》2023年8月11日。

[5]《天津"机器人"提速京冀生产线 我市相关企业近200家 整体产业规模约210亿元》,天津政务网,2023年9月21日。

[6]《我市加速构建区域互联互通"一张网"》,《天津日报》2023年10月31日。

[7]《我市工业软件发展迅速 具备工业软件研发能力的企业近50家 营业收入规模合计超400亿元》,《天津日报》2023年9月5日。

[8] 中共天津市委网络安全和信息化委员会办公室:《天津市互联网发展报告(2022)》,2023年7月。

[9]《天津市农业农村委多措并举推动天津智能农业高质量发展》,天津市农业农村委员会市场与信息化处,2023 年 9 月 6 日。

[10]《滨海新区多个区域将建车联网先导区拓展区》,《滨城时报》,2023 年 10 月 31 日。

[11] 马晓冬:《天津外贸新业态跑出"加速度" 同比增长 956.5%》,北方网,2023 年 3 月 20 日。

[12]《天津市通信管理局印发〈关于做好算力网络建设发展工作的指导意见〉》,天津市通信管理局,2023 年 5 月 6 日。

[13]《智算聚芯力 津彩新未来 我市人工智能计算中心 200P 上线仪式暨天津人工智能应用创新论坛举行》,天津政务网,2023 年 9 月 11 日。

[14]《落实推动高质量发展"十项行动"拓展数字应用激活数字要素成果发布会举行》,天津市大数据管理中心,2023 年 5 月 17 日。

[15]《北方大数据交易中心在津揭牌成立 预计今年数据交易额将达 2 亿元》,津云,2023 年 5 月 18 日。

[16]《中国移动天津公司 数字天津领航者 网络强市主力军》,《天津日报》2023 年 5 月 11 日。

[17]《让海陆互联互通更惠民 本市实现近海域 5G 网络连续覆盖》,《今晚报》2023 年 10 月 12 日。

[18]《市大数据管理中心协同推进惠民惠农"一卡通"系统建设》,天津市大数据管理中心研发运维六中心,2023 年 3 月 28 日。

[19]《天津市人民政府办公厅关于 2023 年上半年政府网站和政务新媒体常态化监管情况的通报》,天津市人民政府办公厅,2023 年 6 月 30 日。

[20]《天津市 2023 年第三季度政府网站和政务新媒体检查情况》,天津市人民政府办公厅,2023 年 9 月 28 日。

[21] 张璐:《"开放麒麟 1.0"正式发布》,《天津日报》2023 年 7 月 7 日。

[22]《第七届世界智能大会在津举办 智能科技,改变生产生活》,《人民日报》2023 年 5 月 23 日。

[23]《2023 年前三季度分地区软件和信息技术服务业主要经济指标完成情况表》,中华人民共和国工业和信息化部,2023 年 10 月 25 日。

天津石化产业发展研究报告

吴建新　天津滨海综合发展研究院副研究员
谷印麟　天津滨海综合发展研究院研究实习员

摘　要： 石化产业作为众多行业的源头产业，承担着稳增长的重要使命。当前全球石化产业面临着集群化、开放式、金融化发展趋势，我国正加快推动产业数字化转型，促进石化产业高质量发展，这也是天津实现国家“双碳”目标，提升制造业发展能级的重要举措。近年来天津石化产业空间布局逐步优化、规模效益稳步增长，应利用好数字经济引领产业升级、京津冀协同发展战略支持等机遇条件，有效应对产业结构偏重、研发能力较弱、贸易功能不足等挑战，完善石化产业链条，大力培育民营石化企业，构建协同创新体系，提升产业服务贸易能级，加快推动石化产业高质量发展。

关键词： 石化产业　高质量发展　滨海新区

2023年10月，习近平总书记在九江石化考察时强调，石化产业是国民经济的重要支柱产业，要坚持绿色、智能方向，扎扎实实、奋发进取，为保障国家能源安全、推动石化工业高质量发展作出新贡献。石化产业作为天津市的支柱性行业，加快推动产业提质增效升级、促进产业健康有序高质量发展，有助于天津建设世界一流绿色化工新材料基地，进一步完善现代化产业体系，不断提升城市综合竞争力。

一　石化产业发展形势

(一)石化产业国际发展趋势

1. 集群化促进产业综合发展

新加坡通过园区的集群效应,打通了上下游产品供应链。通过推行"小国大石化"战略,政府投入巨额资金建设裕廊工业区,通过填海造陆整合 7 个小岛,并提供专业的产业配套设施,吸引了全球 100 多家石油石化公司在此开展业务。

2. 产学研合作推进开放式创新

通过产学研合作推动开放式创新,美国成功主导了页岩气革命,实现了油气资源的自给自足。休斯敦是美国石油业发展的起源地和世界石化中心之一,美国 30 家最大的能源公司中,有 29 家在休斯敦设有总部或分公司①。休斯敦有 40 多所高等院校,为石化产业发展提供了一系列研究成果,同时通过长期常态化的校企合作制度,为产业输送了大量研发人才和高技术工人。

3. 以石油金融掌握产品定价权

当前,国际原油期货市场发展迅速,石油金融市场不断完善,石油定价权逐步从生产者定价转移到金融市场定价,石油输出国组织(OPEC)的议价能力被不断削弱,西方国家凭借原油期货市场逐渐掌握更多话语权,特别是美国同时拥有美元的计价货币地位,二者结合使美国有能力主导石油价格变动。

(二)我国石化产业发展形势

1. 各地以专业园区为抓手推动石化产业平稳增长

各地纷纷兴建各类专业化工园区,发展石化产业和化工新材料产业链。宁波石化经济开发区、南京江北新材料科技园、齐鲁化工园区等形成了以高端聚烯烃和工程塑料为主的产业链,烟台万华工业园、宁波大榭开发区、淄博高新园区

① 邱爱军,等:《国外工业城市如何华丽转身》,《中国改革报》2018 年 12 月 13 日,第 6 版。

等则集聚了以聚氨酯为主业的企业。以烟台万华工业园为例，领军企业万华化学已发展成为全球第一大 MDI 生产商，其多种聚氨酯原料及产品生产技术处于领先水平，带动万华工业园内集聚了大量新材料上下游产业相关企业。

2. 石化产业数字化转型进程加快

我国石化产业正处于工业与信息化深度融合发展阶段，抢抓数字经济新机遇，不断推进数字化智能化变革。工业互联网等新兴数字技术的兴起，为石化产业带来新一轮业务变革。中石油、中石化、中海油等大型石油石化企业纷纷制定推进数字化转型的战略规划，不断加大信息化建设投入力度。

3. 新材料等下游产业发展势头强劲

我国石化产业不断丰富产品线，产业链向下游化工新材料方向不断扩展。据中国石油和化学工业联合会化工新材料专委会统计，2022 年，我国化工新材料产量超 3300 万吨，在建项目个数达 233 个，占到国内石化行业在建项目数量的 60%，投资将近 4731 亿元，占石化行业投资总额的近 1/4。

4. 部分化工产品结构性矛盾依然突出

我国石化产业存在结构性失衡现象，高端不足、低端过剩问题明显，聚苯乙烯、聚氯乙烯等部分通用产品产能过剩，产品结构优化、落后产能压减的任务艰巨。同时，聚烯烃等部分高端产品严重短缺，只能依靠进口。

二　天津石化产业发展现状

（一）产业政策系统发力

天津市按照国家层面的《石化化工行业稳增长工作方案》和《关于“十四五”推动石化化工行业高质量发展的指导意见》等文件要求，出台了《天津市石化化工产业高质量发展实施方案》《关于支持绿色石化产业链高质量发展的若干政策措施》等一系列专项方案（见表 1），从政策端发力，围绕石化产业延链补链、做精做新、卡位入链等重点问题，布局天津石化发展方向。天津还将产业政策与金融支持政策有机衔接，不断加大对绿色石化行业的金融扶持力度,利用滨海产业发展基金、南港海河新材料产业投资基金等政府引导基金,设立石化化工产业发展专项基金,扶持相关企业在核心技术、专有技术、高端新品等方面的研发,加速促进科研成果产业化。天津还通过建立全天候、多方位"一站式"的企业服务机制,优化营商服务环境,通过建立项目跟踪服务制度,解决项目问题,做到石化化工项目应办尽办。

表1　天津市绿色石化产业部分政策汇总

政策	部门
《天津市石化化工产业高质量发展实施方案》	天津市人民政府
《关于支持绿色石化产业链高质量发展的若干政策措施》	天津市发展和改革委员会
《天津市推动制造业高质量发展若干政策措施》	天津市人民政府办公厅
《天津市产业链高质量发展三年行动方案(2021—2023年)》	天津市工业和信息化局
《绿色石化产业链金融服务方案》	天津市滨海新区金融工作局

资料来源:天津市及滨海新区政府网站。

(二)规模效益稳步增长

1. 产业规模不断扩大

绿色石化是天津市"1+3+4"产业体系规划中的优势产业,是全市规模最大的产业链,经济规模居12条产业链之首,是天津市的经济支柱产业之一。2021年天津市石化产业产值比2020年增长44%,占全市规模以上工业的19.4%,增加值同比增长10.2%,占全市工业增加值的30%,在所有工业门类中排名第一;完成投资602.2亿元,占全市工业总投资的41.8%①。相较上海、宁波等地区,天津石化产业仍有进一步提升空间(见图1)。目前,绿色石化产业链链上企业共计600余家,包括以中石油、中石化、中海油为代表的200余家规上企业。2022年天津市石化产业年产值超4300亿元,成为天津市首个四千亿级产业集群,稳经济"压舱石"作用显著。

① 《推动南港工业区绿色石化产业高质量发展》,泰达政务服务平台,2022年7月25日,第1版。

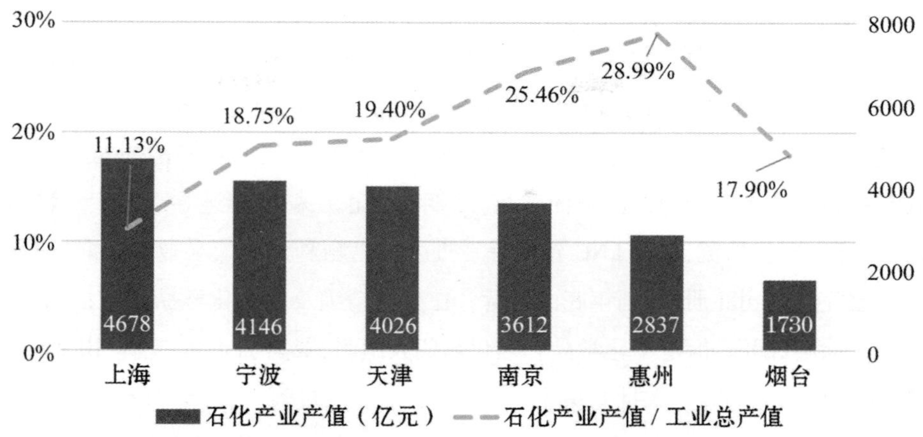

图 1　2021 年国内石化产业先进地区产业规模比较

数据来源:各地统计局及网络公开数据。

2. 重点项目持续推动

目前天津市绿色石化产业投资金额 5000 万元以上的重点项目近百个,总投资超 2000 亿元,累计完成投资超 700 亿元,其中投资超百亿元项目 6 个。2023 年上半年,天津南港中石化 120 万吨/年乙烯项目完成基建施工,总投资超过 300 亿元,将配套建设高密度聚乙烯、线性低密度聚乙烯等共 13 套生产装置,带动下游各细分产业链形成千亿级的产业生态圈。2023 年 9 月,北燃 LNG 应急储备项目一期投产运行,将为京津冀区域提供更加稳定的天然气供应。

(三)产业体系日益完备

1. 立足"油头"拓展"化尾"

天津市坐拥渤海和大港两大油田,拥有全国第一大原油生产基地,原油年产量超 3400 万吨,在所有省级单位中排名第一,集聚了中石化、中石油、中海油三大央企和渤化集团等龙头企业,形成了从上游的油气勘探、开采、接卸、储备到中游的炼化加工、基础化工原料生产,再到下游合成材料、精细化学品、化工新材料制造等一系列较为完整的产业体系,上下游一体化水平显著提升。

2. 产业链条不断延展

目前天津市绿色石化产业链已发展出 4 条子链,包括高端精细及专用化学品产业链、高端生产性服务业产业链、特种烯烃衍生物产业链和先进化工材料产业链。在特种烯烃衍生物方面,中石化 120 万吨/年乙烯项目正在加快建设,渤化新材料产业园一期项目已全面运行,二期项目正在稳步推进。高端生产性服务业方面,石化易贸、北燃 LNG 销售等一批公司已顺利开展贸易业务,油气交易中心已完成公司注册,计划年底试运营。在高端精细及专用化学品领域,天津市形成了涂料、润滑油、电子化学品和催化剂四大组团,聚集了立邦、壳牌、BP、新宙邦、中石化催化剂等一大批龙头企业,筹建了诺力昂过氧化物、金科日化等一批高端精细化学品项目。在先进化工材料领域,中沙聚碳酸酯、亨斯迈聚氨酯等投产运营,恒河碳五碳九、桐砚高端新材料等一批项目落地。

(四)科研力量持续加强

1. 产研融合推动创新发展

天津以海河实验室为主要平台,充分利用南开大学化学学院、天津大学精细化工等学科优势,重点围绕新碳基物质催化合成、功能物质生物合成、高端化学品与膜材料绿色制造、高性能新能源材料、碳基资源绿色转化与利用等方向开展科技攻关。海河实验室还与中石化北化院共建联合创新研究院,设立联合攻关项目、破除产研衔接壁垒,服务天津石化产业发展。

2. 科研成果转化成效明显

绿色创新技术应用取得新突破,推动碳捕集利用与封存等绿色技术应用,建设碳捕集、封存与回收利用技术(CCUS)一体化试点示范,打造二氧化碳回收捕集、分离提纯、地质封存与油田作业等产业链条,在减排同时实现油田增产。目前天津在滨海新区共有 11 个 CCUS 项目,其中大港油田已将二氧化碳驱油技术作为主要低渗油气田开发技术,可累计增产原油 6000 万吨。

(五)空间布局逐步优化

天津市以产业园区为依托,不断优化石化产业布局,在严控化工园区数量、提高发展质量的基础上，统筹要素资源配置，提高产业聚集度，加快实现园区化、集约化发展。主要构建以南港工业区、保税区临港化工集中区、大港石化产业园区为依托的4000亿级绿色石化产业集群，其中南港工业区已形成基础炼化、石油战略储备、有机新材料、精细化工等“多组团”的空间格局，吸引了中石化、中石油、中海油、渤化、壳牌、沙比克、BP等企业投资落户，天津市绿色石化产业6个投资超百亿元的项目有5个位于南港工业区，2023年上半年，南港工业区绿色石化产业产值超过400亿元，占天津市绿色石化产业链产值比重超两成。

（六）绿色转型初见成效

1. 打造绿色示范项目

天津市不断积极探索绿色石化生产方式，加快构建绿色低碳发展体系，促进石化产业全面绿色低碳转型。打造绿色制造示范项目，树立行业标杆，推动构建产业绿色生态圈。南港工业区的河北诚信集团甘氨酸与中石化大乙烯项目、台湾建龙（鼎金新材料）项目与渤化项目实现了项目间原料和产品的“隔墙”供应，极大降低副产物产出和环保处理压力。

2. 加快行业绿色转型

天津市不断引导石化行业重点企业低碳化改造，改善石化企业能源结构，推动现有石化产业绿色化转型。目前中石化、中石油、渤化等能耗大户已加快改造步伐，中石化120万吨乙烯配套260MW光伏项目是国内最大的海上光伏项目，投产后年发电量约3亿度，年减排二氧化碳超过24万吨。中国石油大港油田岗东26.95MW分布式光伏发电已并网发电，年产3500万绿色电能，实现25万吨原油的绿色低碳生产，节约标准煤1.4万吨，减少二氧化碳排放量超过3万吨。

3. 推动清洁生产审核

2023年3月，南港工业区清洁生产审核创新试点项目正式启动。作为全国首批56个试点之一，该项目将在南港工业区探索清洁生产分级审核制度，创新审核模式，优化审核路径，针对审核流程、审核方法、评价规则等做出改进,进一步推进南港工业区优化园区资源要素配置。

三　天津石化产业发展面临的机遇与挑战

(一)天津石化产业发展面临的机遇

1. 数字经济引领产业升级

石化产业数字化智能化转型是推动产业升级的重要抓手。一方面,数字化智能化转型契合国家战略布局,通过工业互联网等新基建,发展数字经济,建设智能化工厂,可逐步实现产业升级转型;另一方面,数字化智能化也是石化产业自身的发展需要,云计算和工业互联网的应用将石化产业上下游的产业链整合,人工智能和工业大数据将生产过程进一步优化,物联网和智能机器人的应用还能降低能源开采的经济成本和技术难度。

2. 京津冀协同发展战略支持

国家发布的炼油、乙烯工业中长期发展专项规划和《石化产业调整和振兴规划》等文件将天津确定为重点支持发展的石化产业基地和原油战略储备基地,为天津石化产业的发展提供了有利的条件。从区域层面看,天津市地处环渤海经济圈的核心,区域内轻工、纺织、汽车、电子、航天航空、新能源新材料等相关产业的雄厚基础和快速发展趋势,为天津石化产业的发展提供了巨大的区域市场机会。

3. 化石能源需求仍然巨大

我国人均石化产品消费量与发达国家仍有较大差距。以乙烯和塑料为例,2021 年,我国乙烯当量消费量为 5884 万吨,人均 42 千克;到 2022 年,我国乙烯当量消费量增加到 6250 万吨,人均 45 千克,而美日等发达国家的消费水平是 70—90 千克/人。塑料消费方面,我国塑钢比仅为 30 ∶ 70,未达到世界平均水平(50 ∶ 50),远不及美国(70 ∶ 30)和德国(63 ∶ 37)。因此在未来很长一段时间,我国石化产品需求仍将处于稳定增长期,天津市发展石油化工及下游产业仍有较大发展空间。

4. 人才要素支撑作用显现

天津市地处于环渤海人才聚集区域，我国石油化工类高校中，排名较为靠前的中国石油大学、北京石油化工学院、天津大学化工学院、燕山大学等均坐落在此，众多石化产业研发机构和科研人才，为天津石化产业发展储备了较为雄厚的技术人力资源。天津石化产业产学研用协同发展体系不断完善，南港科创中心和中试基地建设进入快车道。截至 2023 年 7 月，南港工业区已经以企业为主体落地了 8 个中试基地，包括中石化北化院、石科院、中化学科研院等，总投资超 60 亿元。

（二）天津石化产业需要应对的挑战

1. 产业结构需进一步完善

天津石化产业结构性矛盾比较突出，产业链条有待延伸，突出表现在采油业务比重较大，炼化一体化程度较低，下游业务占比不足、高端化工新材料产能不足。天津市石油年产量可达 3000 万吨以上，而炼化能力只有 1500 万吨，在绿色石化产业链规上工业企业中，上游油气开采的 5 家企业 2023 年上半年产值占整个石化产业比重达到了 40% 以上。全国精细化工百强企业中，山东拥有 20 家，而天津仅有 2 家。

2. 自主研发能力亟须增强

天津石化企业的自主创新能力，特别是原始创新能力不强，缺少国际领先的自主知识产权、核心技术和专有技术。位于石化产业链上中游的“三桶油”生产企业在天津均是分公司，从事自主研发的动力不足，而石化行业属于资本密集型产业，企业推进智能化转型等创新突破的系统试错成本高，造成本地企业缺乏研发投入激励与主动性。中下游产品缺少自主开发的核心技术和核心产品，行业整体科研开发人才队伍不够完善，在转型发展中缺乏有力的技术支撑和保障。

3. 服务贸易功能有待加强

目前天津石化产品线多集中在低附加值的采炼端，石化产业的服务贸易功能没有得到有效开发。如在 LNG 能源方面，虽然拥有完善的 LNG 接收、存储、传输等基础设施,但尚未向交易和贸易方向延伸拓展。油气交易中心等商品类交易场所处于闲置状态,没有充分发挥作用。对比宁波舟山港,通过打造国际油气交易中心,为油气企业拓宽销售渠道、规避价格风险等服务,实现了从“不产一滴油”到初步形成“万亿级油气产业格局”的跨越。

4.“双碳”减排任务艰巨且紧迫

石化产业是碳排放大户,2022 年我国石化工业碳排放量占全国总排放量的 12%,推进石化产业结构和能源结构调整,减少碳排放量迫在眉睫。由于石化产业规模仍处于增长阶段,且现阶段 CCUS 技术尚未成熟,石化行业面临着实现碳达峰目标时间紧、任务重的情况,目前天津石化企业普遍存在装置能耗较高、污染严重等问题,节能减排压力较大,面临能耗指标、环境容量指标短缺的情况。

四 推动天津石化产业高质量发展的对策建议

(一)进一步完善石化产业链条

天津石化行业面临着原料与市场两头在外的局面,要促进采油、炼化和化工新材料企业间形成紧密的产业链条,以质量效益带动产业整体升级。一是夯实上游开采加工业务基础,围绕技术改造、产业配套等方面,推动上游石化产业持续发展。扩大原油加工规模,全力支持油气开采新技术的研发,主动协调地方资源满足其原料供应及试验需要,引导上游企业向智能管理、绿色环保、生产环节优化方向转型。二是推动绿色石化产业向下游延伸,强化产业聚焦,发挥龙头企业带动作用,重点引进和培育产业链条缺失的中下游高端新材料产业企业项目。以乙烯炼化一体化等龙头项目为引领,大力推动高端合成橡胶、合成树脂、合成纤维三大合成材料和精细化工产业发展,提升产品价值。

(二)构建石化产业协同创新体系

天津要以改革创新为根本动力,加快推进传统石化行业改造提升,加速石化化工产业质量变革、效率变革、动力变革,推动天津从石化大市向石化强市迈进。一是加强科技创新引领作用,加快打通产学研用等环节,引导科技创新服务链条形成有效合力,促进科技成果转化落地,整合高校、科研院所等各类资源,丰富成果转化供需主体,完善“政产学研用”联合攻关的体制机制。二是加强人才体系建设,加快出台有竞争力的引人引智政策,着力提升对石化行业基础领域的研究型人才、实现技术转化和落地应用的应用型人才、整合资源的政务型人才和具备园区、产业运营的策划型人才的吸引力,在住房保障、居住落户、子女教育、医疗保险、配偶就业等方面出台优惠政策,凝聚各方智力,拓展发展思路,以产业集聚人才,靠人才引领产业。

(三)培育发展民营石化企业

天津石化产业仍以央企和地方国企为主,市场主体结构单一,民营经济发展不够充分,民营经济在产业链中占比较低,制约了产业链的延伸。天津不仅要有规模优势的基础原材料企业,还要有众多上下游配套的关键产品和协同配套的民营中小石化企业。建议天津在精细化工和相关深加工等市场化程度高的领域,推动民营石化企业发展,出台民营石化企业发展优惠政策,鼓励民营企业创新发展,引导民营企业与科技机构联合组建研发中心,加强政府服务保障,优化民营经济营商环境,培育一批石化领域民营专精特新“小巨人”企业。

(四)提升石化产业服务贸易能级

利用好天津市自贸区和港口叠加优势,发展石化产业相关的服务贸易产业,推动货物贸易与服务贸易齐头并进。加快盘活油气交易中心等商品类交易平台,推动滨海新区建设国家大宗商品储运基地,依托南港港口码头的便利条件和现有 LNG 储运设施的优势,打造华北 LNG 接收和贸易中心,加快将“货物通道”升级为“经济走廊”。

(五)加大金融创新扶持力度

充分发挥自贸区政策优势,优化金融服务,用好产业基金,推动大宗石化商品期货市场联动发展,协调银行、基金、融资租赁等多类金融机构,加强园区建设、招商洽谈、企业融资服务等各阶段资金支持。推动政府与金融机构的深度合作,拓展政府融资渠道,同时企业集群打包金融需求整体洽谈,为企业提供优质、低息金融服务,服务石化产业发展。

(六)推动石化产业绿色低碳转型

协助企业规划生存发展与实现"双碳"目标的耦合发展路径,重点关注旧有工艺技术的绿色化升级改造和新型节碳技术的研发,推动天津石化工业绿色转型发展。加大对以废塑料为原料生产油品和聚烯烃企业的支持力度,减少碳排放、碳足迹,提升环境容量。鼓励企业加大 CCUS 技术发展研究和在炼化装置低浓度二氧化碳低成本捕集技术研发,在二氧化碳加氢制甲醇、芳烃,直接酯化制碳酸酯/环碳酸酯、羧基化反应制羧酸/羧酸酯等技术应用方面加大政策扶持力度,支持二氧化碳化工发展,进一步提升绿色石化品质和石化产业环境容量发展空间。

(七)筑牢安全生产保障

天津石化产业在高质量发展过程中,要始终把安全保障放在重要地位。一是加快推动化工企业入园,引导城镇区域化工生产企业,尤其是人口稠密区和环境敏感区的产业逐步向南港工业区集聚转移。二是南港工业区要进一步加强安全应急管理,提高安全准入门槛,构建安全风险分级管控体系,强化隐患排查工作,建立完善的事故预防和监管机制,充分保障园区安全稳定生产。

参考文献:

［1］陈梦桑、黄山:《国外石油市场政策从管制到放开的实践与启示》,《财经界》2021年第4期。

［2］冯保国:《能源安全中的能源金融问题》,《国际石油经济》2023年第5期。

［3］郑倩:《中国石油化工行业现状分析及发展建议》,《当代石油石化》2023年第7期。

［4］天津地方志编修委员会:《天津年鉴2022》,《天津年鉴》编辑部出版,2023。

［5］尹冰晶、战旗:《南港工业区阔步迈向世界一流化工基地行列》,《滨城时报》2023年10月2日。

天津汽车产业发展研究报告

尹晓丹　天津市经济发展研究院经济师

摘　要： 天津作为国家最早定位的重要汽车生产基地，目前已构建起涵盖整车开发、核心零部件生产、动力电池、控制系统和试验检测等完整产业链条的现代化产业体系。天津汽车产业发展集聚能力不断提升，产业链供给能力稳步提高，产业创新体系不断完善，新能源汽车和智能网联汽车等新业态发展迅速。为进一步推动汽车产业电动化、网联化、智能化发展，应对传统燃油车市场转型、新能源汽车市场竞争加剧的挑战，需推动产业链补链强基，提升产业发展能级；加快新能源汽车、智能网联汽车发展，打造汽车产业发展新优势；推动整车与零部件企业协同发展及产业链协同创新，提升产业链韧性；优化汽车消费和使用环境，完善政策保障，构建新型产业生态。

关键词： 汽车产业　新能源汽车　智能网联

党的二十大报告强调要加快建设交通强国、数字中国，新能源汽车和智能汽车在绿色交通、智能交通中扮演着重要的角色。汽车产业作为国民经济的支柱产业，是我国加快推进新型工业化、建设制造强国的重要支撑。汽车产业是天津市主导产业之一，推动汽车产业高质量发展，是实现“一基地三区”战略定位的必然要求，是实现“制造业立市”的必经之路。

一　天津汽车产业发展现状及趋势

（一）产业集聚能力不断提升

1. 产业集中度不断提高

全市汽车产业链主要集中在滨海新区、西青区、东丽区、武清区、静海区和津南区六个区域。天津经济技术开发区是天津滨海新区汽车产能的主要承载地，是整车和核心零部件企业的主要聚集区域，汽车产业产值占全市比重70%，整车产量占比超过90%，是全国汽车产业新型工业化产业示范基地。西青区作为原一汽夏利和一汽丰田的发源地，是零部件和智能网联汽车企业的主要聚集地。武清区主要承接北京溢出产业，是北京奔驰配套零部件的重要聚集区。东丽区依托中国汽车技术中心有限公司，聚集了新能源汽车核心零部件制造及科技研发类企业近50家，承载新兴领域的科技创新、投资孵化以及世界智能驾驶挑战赛。静海区依托子牙经济循环区，聚集了一批汽车报废拆解和再制造企业。津南区依托海河教育园和国家会展中心，成为天津汽车全产业链人才培养摇篮、成果转化基地以及汽车会展承办地。

2. 产业链配套逐渐完善

天津是我国重要的汽车生产基地，已形成从整车制造、核心零部件、新能源和智能网联汽车、产业服务到科研人才的完整产业生态，构建起涵盖整车开发、核心零部件生产、动力电池、控制系统和试验检测等完整产业链条的现代化产业体系。在整车制造领域，聚集了一汽丰田、一汽大众、长城汽车三大品牌，形成了稳健发展的产业格局。在新能源汽车领域，形成了从动力电池、电机电控、汽车零部件到整车制造以及汽车金融、汽车售后服务等配套领域的全产业链布局。汽车工业企业超1000家，2023年1—5月，汽车制造业规模以上工业增加值同比增长14.9%，5月份当月同比增长46.8%，汽车及新能源汽车产业链规模以上工业总产值990.3亿元，占全市规模以上工业总产值的11.7%，同比增长14.2%。产业服务领域，拥有国家级汽车综合性技术服务机构中国汽车研究中心有限公司和全国最大的汽车工厂建设总包商。市场销售领域,保税港区作为全国最大平行进口汽车集散地,目前天津平行进口车市场占全国比重接近90%。2023年中国汽车产业发展(泰达)国际论坛成功召开,打破传统车展模式,成为集展览、销售、体验、娱乐、互动游戏、学术交流等于一体的汽车服务闭环生态。

(二)产业供给能力稳步提高

1. 整车生产集中度突出

整车生产以乘用车为主,且产量主要集中在三家整车车企。截至2022年底,天津整车建成产能为120.6万辆,其中乘用车产能119万辆,占比为98.67%,商用车产能1.6万辆。整车产能较2021年减少15万辆,主要原因在于按照国家汽车产业投资管理有关规定,天津博郡15万辆产能整体退出。受疫情和芯片短缺影响,2022年整车产量为79.56万辆,产能利用率为65.97%,其中乘用车产量为79.56万辆,产能利用率66.86%。乘用车产能利用率高于全国,2019—2022年,天津市乘用车产能利用率分别为84.94%、90.92%、69.40%、66.86%,高于全国平均水平(53.74%、48.45%、52.47%、54.48%)。天津共有整车生产企业6家,整车产量主要集中在一汽丰田、一汽大众、长城汽车三家整车企业,合计占比99.63%。其中一汽丰田建成产能50万辆,整车产量50.63万辆,产能利用率101.27%;一汽大众建成产能30万辆,整车产量18.97万辆,产能利用率63.22%;长城汽车建成产能30万辆,整车产量9.66万辆,产能利用率32.21%。

2. 零部件配套企业多元资本并存

在一汽丰田、一汽大众、长城哈弗以及周边北京奔驰等中高端整车带动下,天津形成了以日、德、韩外资为主,民营健全,多元资本并存的零部件配套体系,规模以上零部件企业超300家,集聚了大众自动变速器、艾达变速器、一汽丰田发动机、锦湖轮胎等一批世界级关键零部件企业。其中,底盘和车身领域,电装(天津)车身零部件、均胜汽车安全系统、立中车轮、爱信零部件、天汽模等重点企业,生产的汽车模具、高性能轮胎、白车身等产品畅销国内外。汽车电子领域，电装电子、纬湃汽车、恩智浦的发动机控制器、汽车电子控制单元、车规级芯片等产品处于领先水平。动力系统领域，天津新伟祥工业是全球涡轮增压器壳体行业头部企业。新能源核心零部件领域，力神电池、捷威动力、西门子法雷奥、电装电机等“三电”企业处于国内外领先水平。

（三）产业创新能力不断提升

1. 创新体系不断完善

研究机构方面，拥有中国汽车研究中心有限公司和中国汽车工业工程有限公司两大“国家队”企业。其中，中汽中心是国家级汽车综合性技术服务机构，在检测认证、共性及前瞻技术、标准法规、智库咨询等领域全球领先；中汽工程是全国最大的汽车工厂建设总包商，焊装、涂装、总装生产线装备供货等核心业务处于全球领先地位。院校人才方面，天津大学拥有唯一的内燃机领域国家级重点实验室，军事交通学院在智能网联汽车领域已走在全国前列，南开大学等 6 所科研型大学以及中德应用技术大学等 9 所高职院校均开设了汽车相关专业。2023 年，中国汽车芯片标准检测认证联盟在天津经开区正式成立，推动中国汽车芯片标准建立，打造全国汽车芯片检验检测新高地。企业研发方面，拥有清源电动车研发中心、一汽技术中心天津分公司等内资汽车研发机构及斯坦雷电气、松下汽车电子、一汽丰田研发中心等外资独立研发机构。

2. 科技创新成果显著

研发投入不断增加，科技创新取得重要成效。2022 年，天津汽车和新能源汽车产业链在链企业研发费用 31. 47 亿元，同比增长 51. 3%，较 12 条重点产业链增速高 33. 3 个百分点。在链服务业企业研发费用 7. 34 亿元，同比增长 60. 9%。一汽大众华北基地逐步成为智能制造样板基地、绿色生态标杆工厂。天津中科先进院研发的“轻质电动汽车动力电池包”荣获第 23 届中国国际高新技术成果交易会“优秀产品奖”。全国首辆纯太阳能汽车——“天津号”，打造制造业发展新标杆。天津一汽丰田 TNGA 平台发动机热效率高达 41%，世界领先，大众 DSG 系列双离合自动变速器传动效率、稳定性与耐用性位居全球前列。

(四)产业新业态加快发展

1. 新能源汽车发展态势持续向好

天津是国内第一批新能源汽车科技专项的集中承载地区和产业化示范地区,已经形成涵盖整车开发、动力电池、控制系统和试验检测等较为完善的产业体系,涵盖乘用车、客车、载货车、专用车全类别产品,汇聚了力神电池、捷威动力、西门子法雷奥、电装电机等国内外领先的“三电”企业,以及中汽中心、中电科十八所等试验检测科研机构。大力推进新能源汽车发展,2015 年起,持续引入国能、博郡、爱康尼克等新能源车企。新能源汽车市场认可度提升,销量持续增长,渗透率不断提高。2022 年,新能源汽车零售额同比增长 1 倍。2023 年 1—6 月,天津限额以上汽车类商品零售额同比增长 13.1%,高于全国 6.3 个百分点。其中,新能源增长 61.8%,高于全国 20 个百分点以上。2023 年 6 月,新能源车单月销量破万,渗透率超过 30% 以上。2022 中国(天津)国际汽车展览会上,展车中新能源车占比近三分之一。

2. 智能网联汽车发展迅速

天津是全国第二家获批车联网先导区的城市,天津(西青)先导区是北方唯一的国家级车联网先导区。天津(西青)先导区已构建涵盖环境感知、决策控制、系统集成以及测试评价等的产业支撑体系,聚集了包括经纬恒润、蘑菇车联、东华软件、中科慧眼等一批重点企业,形成了标准先行、研发创新、孵化培育的发展模式。智能网联汽车标准认证评价体系建设取得重要成效,上线基础数据服务平台,建设完成先导区车路协同全息感知环境一期工程,参与 10 多项国家标准的研制。多家企业联合起草《天津(西青)车联网先导区技术标准与实践白皮书》,梳理总结车联网发展经验。智能网联汽车应用场景不断丰富,涉及交通安全、交通效率、信息服务等方面,如无人物流车、智慧零售车、智能巡逻车、拥堵感知等。智能网联渗透率不断提高,一汽丰田、一汽大众、长城哈弗等工厂已基本实现中高端车型自动驾驶 L2 级别全覆盖。

二 天津汽车产业发展面临的挑战及存在问题

（一）面临的挑战

1. 传统燃油车市场面临转型

我国汽车正向智能化、网联化、电动化、共享化“新四化”特征迈进，且随着环保意识的提高和新能源技术的发展，传统燃油车面临巨大挑战。首先表现为智能化、电动化、互联网技术等快速发展，对传统汽车制造商提出了新的技术要求和竞争压力。其次是传统燃油车面临着新能源汽车的严峻挑战。各国政府对碳排放的限制越来越严格，各国政府积极推广新能源汽车，以减少碳排放。随着新能源技术的进步，新能源车的续航性能和电池安全性得到很大提升，市场上出现纯电动汽车、混合动力汽车、燃料电池汽车等多种新能源汽车，以其低维护成本、低噪音等优势，受到消费者青睐。此外，政府通过税收优惠、补贴等政策手段，鼓励消费者购买新能源汽车，新能源汽车正在逐渐挤占传统燃油车的市场份额。目前燃油车市场供给侧产能饱和、成本控制和利润率都已经达到成熟程度，叠加油价高涨，燃油车面临巨大转型压力。2022 年比亚迪宣布停止燃油汽车整车生产，专注于纯电动和插电混合动汽车业务，成为国内首个宣布停产燃油车的车企。

2. 新能源汽车市场化竞争加剧

新能源汽车全面市场化进程加快，2023 年，历时 13 年的新能源车购置补贴退出市场，“国六”排放标准进入 B 阶段。新能源汽车市场竞争更加激烈。一是新能源汽车市场更加成熟，对小企业的淘汰加剧。中国新能源汽车市场已经成为全球最大市场，市场规模和增长速度都远超其他国家，新能源汽车产销量连续 8 年位居全球第一。二是造车新势力不断加入，宝马、奔驰、奥迪等传统车企加速新能源布局，特斯拉、雷克萨斯等国际品牌强势入市，新能源汽车行业竞争激烈。2023 年，新能源汽车市场经历多轮降价，主要是由于原材料价格的回落及芯片问题的缓解，而其背后是中国新能源汽车市场的转型升级，通过价格调节机制实现优胜劣汰。新能源汽车销量逐渐向头部企业聚集,马太效应越发显著。根据乘联会数据,2023 年 1—8 月中国新能源汽车零售销量前十厂商零售额合计 352.57 万辆,其中比亚迪汽车零售销量 162.7 万辆,占比 46.15%,取得绝对优势,排名第二的特斯拉中国销量为 39.02 万辆。

(二)存在问题

1. 产业规模与先进省市存在差距

整车产量与先进省市存在差距,新能源汽车占比偏低。2022 年,全国汽车产量为 2747.6 万辆,同比增长 3.4%,超过百万辆的省份共有 10 个,广东省、上海市、吉林省产量位居全国前三,产量分别是 415.37 万辆、302.45 万辆、215.58 万辆,合计占全国汽车生产比重为 33.97%。天津市汽车产量为 60.32 万辆,同比下降 18.53%,排全国第 16 位,占全国比重为 2%,产量仅为排名第一的广东省的 14.52%,是上海汽车产量的 19.94%、重庆的 28.84%、北京的 69.25%。天津市新能源汽车产量 2.11 万辆,占全国(700.3 万辆)比重 0.3%,与排名前三位的广东(129.7 万辆)、陕西(102 万辆)、上海(99 万辆)差距较大。2023 年 1—6 月,天津汽车产量为 42.11 万辆,占全国比重为 3.21%,新能源汽车 3.19 万辆,占全国比重为 0.88%,是上海产量的 5.22%、重庆产量的 21.01%。

表 1　2023 年 1—6 月份直辖市汽车及新能源汽车产量对比情况

城市	汽车产量(万辆)	占全国比重(%)	新能源汽车产量(万辆)	占全国比重(%)
天津	42.11	3.21	3.19	0.88
北京	50.29	3.84	2.33	0.65
上海	96.2	7.34	61.15	16.94
重庆	104.76	8.00	15.18	4.20

资料来源:根据网络资料整理。

2. 企业自主权缺失

车型生产缺乏自主权,热销车型较少。从企业性质看,天津三家主要整车制造企业,一汽大众、长城汽车在天津仅是非独立法人的制造工厂,无自主生产权;一汽丰田汽车有限公司为独立法人企业,但缺乏独立完整的研发机构,其车型导入基本靠日方提供。由于缺少车企总部和研发总部,天津车企对车型自主决策能力受限,热门车型较少。一汽大众销量较高的宝来、速腾、迈腾等车型,长城汽车销量较高的海豚、哈弗 H6 等车型,均未能在天津排产。2023 年 8 月,全国共有 33 款轿车、24 款 SUV 月销量过万,天津生产的车型仅有卡罗拉、探岳销量过万。

3. 零部件本地配套率低

整车企业公用交集零部件供应商较少,本地配套率低。在传统燃油车领域,天津基本建立了比较完整的配套体系,但是全市汽车零部件自主配套率仅为 50% 左右,与接近 90% 的长春、上海、广州,以及与接近 70% 的重庆、武汉、北京相比,仍处于较低水平。天津三大整车企业供应商本地化率较低,一汽丰田、长城汽车、一汽大众在津供应商本地化率分别为 60% 、21% 、19% 。核心零部件企业数量较少,缺少新能源“独角兽”企业。全市零部件上市企业仅有天汽模、鹏翎股份 2 家,与上海的 17 家差距明显,且近 10 年来未有一家汽车新股上市,未诞生一个“独角兽”企业。

表 2　2022 年直辖市零部件上市企业

城市	零部件上市企业
天津	天汽模、鹏翎股份(2 家)
北京	京威股份、精进电动、亿华通(3 家)
上海	华域汽车、科博达、动力新科、岱美股份、保隆科技、东风科技、申达股份、松芝股份、新朋股份、肇民科技、徕木股份、超捷股份、华培动力、联明股份、北特科技、上海沿浦、凯众股份(17 家)
重庆	万里股份、建摩 B、秦安股份、蓝黛科技、溯联塑胶、美利信科技(6 家)

资料来源:根据网络资料整理。

4. 新兴领域布局发展较慢

天津汽车产业智能化水平不足,在车载操作系统、激光雷达、域控制器等关键前瞻性领域发展较慢。天津汽车零部件企业多集中于汽车模具、轮胎、涂料、内饰等领域,虽有部分发动机、变速器企业,但多数为本系列车企配套,行业带动作用不强。且针对未来发展方向的电动化、网联化、智能化等新能源汽车核心零部件企业较少。引育的新能源车企项目,进展缓慢,天津博郡已于2022 年 9 月注销资质,恒大新能源 2022 年产量为 958 辆,天津清源产量为 0。新兴的氢燃料电池汽车产业面临缺乏重卡应用场景、产业顶层设计、加氢站审批制度及氢燃料重卡路权不明确等问题。

三 促进天津汽车产业发展的对策建议

(一)提升产业发展能级

强化整体统筹,助力企业做优做强。支持龙头企业做大做强,充分发挥龙头企业的带动支撑作用。主动对接服务龙头企业,聚焦企业发展形势和诉求,及时解决企业生产、运营等方面难题。完善“一企一策一台账”制度,动态更新产业图谱,依托龙头企业大力引进研发机构、配套企业、关联项目。树立品牌意识,提升品牌形象。做大做强自主汽车品牌,支持清源电动、恒大新能源等新能源汽车企业发展,鼓励企业提炼品牌特色,强化品牌符号及文化内涵。支持一汽丰田、一汽大众、长城汽车等企业制度品牌向上计划,提炼并升级内在要素,夯实品牌发展基础。加强与整车企业总部对接,推动更有市场竞争力车型、新车型向天津工厂倾斜。推动整车企业增扩在津研发销售功能,提升天津整车企业研发、销售功能。

加强招商精准度,助力产业链补链强基。围绕天津产业链供应短板,加大力度招引具有国际配套能力的龙头零部件企业落地;围绕新能源汽车和智能网联车,在新能源动力系统、电器系统、智能网联汽车决策感知执行网联等关键设备领域开展重点招商,构建具有天津特色的产业和供应体系。鼓励具有较强实力优势整车生产企业加大在津布局，积极引进全国性总部或区域总部项目。支持整车企业在天津布局新能源汽车项目，推动整车企业成立新能源汽车销售公司，积极引入国内整车头部企业来津布局新能源汽车生产基地。学习借鉴浙商“四千”精神，做好项目招引工作。深入挖掘中国汽车产业发展（泰达）国际论坛的行业影响力，打造汽车产业论坛专属名片，吸引一批带动作用强的生态主导型龙头企业来津发展。

（二）打造汽车产业发展新优势

推进新能源汽车快速发展。提升新能源汽车零部件配套能力，支持动力电池、电机、电控等“三电”核心部件发展，推动汽车芯片生态建设。围绕动力电池、自动驾驶、共享出行等前沿领域和新兴业态，培育一批“专精特新”“小巨人”企业，提升产业链整体竞争能力。加快推进新能源商用车发展，支持清源汽车加强纯电商用车型研究生产。有序布局氢燃料供给体系，加快完善加氢站设计、建设及运营的管理规范和建设标准。推进氢燃料电池汽车示范运行，重点推进氢燃料电池汽车在公交车、物流车等领域的示范运行。加快氢燃料电池商用车发展，布局推动“甲醇＋电”商用车新产业

加快智能网联汽车发展。全面推进天津（西青）国家级车联网先导区建设，加快推进智能网联汽车规模化应用。规划设计智能网联汽车封闭实验场地，积极稳妥推出更多智能网联测试应用场景，推动“车路云网图”一体协同发展。加强车网互动技术创新与应用，依托中汽研、滴滴出行等平台企业，推动车载导航、自动驾驶系统、驾驶辅助系统相关电子产品发展。提升激光雷达、毫米波雷达、高清环视摄像头、线控底盘等汽车电子领域的竞争力，构建涵盖环境感知、决策控制、系统集成的智能网联产业支撑体系。

（三）推动产业链高效协同

推动整车与零部件协同发展。在汽车的电动化、智能化、网联化零部件中补齐短板，形成就近配套和汽车“三化”零部件相结合的局面。强化常态化产业链上下游撮合对接，鼓励龙头整车企业开放零部件供应体系，推动汽车设

计、零部件企业与整车企业加强合作,深度介入整车企业新车型的研发、设计到量产等各个环节,加速提升相关企业的本地配套率,畅通产业循环和市场循环,打造产业链良好生态。借鉴安徽经验,打造零部件供需对接平台,动态发布产品、技术、资金等供需信息,打造新能源汽车产业公共服务平台,常态化开展成果发布、专题研讨、技术交流、供需对接、直播互动等多种活动,推动整车企业、零部件企业、后市场企业、科研机构、金融机构等高效精准对接。

推动产业链协同创新。实施重大科技专项,支持车用操作系统、新体系动力电池、氢燃料电池发动机、驱动电机等关键技术研发,夯实产业链创新基础。依托中汽中心行业领先地位和技术研发优势,打造科技创新和投资孵化平台,构建汽车领域具有全国影响力的国家级检测认证基地、标准制定基地和落地应用基地。依托一汽丰田龙头车企,加快推进一汽丰田汽车研究院建设。全面落实汽车创新人才引进培育工程,支持企业与高等院校、科研机构加强合作,推动与汽车知名高校合作建设汽车特色学院;引进和培养软件架构师、车规级芯片设计师、卓越工程师等紧缺高级人才,以及汽车软件、轻量化和电池原材料等基础研发人才;孵化科技型初创企业、创新团队,培育领军型、成长型、初创型企业家。

(四)构建产业发展新生态

优化汽车消费和使用环境。完善配套基础设施体系,加快充换电服务网络建设,推进公共领域电动化,加快新能源汽车推广应用。建设互联互通智能交通环境,逐步推进城市道路基础设施信息化、智能化、标准化建设,完成交通信号、交通标识标线、道路视频监控等设施智能化改造。推动智能汽车与智慧交通基础数据的融合应用,打造高效发达、广泛便捷一体化智慧路网。强化汽车后市场服务,完善汽车流通服务体系,支持汽车服务业多元创新,推动电子商务与汽车产业协同发展,推动汽车租赁企业发展。依托中国(天津)自由贸易试验区政策优势,打造汽车平行进口全产业服务链和二手车出口全产业链市场体系。

创新政策服务环境。严格落实国家各项支持政策,用足用好天津制造业高质量发展专项政策。建立多元化融资平台，构建汽车产业资本支撑体系。积极争取国家政策资金支持，创新财政支持方式，发挥海河产业基金、滨海新区产业基金、天使投资引导基金等政府基金的引导作用，加快吸引在上海、深圳、北京等地具有投资汽车领域经验的各方资本。完善要素保障，继续深化“放管服”改革，搭建招商引资项目服务“绿色通道”，高质量服务招商引资工作。

参考文献：

［1］李易文、薛雪：《“新四化”趋势下汽车后市场高质量发展路径研究》，《经营与管理》，10.16517/j. cnki. cn12-1034/f. 20221031. 013。

［2］石雅芳：《京津冀协同发展战略下天津汽车制造业竞争力分析》，《现代商贸工业》2022 年第 13 期。

［3］《促进新能源汽车产业高质量发展推动落实新理念向汽车强国迈进——全国政协“促进新能源汽车产业健康发展”双周协商座谈会发言摘登》，http://www. cppcc. gov. cn/zxww/2018/11/13/ARTI1542069437153218. shtml。

［4］《智能网联如何改善交通出行体验？天津（西青）先导区给出了答案》，https://baijiahao. baidu. com/s? id = 1731346563793544781&wfr = spider&for = pc。

［5］《我国新能源汽车具备国际竞争力》，https://baijiahao. baidu. com/s? id = 1748788861084371521&wfr = spider&for = pc。

天津生物医药产业发展研究报告

王子会　天津市经济发展研究院经济师

摘　要： 生物医药产业是天津市打造“1+3+4”现代工业体系的重要板块，是12条重点产业链条之一，也是经济高质量发展的重要依托。天津市生物医药产业增速稳步提升，细分领域特色鲜明，创新资源丰富多元，产业集聚效应显著，产业投资持续增长，但也存在产业规模较小、成果转化效果弱等问题。为加快全市生物医药产业的提质增效，应加快提升生物医药原始创新能力和核心攻关，持续推动关键核心技术研发转化，培育扶持领军企业，不断优化产业生态。在生物经济重要性不断增强的背景下，天津持续推进稳健有力的产业政策，预计“十四五”末期，天津生物医药产业将实现跨越式发展。

关键词： 生物医药　研发创新　智能化

一　天津生物医药产业发展现状

生物医药产业作为天津八大优势支柱产业之一，在“链长制”的带动下发展较快，吸引了众多生物医药创新资源的聚集，形成了具有天津特色和优势的重点领域。

（一）产业规模稳步提升

在天津市重点打造的12条产业链中，生物医药产业链表现突出，2022年生物医药产业链规模以上工业增加值增速为7.6%，高于全市规模以上工业增速8.6个百分点。从经营效益看,2022年,天津生物医药产业链实现累计营业收入813.7亿元,增速为9%,高于产业链平均水平0.8个百分点;实现累计利润总额90.11亿元,实现累计税金26.64亿元,增速为25.4%。2023年1—7月,天津市生物医药产业链规上工业总产值401.3亿元,占全市规上工业比重为3.3%。生物医药产业链规模以上工业增加值同比增长5.3%,高于全市平均增速1.8个百分点,上拉全市规模以上工业0.3个百分点,占全市规模以上工业增加值的5.4%。其中,制药子链同比增长11.7%,拉动全市规模以上工业0.5个百分点,占全市规模以上工业增加值的4.1%;生物制造子链同比增长3.5%,占全市规模以上工业增加值的0.7%;医疗器械子链同比下降27.1%,下拉全市规模以上工业0.2个百分点,占全市规模以上工业增加值的0.6%。

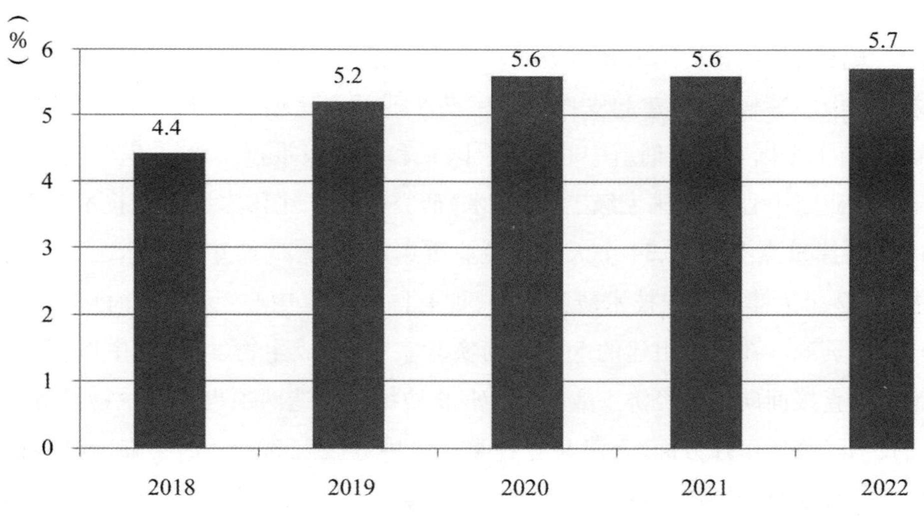

图1　天津市医药制造业增加值占规模以上工业的比重

数据来源:天津市统计年鉴。

(二)细分领域特色鲜明

天津发展生物医药产业拥有较好的基础优势,已经在生物医药的多个细分领域储备了一批创新型成果和代表性产品,部分实现全球领先、国内替代,是进一步发展天津生物医药产业的有力支撑。其中,诺和诺德胰岛素生产规模亚洲最大,津药药业建成全球最大的皮质激素和氨基酸原料药生产基地。康希诺公司研发我国首个埃博拉病毒疫苗,与军事科学院联合研发的 Ad5-nCoV 腺病毒载体新冠疫苗是全球为数不多的单针有效疫苗。合源生物 CNCT19 细胞注射液获得美国 FDA 授予"孤儿药"资格,有望成为首个上市的自主知识产权靶向 CD19 CAR-T 产品。天士力丹参滴丸成为全球首例完成美国 FDA Ⅲ期随机、双盲、全球多中心大样本临床试验的复方现代中药制剂。赛诺医疗研发的可降解冠脉支架填补了我国生物医药领域的空白。中国科学院天津工业生物所形成一批具有前沿性技术和爆发性前景的自主创新产品,在人工合成淀粉方面取得重大颠覆性、原创性突破。

(三)创新资源丰富多元

天津市依托各类国家和市级创新平台、部属和市属高校重点学科、医疗临床研究中心等载体,构建起支撑生物医药产业的丰富创新资源。平台布局方面,拥有 1 个国家技术创新中心、19 个国家和部委级重点实验室、3 个国家临床医学研究中心、6 个国家级工程(技术)研究中心、7 个国家级企业技术中心、48 个天津重点实验室、34 个天津市企业重点实验室、25 个市级临床医学研究中心、27 个天津市工程技术研究中心,拥有国家超算中心"天河"计算机等科技战略资源。在已经组建的 5 个海河实验室中,合成生物学、现代中医药、细胞生态直接面向生物经济主战场,信创、物质绿色创造两项也涉及生物经济底层技术。临床医疗方面,天津共有各类三级甲等医院 32 家,药物临床试验机构 68 家,建有全国唯一的血液学国家重点实验室、国内规模最大的肿瘤防治研究基地、国内最大的一期临床试验基地、亚洲规模最大的器官移植中心等。

(四)产业集聚效应显著

经过多年布局,天津市生物医药产业在空间分布上已基本形成滨海新区为龙头,环城及周边各区多点散布、特色发展的产业格局。滨海新区生物产业规模以上工业企业数量、产值规模约占全市的半壁江山,是外资龙头最密集、本土企业最活跃、在建项目最集中、产业生态最完备的区域。功能区产业布局各具特色，其中经开区是天津目前生物医药产业规模最大、供应和配套能力最成熟的板块，拥有国际生物医药联合研究院等创新平台，在疫苗、医疗器械、生物制品、化学药、医药研发服务、医疗信息化、功能食品等产业发展上基础扎实。保税区目前已集聚了以瑞普生物为代表的生物制药板块，以华大基因、爱迪康为引领的基因检测板块，以北合科技、艾地盟为代表的生物制造板块等。区内正在以合成生物学国家技术创新中心为核心，加快布局生物制造"四基三链"产业布局。高新区依托海泰渤龙产业园、生物医药创新中心等载体，布局创新药物、细胞产品、医疗器械、医药服务等方向。特别是在细胞和基因治疗领域，正打造"细胞提取制备、存储、质控检验、研发生产、应用转化、冷链物流"全产业链。

（五）产业投资持续增长

生物医药产业具有高技术、高投入、长周期、高风险、高收益、低污染的特征，生物工程药物的利润回报率很高。因此近几年来，全球及中国医疗健康领域投融资如火如荼，生物医药市场的投融资规模呈增长趋势。天津市生物医药产业链投资也保持持续增长态势，并对整体产业产生了较为明显的拉动效应，为天津生物医药产业的持续发展提供了直接动力。生物医药产业在天津重点发展的 12 条产业链中表现优异。2022 年生物医药产业链完成投资 55.01 亿元，投资同比增长 17.7%，在建项目 157 个，同比增长 10.6%。从子链投资方面来看，化学药本年完成投资 12.27 亿元，同比增长 23.1%，在建项目 35 个，同比下降 18.6%；生物药本年完成投资 14.14 亿元，同比增长 36.2%，在建项目 29 个，同比增长 52.6%；高端医疗器械本年完成投资 10.25 亿元，同比增长 10.5%，在建项目 43 个，同比增长 13.2%；生物制造产业链全年完成投资 7.76 亿元，同比增长 18.7%，在建项目 20 个，同比增长 66.7%；医药服务业全年完成投资 10.59%，在建项目 30 个，与 2022 年持平。

二 天津生物医药产业发展存在的不足

(一)产业体量尚未形成规模优势

近年天津生物医药产业发展虽然取得了较好的成绩,但对标国家生物医药规划趋势和国内先进省市现状,天津生物医药产业规模较小,2022 年天津市生物医药产业产值规模 875.42 亿元,其中占生物医药产业主体的医药制造业产值排在各省市第 17 位,而北京、上海、苏州等城市的生物医药产业产值已破千亿元。除此以外,天津生物医药产业新兴企业较少,行业整体新增长点不足,创新药物、细胞和基因治疗等新兴领域尚需培育,长远发展动力仍需加强。

(二)缺乏生态主导型龙头企业

龙头企业是支撑产业经济指标的主要力量,天津生物医药产业在重点企业方面,拥有以诺和诺德、施维雅、葛兰素史克、大冢制药为代表的外资药企,以天士力、红日药业、津达仁堂(原中新药业)、康希诺、凯莱英、九安医疗、正天医疗为代表的本土企业。然而从企业结构方面来看,外资企业产值占比较高,但研发多不在津设立,对产业持续发展和创新带动不足。本土企业能有效引领上下游资源集聚和产业生态建设的领军企业较少,高成长性企业偏少。缺少标志性领军企业和高成长企业,产业生态缺乏新引力,政府资本依赖性较强。

(三)创新资源向生产力转化不足

从天津生物医药产业发展现状来看,还存在研发端和产业端衔接不紧密的问题,产业研发成果本地转化效率较低,技术、成果和创业企业流失问题凸显。天津院校在国家科研体系中占有重要位置,但与深圳、上海等相比,还缺少能带动生物医药成果转化落地的产业主体,缺少聚焦制药、器械、材料等垂直领域的生物技术企业群体。此外,高校、科研院所与企业间研发联系不够紧密，产学研合作效果尚不理想，企业不愿在研发的早期阶段介入，倾向于接受比较成熟的、能立即投入生产的新药证书或低风险的临床批件等，从而导致很多项目在研发阶段缺乏资金支持而被迫中止。

（四）融资活跃度有待进一步提升

产业融资活跃度是产业活跃程度的体现，也在一定程度上反映地区的融资环境。2023 年上半年，全国生物医药领域（不算拟收购、被收购、定增、挂牌上市）共发生融资事件 453 起，累计金额 402.38 亿元。其中天津市融资数量 6 起，融资金额 3.15 亿元，排在第 10 位，与上半年融资事件主要分布地区江苏省（115 起）和广东省（80 起）相比还有一定的差距。从融资金额来看，平均单起融资金额较低，与广东、上海等省市的融资金额差距较大。在产业融资方面天津还有比较大的发展空间。

表 1　2023 年上半年融资事件分布情况

数量排名	地区	数量（起）	融资金融（亿元）	单起融资金额（亿元）
1	江苏省	115	72.29	0.63
2	广东省	80	56.39	0.70
3	上海市	68	117.67	1.73
4	浙江省	62	43.72	0.71
5	北京市	59	32.22	0.55
6	四川省	14	12.85	0.92
7	湖北省	11	8.46	0.77
8	安徽省	9	26.03	2.89
9	山东省	8	3.22	0.40
10	天津市	6	3.15	0.53

三　生物医药产业发展趋势

(一)国内外生物医药产业发展趋势

全球生物医药产业发展势头强劲。近年来,全球生物医药发展迅猛,被称为21世纪最具前景、最为重要的产业之一。世界主要国家纷纷聚焦生物医药和大健康产业,通过聚焦关键核心技术和关键产业链条,加速抢占生物医药技术发展的制高点。生物医药产业整体上呈现潜力大、智能化、全链条和创新引领发展之势。沙利文(Frost & Sullivan)医药健康产业白皮书显示,2021年全球生物药市场规模3366亿美元,占医药市场比重24%,其中2022—2026年生物药年复合增长率预测11.9%,显著高于行业整体增速。

生物经济热潮为生物医药产业发展提供重要机遇。生物经济是继农业经济、工业经济、信息经济的第四种经济形态。近年来,生物经济展现出巨大发展潜力,在推动经济社会转型与发展中发挥着越来越重要的作用,在技术创新、供给需求、资源保障、治理体系等领域呈现新特征。全球各主要经济体相继提出生物经济战略,不约而同地把生物产业作为主导产业来培育。生物医药产业作为目前生物经济占比最大的细分领域,已成为全球生物经济发展的战略必争之地,根据赛迪《2022年中国生物经济发展研究报告》,2021年国内生物经济整体规模达18.4万亿元。其中核心生物产业为6.1万亿元,2006—2021年复合增长率超过16%,占GDP比重由2.7%提高到5.3%,主要板块中,生物医药占比30.7%。可见生物医药产业既是我国生物经济的未来产业,也是我国产业发展的战略选择。

(二)天津生物医药产业发展趋势

在制造业立市战略的带动下,生物医药产业已成为天津生物经济架构中规模最大、增长最快的板块。天津“十四五”规划纲要中将生物医药产业纳入现代工业产业体系中的新兴产业,“十四五”期间打造国内领先的生物医药研发转化基地，并提出到2025年，形成1000亿级产业集群。《天津市生物医药产业"十四五"规划》提出重点打造"双城多区五集群"的生物医药产业发展格局，重点建设"滨城"生物医药产业聚集核心区，"津城"中心两区、环城四区与外围三区生物医药重点区，形成"龙头引领、园区支撑、跨区聚集、全域发展"的生物医药产业空间布局新格局。此外，依托天津12条重点产业链培育工作，天津制定了《天津市生物医药产业链工作方案》，实施市领导挂帅的"链长制"，深入推进生物医药产业链提质增效。因此，在产业基础和政策支持的双重保障下，到"十四五"末期，天津生物医药产业发展必将取得显著进展。

四　促进天津生物医药产业发展的对策建议

（一）提升生物医药原始创新能力和核心技术攻关

支持关键技术和产品创新。突破新一代基因操作技术、组学技术、酶工程、过程工程技术等关键技术，建立生物制造核心菌种与工业酶创制关键技术体系，促进化学原料药生物合成、植物天然产物、可再生化工材料、未来食品制造、二氧化碳生物转化利用等关键技术和产品开发。支持进口替代、临床急需首仿药、儿童用药、罕见病用药和高端剂型及其关键辅料研发。支持科研、生产装备及基础试剂的研发和产业化，鼓励高校、院所、企业抢占知识产权高地，积极申报专利、国际专利、商标等。

夯实生物技术创新基础。培育壮大企业创新主体，鼓励龙头企业加大研发投入，促进大中小企业融通创新，打造以链主企业为中心的产业资源配置和共享生态。支持合成生物学、现代中医药、细胞生态等海河实验室通过牵头组织重大项目攻关、推动产学研开放合作等途径，开放吸引全国企业深度参与实验室建设和产业合作，围绕前沿领域、未来方向和"卡脖子"环节聚合一批国内领先企业和标志性项目在津落地。用好"揭榜挂帅""赛马制"等科研组织方式，推动基础生命科学理论研究、生物技术关键核心技术攻关，重点支持合成生物学、细胞与基因治疗等前沿领域。

构建生物医药支柱产业体系。面向重大慢性病、血液系统疾病和传染病预防、诊疗康复需要,支持创新药物、疫苗、中医药、细胞和基因治疗、高端医疗器械,形成一批达到国内领先和国际先进水平的自主创新产品和“卫药”名品。建立生物制造核心菌种与工业酶创制关键技术体系,支持医药生物合成等关键技术和产品开发。针对医药制造配套环节短板,支持药物制备成套系统及核心设备开发和应用,支持生物反应器、膜过滤系统、色谱设备(耗材)、微载体、生物样本采集储存、实验设计和流程操作、自动化技术装备,以及核心元器件与耗材的研发。集成本市疫苗、诊断试剂、生物防护设备、动物疫病产品等资源,优化产业布局。

(二)建立互联互通的生物医药创新生态系统

深化产学研医合作与第三方服务。不断支持高校、科研机构、企业、医疗机构联合组建医工协同创新联合体,由医疗机构和医务人员提出技术和产品需求,征集研究机构、企业共同研发,以临床应用促进技术或产品迭代发展。鼓励发展临床研究、安全评价、医学影像、病理诊断、基因检测、基因编辑、数据分析等专业化独立第三方研发和生产服务。鼓励高校、科研院所、企业、医疗机构和园区整合资源搭建医药健康产业技术服务平台。支持面向生物制造在医药、化工、轻工、环保等行业应用的平台技术和专业服务。

推动关键核心技术研发转化。聚焦核心工业菌群、微生物底盘、关键酶制剂、生物制造装备、DNA 合成、细胞工厂构建等产业关键环节,支持自主创新技术体系构建研发和创新成果转化,增强生物制造产业链强度韧性,不断提升自主可控能力。围绕高附加值工业酶制剂、农业酶制剂、食品酶制剂等方向,依托顶尖创新平台和酶制剂龙头企业,打造我国酶制剂产业创新高地。推动生物制造装备与人工智能技术融合,发展新型生物反应器、分离纯化装备、生物传感装备、大数据—生物机理混合驱动管控系统,打造全国领先的生物智能管控研发转化制造中心。

聚焦主导产业促进技术熟化。面向化工、医药、天然产物等行业需求,构建产业应用技术体系，鼓励企业早期介入、产学研联合公关，不断提升技术成熟度和市场接受度，重点推进生物催化与转化。对技术创新性突出、市场前景良好但成熟度欠缺的科研成果，设立专项资金支持开展概念验证、中试熟化，协助挖掘应用场景，助推项目成功迈过成果转化“最初一公里”。支持企业创新产品注册上市，对新取得国家药监局（NMPA）、美国食品药品监督管理局（FDA）、欧洲药品管理局（EMA）、日本药品医疗器械局（PMDA）等机构批准获得上市资质的药品和医疗器械，按实际投入研发费用给予资助。对通过生物原料药认证、药用辅料认证和化妆品原料目录认证的产品，按实际投入研发费用给予资助。

（三）梯度培育扶持生物医药领军企业

多渠道招商引进产业主体。依托国家合成生物技术创新中心等国家级平台引领作用与合作网络，聚焦主导产业、关键技术、未来方向和“卡脖子”环节，吸引国内顶尖研发机构、科研团队和行业知名企业，促成更多标志性成果、重大项目和产业团队在标志性园区落地。面向首都地区、长三角、粤港澳大湾区等重点区域，关注龙头企业科研开发、扩大产能、对外合作等重要进展，积极吸引来津投资合作，设立区域总部、研发中心、生产基地或业务运营中心。支持龙头企业增资扩产、拓展新产品线，挖掘企业供应链维护、上下游配套、专业研发服务及商业伙伴等资源，定向吸引集聚发展。

培育生物制造高成长企业群体。支持龙头企业牵头组建创新联合体，发挥技术、资金和市场网络等方面的优势，带动上下游企业集聚，打造一批掌握关键核心技术、主业和品牌优势突出、资源整合能力强的领军型、平台型、生态主导型企业，承担建设工程研究中心、技术创新中心等创新平台，推动大中小企业融通创新。引导领军企业与科研机构、高校等共建创新联合体。促进生物制造中小微企业深耕细分领域，厚植发展优势，培育成为具有竞争力的专精特新、“单项冠军”和“隐形冠军”企业。鼓励中小企业以专业化分工、服务外包、委托生产等方式与大企业建立稳定的合作关系。支持企业申报国家级高新技术企业、专精特新“小巨人”企业等，培育一批“瞪羚”

“独角兽”企业和上市企业。挖掘储备技术水平高、发展潜力大的生物制造初创企业和创业团队,完善创业辅助、项目资助等创业服务体系,打造初创企业成长的良好环境。

(四)持续优化生物医药产业生态环境

强化政策支持与机制突破。坚持鼓励创新、包容审慎的基本原则,制定有利于生物经济创新发展的示范性政策。围绕创新链产业链衔接、企业梯队培育和园区生态建设等,探索监管机制创新,制定配套政策措施。探索与生物医药制造行业特点相适应的规划环评、项目准入、能耗、环保、安监等体制机制创新,设立绿色审批通道。积极对接国家相关部委,主动参与生物制造产品准入审批等政策制定、标准研究和试点示范。推动京津冀科技和临床资源开放共享。推动研发用物品及特殊物品通关便利化,建立研发用物品进口多部门联合评估和监管机制,建立本市生物医药试点企业和物品“白名单”,简化清单内企业相关物品前置审批手续,便利企业通关。

加强金融投资支持。建立健全生物医药领域投融资合作对接机制和估值评估体系。建设多元化金融支持方式,完善投融资服务体系,鼓励更多社会资本加大对生物技术相关领域产业项目的支持力度,依托天津市上市企业三年倍增行动计划和科技型企业上市培育工程,推动更多生物企业上市。支持优质医药健康企业利用境内外多层次资本市场融资,拓宽直接融资渠道。对开展首次公开募股(IPO)的医药健康企业给予政策扶持。鼓励科技领军企业实施行业兼并整合。建立企业风险补偿资金制度,鼓励金融机构创新适合生物制造企业特点的金融产品和服务方式,设立“成长贷”“高企贷”“试验投”“中试投”等新型产品。

强化资金保障。加大科技型企业培育、智能制造专项资金等扶持资金对生物医药企业的支持力度。发挥政府投资引导基金作用,发挥海河生物医药产业母基金、滨海产业基金及其他财政引导基金作用,促进形成覆盖企业成长全周期的基金群。发挥财政专项资金的撬动和引导作用,统筹运用现有财政支持政策等,创新政府资金支持方式,利用专项债、天使母基金等形成多元化、多渠道的生物制造产业投入体系。支持园区龙头企业引育、重点项目建设、公共技术平台服务、高端人才团队引进、政策研究、智库咨询等。

（五）加强生物医药人才队伍建设

引育高端紧缺人才。联合“一带一路”国际科学组织联盟、国家外国专家局国外人才信息研究中心等组织举办国际性生物制造人才成果交流高端论坛，集中力量扶持一批优秀领军人才，加快引育标志性人才。加强与国内外院校生物制造学科院系合作，建立生物制造产业技术人才培训基地。用好医学科学院天津医学健康研究院、协和医学院天津校区等落地带来的医学教育资源，吸引医学健康领域院士及领军专家、医学领域科研和临床人才向天津集聚。发挥天津生物医药人才创新创业联盟的作用，集中力量扶持一批优秀领军人才，加快引育标志性人才，为来津创新创业的高层次人才切实做好医疗、教育、住房等方面的配套保障工作。研究发布生物医药产业紧缺人才开发目录，制定“生物合伙人”计划，吸引生物制造领域高端人才来天津发展。

加强专业化人才梯队建设。支持高校生物医药领域基础学科人才建设，推动优化高等学校专业设置，鼓励高等学校与企业联合实施人才培养计划，支持企业与科研院所、高校和职业院校合作建立人才培养基地。支持生物医药企业参与现代学徒制试点、申报技能大师工作室等。鼓励生命科学与医学、工程等学科交叉融合，培养生命科学复合型人才、工程化开发人才、高技能人才。建立更加顺畅的人才流动机制，促进人才跨体制、跨区域自由流动、高效配置。

参考文献：

［1］火石创造：《2023 上半年生物医药产业运行报告》https://mp.weixin.qq.com/s/

Ods95EuzPWNI_TNmQgYCoA。

[2] 陈艳、张雯,等:《江苏省生物医药产业创新发展现状及提升对策》,《科技中国》2023 年第 8 期。

[3] 王子丹、郑国诜,等:《广东生物医药产业集群创新发展路径研究》,《决策咨询》2023 年第 3 期。

[4] 朱姝:《新形势下我国生物医药产业面临的机遇与挑战》,《科技中国》2023 年第 8 期。

天津新能源产业发展研究报告

袁进阁　天津市经济发展研究院经济师

摘　要： 近年来，天津市新能源产业呈现良好发展势头，产业规模不断壮大、龙头企业加快集聚、技术水平不断提升、产业生态日趋完善。但也存在着创新能力薄弱、产业融合发展落后、产业总体竞争力不强等问题。展望未来，天津新能源产业既面临着国际国内市场的激烈竞争，又有能源清洁低碳转型、“十项行动”战略指引、京津冀产业协同、绿色金融支持等多项发展机遇，预计仍将保持快速发展。为此，建议天津新能源产业持续提升自主创新能力、全力推动产业集聚、积极培育龙头骨干企业、大力推进新能源开发利用、不断优化产业发展环境，从而全面实现新能源产业高质量发展。

关键词： 新能源　天津　绿色低碳

随着环境污染及全球变暖等问题的日益加剧以及常规能源资源的有限性，以环保和节能减排为特质的新能源得到大力发展。特别是近年来，地缘政治冲突频发，对全球能源供需体系造成极大干扰，能源问题受到各国广泛关注。大力发展新能源，不仅能够降低碳排放，而且可以有效降低对传统能源的依赖。作为能源进口大国，我国在保障能源安全供应的基础上，应大力推进新能源发展。党的二十大报告提出，要“推动能源清洁低碳高效利用”“加快规划建设新型能源体系”。当前新能源正处于大有可为的战略机遇期，在当下这个关键的历史节点，研究如何加快推进天津新能源产业发展具有重要的现实意义。

一　发展新能源产业对天津的意义

(一)天津实现“双碳”目标的需要

2020 年 9 月,我国在联合国大会上正式提出“双碳”目标。而后国务院印发了《“十四五”节能减排综合工作方案》《2030 年前碳达峰行动方案》等一系列部署文件。2022 年 8 月,天津市印发了《天津市碳达峰实施方案》,提出到 2030 年,天津单位生产总值的二氧化碳排放比 2005 年下降 65% 以上,非化石能源消费比重力争达到 16% 以上。而目前天津能源消费结构仍以煤炭为主,约占 50%,非化石能源使用比重仅在 5% 左右。同时,天津正处于全面建设社会主义现代化大都市关键期,能源与资源需求持续增长,经济需求与节能减碳的矛盾日益突出。在此情况下,天津要想全面落实节能减排的战略部署,实现“双碳”目标,就迫切需要转变以化石能源为主的能源消费模式,大力发展新能源产业。

(二)天津产业转型、提升竞争力的需要

近年来,天津高举制造业立市大旗,大力建设全国先进制造研发基地,实现了长足发展,但仍存在产业层次偏低、产业链条偏短、产业竞争力不强的问题。据统计,天津 12 条重点产业链中除绿色石化产业链年营业收入达到 5000 亿元外,其余产业链均未超过 3000 亿元,在链企业数也均未超过千家。要想实现可持续发展,天津必须加快推进产业转型,寻找新的增长动力。而当前,新能源产业在全球范围内呈现强劲的发展势头,据统计,2023 年全球新能源企业总营业收入已突破 10 万亿元人民币。与此同时,新能源产业在天津有着较好的产业基础,又拥有产业投资周期短、见效快等特点,可成为提升天津产业竞争力的战略选择。

（三）天津发挥资源优势的需要

天津在发展太阳能、风能的自然资源方面禀赋较为丰富。太阳能方面，天津地处光伏资源丰富带，年日照时数为2500—2900 小时，平均每天 6.85 小时以上，占可照时数的 57%。风能方面，天津处于中国沿海季风带，是东亚季风盛行的地区，年均风速2—4 米/秒，其中滨海新区的沿海地带，属于全年可开发区，风速风能分布较为集中，对建设风电场较为有利。同时，天津作为石化、冶金产业强市，拥有中石化、渤海化工和新天钢、荣程等多家石化冶金企业，具有较强的工业副产氢生产能力，为氢能发展提供了有力保障。总的来看，在天津发展以风能、太阳能、氢能为主体的新能源产业正好可以充分发挥资源优势。

二　天津新能源产业发展现状

（一）产业规模不断壮大

近年来，天津市坚持技术引领、项目带动，在锂离子电池，风能、太阳能、氢能等领域持续加强产业布局，新能源产业总体规模不断壮大，产业体系日趋完善。2022 年，天津市新能源产业营业收入超 1300 亿元，同比增长 28.4%，高于全市重点产业链平均水平近 20 个百分点，已成为天津 12 条重点产业链之一。2023 年上半年，天津新能源产业继续维持良好发展势头，规模以上企业利润总额近 30 亿元，同比增长 27.0%。截至 2023 年 5 月，天津新能源产业链共有 114 家企业，全部为规模以上工业企业，新能源产业链企业数占全市规模以上企业的 2.0%，工业总产值占全市规模以上工业总产值的 4.8%。

（二）龙头企业加快集聚

锂离子电池领域天津拥有力神电池、荣盛盟固利、巴莫科技、贝特瑞等一批龙头企业，是全国重要的锂离子电池生产基地。太阳能领域，天津拥有环智新能源、TCL 中环半导体、爱旭太阳能、环新能源、英利等公司，在相关技术的研发和应用中位居国内前列。风能领域,天津拥有维斯塔斯、歌美飒、东方电气、明阳风电、弗兰德传动等公司,在国内外市场占有重要位置。氢能领域,天津拥有法国液空、新氢动力、氢璞创能、东莞氢宇、重塑科技等一批优势特色企业。这些企业分别集聚在静海区及宝坻区锂离子电池产业基地、北辰区光伏产业示范园、滨海新区国家风力发电高新技术产业化基地、天津港保税区氢能示范产业园等特色产业园区。同时,力神滨海新能源基地、SEW—传动设备智能工厂、华电海晶1000兆瓦“盐光互补”光伏发电、临港氢能产业低碳示范基地等重大项目先后投产。总体上形成了骨干企业带动、重大项目支撑、上下游企业集聚发展的态势。

表1　天津新能源产业各领域情况

产业领域	概况
锂离子电池	现有代表性企业20家,包括正极材料、负极材料、电解液、隔膜、电池生产、电池应用、相关服务等领域,具备一定产业基础。聚集了巴莫科技、中电科十八所、斯特兰能源、锦美碳材、东皋膜、普凯瑞特、力神电池、捷威动力、荣盛盟固利、国能新能源、比亚迪、中能新源等一批优质企业。
风能	现有代表性企业18家,其中,上游叶片4家、中游风电主机11家、下游风电场运营3家,产业基础良好。上游叶片拥有艾尔姆风能、中车、东方电气等企业;中游风电主机聚集了维斯塔斯、歌美飒、明阳等整机制造企业,以及采埃孚、华建天恒、瑞能等零部件生产企业;下游风电场运营企业有华电重工、通用服务、优利康达。
太阳能	现有代表性企业17家,其中,上游产业链3家、中游产业链1家、下游产业链13家。上游企业有英利、TCL中环半导体、蓝天太阳;中游企业为信义光伏;下游聚集了京瓷、恩尚、三安光电、中聚、金沃等企业。
氢能	现有代表性企业11家,其中,上游氢能源制造环节聚集了渤海化工、大陆制氢、中石化(天津)、亚力气体、法国液空(天津)、比欧西(天津)、海德利森(天津)等企业;中游零部件制造环节聚集了天津神力、华能集团(天津)、天津汽轮机研究所、深圳国氢等企业。

资料来源:根据互联网相关资料整理。

(三)技术水平不断提升

锂离子电池领域,正负极材料,隔膜材料和电解液、pack 封装等领域多种关键材料、关键技术先后成功研发,共拥有超 2000 项发明技术专利。天津大学国家储能平台获批全国首批国家储能技术产教融合创新平台,天津力神电池获批国家锂离子动力电池工程技术研究中心。太阳能领域拥有国家级新型光伏发电技术国际科技合作基地,形成从单晶硅、多晶硅到非晶薄膜、聚光电池等较为完整的产品类别,研发能力和技术水平全国领先,产品光电转化效率处于国际领先水平。中环新能源 G12 大尺寸光伏硅片产能占全球产能 20% 以上,爱旭拥有业内领先的 PERC 电池制造能力。风能领域,在大功率风机关键技术上不断创新,具有完全自主知识产权的 6 兆瓦陆上风机研发成功,复合材料风电叶片、齿轮箱、控制系统等关键部件的自主化生产水平和配套能力不断提升,全球十大风电巨头中 4 家在天津有生产基地,其中维斯塔斯、歌美飒天津工厂是全球最大的风电设备一体化生产基地。氢能领域制氢装备、氢燃料电池、整车、加氢站等领域均开始有所布局,其中新能源氢燃料电池叉车实现量产。制氢技术持续改善,工业制氢纯度达到 99.999% 以上。

(四)产业生态日趋完善

产业政策方面,市、区两级政府先后出台《天津市新能源产业"十四五"专项规划》《天津市新能源产业链行动方案》《天津滨海高新区促进新能源产业高质量发展办法》《天津港保税区关于扶持氢能产业发展若干政策》等一系列文件,加快推进新能源产业发展。产业交流合作平台方面,已成立天津市新能源协会、天津市电池行业协会、滨海—中关村双碳产业联盟、天津氢能产业(人才)联盟等多家平台机构。产学合作方面,推动天津大学、南开大学、天津工业大学、天津轻工职业技术学院等高校与企业合作,设立天大北洋海棠新能源新材料创投基金,建设京津冀新能源协同创新中心、南开大学—彦博科技新能源电池联合实验室、中化国际天津大学新能源研究院等合作平台,形成了政府、协会、企业和高校多方参与的新能源产业服务体系。

三　天津新能源产业发展存在的问题

(一)产业创新能力仍显薄弱

一是研发投入不足,导致关键技术受制于人。企业中“重规模投产、轻自主创新”问题较为普遍,多以中低端的制造为切入点,注重以规模优势实现产业迅速发展,但自主研发投入较少,主要技术水平与发达国家相比仍然存在一定差距,风电大兆瓦齿轮箱、光伏胶膜核心原材料(POE)、大功率逆变器 IGBT 芯片、氢燃料电池质子交换膜等关键技术受制于国外企业,这些“卡脖子”问题亟待突破。

二是人才缺乏。随着新能源产业的快速发展,人才缺口在扩大。除领军人才不足较为明显外,后续人才的培养也亟须加强。目前虽然天津大学和天津商业大学、天津理工大学先后开设新能源科学与工程专业,但培养的学生数量少,人才供给严重不足。

(二)产业总体竞争力不强

一是龙头企业整体规模较小,带动作用不明显,天津新能源企业普遍规模较小,除中环股份、力神电池外,缺少带动力和控制力强的本地龙头企业,各领域的核心企业多为外地或外资品牌,上市企业中仅有金开新能、TCL 中环、盟固利 3 家市值超百亿元,年利润过亿元的也仅有金开新能、TCL 中环 2 家。与之相对比,作为国内龙头的宁德时代,市值近 9000 亿元,利润超 300 亿元。

二是产业链上下游企业的串联不足,产业链条尚需完善。以氢能产业链为例,企业在上游制氢环节、下游的燃料电池系统及应用等产业链关键环节布局较慢,加氢站等相关基础设施建设较慢,应用场景不够丰富,限制了产业链的进一步壮大,这些都造成产业总体竞争力不强。

(三)产业融合发展落后

一是数字化、智能化进程较慢,企业的智能制造水平有待提升。在工业和信息化部发布的2021年、2022年度智能制造示范工厂名单中,天津有多家企业上榜,但新能源企业无一入选。天津市工信局公布的2022智能工厂名单中,也仅有天津力神电池股份有限公司上榜。

二是"重制造生产、轻创新应用",从事风电场运营、智能电网等下游业务的企业中较大规模的仅有天津市通用服务工贸有限公司、优利康达(天津)科技有限公司、天津华电北宸分布式能源有限公司等几家企业。

三是与传统能源、新能源汽车等产业融合不够深入。天津市锂离子电池市场占有率及产业规模均居全国前列,但2023年上半年,天津市新能源汽车产量仅3.19万辆,排名全国第17位,占全市汽车总产量比重尚不到8%。

四　天津新能源产业发展的趋势分析

(一)天津新能源产业发展的机遇

1. 清洁低碳转型带来新的市场机遇

近年来,出于环保等因素考虑,世界各国都在大力推动能源结构转型。2022年爆发的地区冲突,更是导致全球范围内食品、燃料和化肥贸易中断,加剧了能源价格冲击。在此背景下,各国纷纷加大能源清洁低碳转型力度。2022年,美国可再生能源发电量首次超越煤炭。2022年9月,欧盟通过可再生能源发展法案,将2030年可再生能源占比进一步提高至45%。日本也贯彻可再生能源主力电源化目标,将2030年可再生能源占比上调至38%。全球范围内能源清洁低碳转型加速发展的总基调已经确立,未来新能源发展将迎来新的历史机遇。

2. 天津市"十项行动"的战略支持

立足"全国先进制造研发基地"定位,天津市始终坚持"制造业立市"。

2023 年,天津市政府提出,未来五年是天津全面建设社会主义现代化大都市的关键时期,要集中力量实施“制造业高质量发展行动”等“十项行动”。作为天津市 12 条重点产业链之一的新能源产业,是具有战略性和先导性的新兴产业,是推动先进制造业高质量发展的重要支撑。“十项行动”的提出,进一步明确了天津新能源产业的发展路径和模式,为天津新能源产业的发展提供了战略指引。

3. 京津冀协同带来的产业助力

京津冀是我国北方经济规模最大、最具活力的地区,科技创新水平在全国显著领先,可以为天津新能源产业发展提供良好的技术支撑。近年来,三地已进入产业协同的深化实施阶段。2023 年 5 月,工信部会同京津冀三地政府首次共同编制《京津冀产业协同发展实施方案》,提出协同培育新能源汽车、氢能等 6 条重点产业链,为天津新能源产业对接北京先进技术,促进成果落地转化,提供了良好条件。

4. 绿色金融提供的资金支持

在“碳达峰、碳中和”目标的指引下,各大金融机构纷纷加大绿色低碳金融产品和服务开发。天津市在绿色金融创新方面更是走在全国前列,“首创性”成色十足。截至 2023 年上半年,天津银行业金融机构绿色信贷余额超过 6200 亿元,较年初增长超过 10%。其中,超过 75% 的信贷资金投向了新能源生产、基础设施转型升级等领域。全国首单“碳中和”资产支持票据、全国首单租赁企业可持续发展挂钩债券等绿色金融创新的多个首单相继落地。绿色租赁特色优势不断强化,金融租赁公司绿色贷款余额占比达 27.28%,绿色债券发行规模不断扩大,为新能源产业发展提供了有力的资金支持。

(二)天津新能源产业发展的挑战

1. 国内市场竞争激烈

作为产业转型升级的重要抓手,新能源产业受到了各地政府的广泛关注。各省市为了促进本地区经济的发展,纷纷积极制定政策,扶持本地新能源企业的发展。据统计,全国有 25 个省份在“十四五”期间明确提出了新能源发展计划,16 个省份强化锂离子电池、风能、太阳能产业链,推动新能源大基地建设。国内新能源产业部分领域出现产能过剩现象。根据行业预测,到 2025 年,国内能消化的动力电池产能为1000—1200 吉瓦时,而目前行业产能规划已经达到 4800 吉瓦时,出现明显的产能过剩,这将导致国内市场的激烈竞争。

2. 国际风险和挑战增多

新能源产业是典型的"中国制造、世界市场",2022 年,天津市累计出口绿色低碳产品 131 亿元,同比增长 80.2%。主要出口产品包括锂离子电池和太阳能电池,合计占比达 91.8%。对国外市场的依赖,增加了不确定性和风险。特别是近年来,国际市场上保护主义盛行,碳关税、碳壁垒、技术、原材料垄断时有发生,这些都为天津新能源产业发展带来了风险和挑战。

总的来看,天津新能源产业发展虽然面临着国内市场激烈竞争和国际市场的贸易保护,但同时拥有"十项行动"战略指引、京津冀产业协同、绿色金融支持等发展机遇,仍有广阔的发展空间,且近年来营业收入持续保持两位数增长,预计到 2025 年,天津新能源产业仍将保持快速增长的势头,实现工业总产值突破 1200 亿元的目标。

五　天津新能源产业发展的对策建议

(一)持续提升自主创新能力

一是加大资金投入,建立政府引导、企业为主的研发体系,加快建设制造业创新中心、工程研究中心、企业重点实验室等创新平台。攻关风电大兆瓦齿轮箱、氢燃料电池质子交换膜等"卡脖子"技术,研发风力发电控制变流器、高品质多晶硅碇、航天器太阳能电池等关键技术产品。二是积极整合全市高等学校、科研机构以及骨干企业等优势单位资源,围绕锂离子电池、太阳能、风能、氢能等关键领域搭建一批对全市新能源产业发展具有引领带动作用的高层次公共技术创新服务平台,加速技术成果产业化。三是加强技术引进和合作,打破行政壁垒,与京冀合作创立新能源产业技术创新战略联盟,充分发挥北京科技创新和河北制造成本的优势,开展产业共性、关键技术联合研发。利用国际合作机制,拓展国际先进技术的转移途径,加强对国际新能源领域先进科技成果的消化、吸收、再创新。

(二)全力推动产业集聚发展

一是积极推进新能源产业园建设。以滨海高新区新能源产业示范基地(锂离子电池、太阳能)、天津经济技术开发区风电产业基地、宝坻九园工业园锂离子电池产业基地、北辰新能源产业高端制造基地(风能、太阳能)、天津港保税区氢能示范产业园等产业园区为重点,围绕各园区主导产业,坚持以优化产业发展空间布局和完善整体产业链为主线,通过主导产业引领关联产业,龙头企业带动配套企业,推动相关企业向园区集中。二是搭建产业公共服务平台。进一步加强各园区基础设施建设,满足企业对通信设施、交通运输、电力供应等方面的需求。不断完善服务体系,重点建设科技研发中心、企业孵化器和产业众创基地等产业公共服务平台,推行"一站式服务",为企业发展提供良好的环境,把园区打造成为新能源产业发展的强力引擎。

(三)积极培育龙头骨干企业

一是加大对龙头企业服务力度。针对锂离子电池、太阳能、风能等产业格局较为清晰的领域,分别优选 4—5 家龙头企业,为其发展需求"量身定制"个性化方案或服务政策,优先推荐其产业投资、科技创新项目列入国家、省计划项目,并争取扶持资金。二是加大对中小企业支持力度。针对氢能等领域中小企业较多的情况,不断完善企业梯度培育计划,加强分类指导服务和政策支持,引导企业专注于细分领域技术攻关,形成一批细分行业龙头。三是加快龙头企业升级改造。以信息化、智能化、网络化为主要方向,加大对龙头企业技术改造和产品升级扶持政策力度,推动产业转型升级。四是鼓励支持龙头企业参与新能源产业标准制定。加强对光伏电池检测、氢燃料电池等新能源领域的技术标准等方面的研究,争取参加相关标准修订工作,进一步增强产业话语权。

（四）大力推进新能源开发利用

一是加强示范应用推广。充分发挥津南区碳达峰碳中和先行示范区、滨海新区“天津市氢能产业示范区”示范带动作用，围绕屋顶分布式光伏、氢能燃料电池车辆运营、智能变电站等本地重点应用领域，试点使用天津具有自主知识产权的新能源产品，从而扩大本地新能源企业的市场份额。二是加快上下游产业联动发展。充分利用本地晒盐池、鱼塘、盐碱地等低效土地，推动社会资本和新能源企业深度合作，发展盐光互补、渔光互补、可再生能源制氢等综合利用项目，带动新能源产业上下游融合发展。三是加强考核督导。在制定新能源发展目标时，坚持新能源开发利用和装备制造并重，合理构建可考核、能量化的考核评价体系，定期对各区新能源开发利用情况开展绩效评估，坚定不移推进能源绿色低碳发展。

（五）不断优化产业发展环境

一是强化资金支持，统筹利用市发展改革委、工业和信息化局、科学技术局等部门支持产业发展的专项资金，对新能源产业应用示范、创新创业和公共服务平台建设等项目给予支持。充分发挥现有“双碳”创业投资基金、天大北洋海棠新能源创投基金等基金作用，带动社会资本对具有较强竞争性和成长潜力的新能源企业开展股权投资。二是提供人才支撑，围绕新能源产业多途径、多形式吸引高层次和紧缺人才来津创新创业，通过实施“海河英才”行动计划，解决落户问题，鼓励各区采用租赁补贴、购房补贴等方式为其提供安居保障。鼓励企业联合高校，精准培育所需专业人才。支持高校围绕能源与动力工程、新能源科学与工程等专业加强学科建设，培养新能源产业相关领域人才。三是搭建合作交流平台，依托天津市新能源协会、天津市电池行业协会、天津新能源产业（人才）联盟等组织，搭建企业及校企间合作平台，畅通产学对接渠道，积极围绕“碳达峰、碳中和”“能源绿色低碳转型”开展宣传引导，营造新能源产业创新发展的良好氛围。

参考文献:

[1] 王汉:《新能源产业发展中的问题与对策分析》,《电子技术》2021 年第 10 期。

[2] 王捷、林余杰、吴成坚,等:《碳中和背景下太阳能光伏产业现状及发展》,《储能科学与技术》2022 年第 2 期。

[3] 邹才能、陈艳鹏、熊波,等:《碳中和目标下中国新能源使命》,《中国科学院院刊》2023 年第 1 期。

[4] 张宏霞、张衍杰、马茜,等:《“双碳”目标下新能源产业发展趋势》,《储能科学与技术》2022 年第 5 期。

[5] 何芳艳:《中国新能源产业发展的战略定位》,《化工管理》2022 年第 23 期。

天津现代服务业发展研究报告

董微微　天津社会科学院经济分析与预测研究所研究员

摘　要： 现代服务业的发达程度是衡量城市经济、社会现代化水平的重要标志。天津服务业规模和质量效益显著提升，涌现出一批服务品牌企业和新经济企业，服务经济对全市经济发展的支撑作用稳步提升，现代化服务经济体系逐步构建。同时，天津服务业的集聚度还不够高，缺乏具有较强影响力和高显示度的服务业大企业，对"双中心"城市建设支撑作用仍需强化。需要加快构建现代服务经济体系，持续提升现代服务业发展能级，推动生产性服务业向专业化和价值链高端延伸、生活性服务业向高品质和多样化升级，不断满足产业转型升级需求和人民美好生活需要，为社会主义现代化大都市建设提供有力支撑。

关键词： 现代服务业　现代化　生产性服务业　生活性服务业

现代服务业的发达程度，是衡量地区经济、社会现代化水平的重要标志。随着经济社会发展水平的不断提升，服务业在国民经济体系和国际合作竞争中的地位和作用日益凸显。近年来，天津持续提升现代服务业发展能级，服务经济规模和质量效益显著提升。着力推动现代服务业发展，不仅是构建现代产业体系、实现高质量发展的重大任务，也是提升城市竞争力、建设社会主义现代化国际大都市的先决条件。

一　天津现代服务业发展现状

(一)服务业规模稳定增长

“十四五”以来,天津市着力优化服务业支持政策,修订印发了《天津市服务业专项资金管理办法》,聚焦提升现代服务业发展能级,重点支持服务业规模和效益增长快、对服务业发展贡献大和支撑作用明显的服务企业和项目,增强服务经济发展层级和水平,服务业规模持续扩大,服务业占地区生产总值的比重不断提升。2023 年前三季度,服务业增加值为 7724.49 亿元,占地区生产总值的比重达到 63.1%,较 2022 年提升 1.7 个百分点。2023 年前三季度,服务业对经济拉动作用明显,服务业增加值增长 5.5%,高于全市 GDP 增速 1.1 个百分点,服务业在天津现代产业体系优化升级中发挥着重要作用,对全市经济高质量发展的支撑作用进一步巩固和增强。

表 1　服务业增加值及占地区生产总值比重变化

年份	第三产业增加值(亿元)	地区生产总值(亿元)	占比(%)
2020	8885.88	14007.99	63.43
2021	9615.37	15695.05	61.26
2022	9999.26	16311.34	61.30
2023 年前三季度	7724.49	12252.61	63.04

资料来源:《天津统计年鉴》、天津市统计局官方网站。

(二)服务业结构持续优化

2023 年以来,天津聚焦现代服务业提质增效,出台服务业高质量发展行动方案,制定促进生产性、生活性服务领域平台经济健康发展的支持政策,促进开展生活性服务业数字化升级,持续导入各类高端要素和资源,推动服务业结构向高端化、数字化升级。在政策指引下，工业互联网、“大数据+”等新经济新业态新模式持续涌现，拾起卖、吉旗物联、抖音、云账户等平台企业快速发展，2023年1—8月，商务服务业、专业技术服务业、互联网和相关服务营业收入分别增长19.1%、12.2%和17.6%。商贸服务、金融服务等传统优势产业保持稳定，随着文化旅游、会展服务的密集开展，批发和零售业、住宿和餐饮业快速恢复，有力支撑经济社会发展。

（三）服务经济体系加快构建

“十四五”以来，天津着力构建现代服务经济体系，加大力度推动生产性服务业向专业化和价值链高端延伸，促进生活性服务业向高品质和多样化升级，更好满足产业转型升级和人民对高品质生活的需要。2023年上半年，生产性服务业营业收入为22108.67亿元，生活性服务业营业收入为2210.20亿元。

1. 生产性服务业集聚度不断提升

在生产性服务业领域，围绕现代金融、现代物流、商务服务、会展服务、科技服务、设计服务等领域延伸产业链条，增强生产性服务业的集聚度，提升产业关联度。

现代金融产业链更加完备。以金融创新运营示范区建设为契机，促进金融要素集聚，吸引货币经纪公司、保险资管公司等金融业态，推动浙商证券、华夏财富、慧择保险等一批金融持牌机构落地，现代金融产业链条不断完善。深入推进数字金融服务创新，“津心融”融资对接服务平台、天津银行“智慧通”金融服务平台建设稳步推进，截至2023年9月末，“津心融”累计服务企业2.3万家，累计授信金额超639亿元。天津自贸试验区的金融创新深入推进，天津“动产质押融资业务模式”向全国复制推广。

现代物流服务能力提升。天津获批港口型国家物流枢纽、空港型国家物流枢纽、商贸服务型国家物流枢纽三类国家级物流枢纽建设，“通道+枢纽+网络”的现代物流运行体系加快构建，形成了“物流园区、物流中心、城乡配送点”三级物流设施体系，为形成内外联动、安全高效的物流网络提供支撑，物流供应链网络和线上线下融合发展平台不断完善，带动制造、商贸等产业集聚。

天津港、东疆等综合保税区的保税物流政策效应显现,东疆进口冷链项目落地,助推国家骨干冷链物流基地、国家进口贸易促进创新示范区高质量建设。

商务服务、会展服务、科技服务、设计服务向高端化发展。随着国际消费中心城市、区域商贸中心城市建设不断深入,以京津冀协同发展重大战略为契机,加快引进北京优质商务服务资源,中国天津人力资源服务产业园作为首批国家级人力资源服务出口基地,持续创新人力资源服务项目和模式,增强人力资源服务集聚度。会展经济快速发展,展馆设施和服务能力显著提升,夏季达沃斯论坛、津洽会、民洽会、中国旅游产业博览会、中国国际矿业大会、糖酒会、绿色建筑展、国际汽车展等品牌展会的影响力不断扩大。研究开发、技术转移、知识产权、检验检测等科技服务业态集聚明显,为制造业、创新驱动发展战略提供有力支撑。海河柳林"设计之都"核心区加快建设,着力打造国家级"数字设计产业新基地"、世界级"城市持续发展新标杆"。

2. 生活性服务业向多样化发展

在生活性服务业领域,以高质量的供给满足人民对美好生活的需要,促进商贸服务、文化旅游、健康服务、教育服务、家庭服务向便利化、精细化、多样化发展。

商贸服务体系更趋完善。立足区域商贸中心城市建设,大力实施品牌首店引进行动,茉酸奶、M stand、霸王茶姬、云漫里、舒密尔钢琴、moody tiger 等品牌首店入驻,涵盖餐饮、零售、儿童亲子、文体娱等多种业态,形成"首店 + 商圈"双向融合、相互赋能。促进商贸流通与电子商务融合发展,培育无人销售、智慧零售等贸易新业态、新模式,创造更多消费新场景、新模式、新体验。

文化旅游融合发展。2023 年以来,加强京津冀文旅协同,推动文化旅游资源整合开发,扩大旅游产品供给,丰富旅游场景,持续不断推出不同主题的系列天津精品旅游线路,国家海洋博物馆、海河游船、天津海昌极地海洋公园、天津方特欢乐世界、泰达航母主题公园、天津欢乐谷等景区热度持续提升,文艺表演等活动密集开展,打造旅游场景,激发文旅消费活力。2023 年国庆黄金周,天津接待旅游游客 1612.42 万人次,同比增长 264.80%,实现旅游收入 121.85 亿元,同比增长 480.00%。

健康服务、教育服务、家庭服务更加便利化。医疗服务体系持续优化，健康管理服务、养老养生服务供给持续提升，健身休闲、竞赛表演、场馆服务水平提升。职业教育培训、青少年教育培训、老年教育等服务链条不断拓展，教育服务数字化水平不断提升。家政服务质量和水平显著提升，社区服务配套功能更加完善，服务便利化水平显著提高。生活性服务业数字化升级深入推进，在线医疗、在线文娱、线上旅游、即时零售等新型消费业态融合发展。

（四）服务业集聚效应逐渐显现

2023 年以来，实施高质量发展的“十项行动”，特别是以中心城区更新提升行动为牵引，盘活提升楼宇载体品质和能级，推动天开高教科创园建设运营，规划建设天津金融街、中央商务区、中央创新区，促进中心城区产业业态和空间布局优化调整。天开高教科创园着力打造科创主题园区，至 2023 年 9 月底，累计入驻科技型企业 600 余家，以人工智能、医药健康、新能源新材料等新兴领域为主，吸引一批科技服务业、专业技术服务业、科技金融服务等高端服务业集聚。推动现代服务业集聚区建设，智慧山文化创意产业园、天百 · 新经济基地、天河数字产业园和中海慧谷等获批市级现代服务业特色数字化集聚区。

（五）服务业开放合作步伐加快

抢抓服务业扩大开放综合试点重大机遇，积极开展服务业开放创新，天津在科技成果转化赋权、“细胞谷”建设、融资租赁业创新发展、海铁联运“一单制”推广、“船边直提”“抵港直装”模式创新、海关业务协同、保税集拼新模式等领域的实践经验入选国家服务业扩大开放综合试点示范最佳实践案例，向全国推广。

京津冀服务业协同持续深化。共建京津冀服务业资源合作平台，充分利用中关村论坛、服贸会等平台开展三地联合招商推介。京津冀三地口岸推出“五项新举措”，打造国际一流的区域跨境贸易营商环境。京津冀三地麒麟软件的数字化转型成果荣获“2023 年中国国际服务贸易交易会科技创新服务示范案例”。京津冀成立中医药服务出口基地联盟,建立中医药出海合作机制。依托滨海—中关村科技园和宝坻京津中关村科技城等合作共建产业园区,推动京津冀服务业创新成果交流转化。发挥自贸试验区综合试点政策优势,推动服务贸易与现代服务业、高端制造业加快融合,加快形成与现代化大都市地位相适应的服务经济体系。

二　天津现代服务业发展的主要问题

尽管天津服务业在发展质量和水平上均有一定提升,但仍旧存在着一些问题和薄弱环节,需要进一步调整和完善。

(一)支撑带动作用相对不足

一是服务业总量规模较小。近年来,天津服务业总体规模持续提升,2022年已近1万亿元规模,但与北京、上海、深圳、重庆、广州等城市仍有较大差距。2023年前三季度,天津服务业增加值为7724.49亿元,与北京、上海存在差距,在12个主要城市中,天津服务业增加值仅高于青岛。二是服务业增加值占GDP的63.04%,低于北京、上海、广州、深圳、成都、杭州、南京、青岛,对区域经济的支撑带动作用仍有较大提升空间。三是龙头企业数量较少。天津缺乏具有强影响力和高显示度的服务业大企业,具有行业影响力的自主品牌、领军企业较少,带动能力强、科技含量高、综合效益好的服务业重大项目不多。

表2　2023年前三季度主要城市服务业增加值及其占GDP比重

城市	服务业增加值(亿元)	服务业增加值占GDP比重(%)
北京	27122.70	85.50
上海	25009.24	75.74
广州	15977.56	73.39
深圳	15573.76	63.65
重庆	11984.02	53.88

续表

城市	服务业增加值(亿元)	服务业增加值占 GDP 比重(%)
成都	10736.96	66.63
杭州	10090.00	69.89
苏州	9633.40	54.56
武汉	8589.43	60.64
南京	8184.12	64.42
天津	7724.49	63.04
青岛	7496.76	63.70

资料来源:各城市统计局官网。

(二)新动能体量还不够大

一是天津服务业产业内部结构有待优化。交通运输、仓储和邮政业、批发和零售业、住宿和餐饮业等低附加值的传统服务业占比较高,而战略性新兴服务业所占比重较小。尽管 2023 年以来天津的租赁和商务服务业、科学研究和技术服务业、信息传输软件和信息技术服务业营业收入增长较快,但由于体量较小,对服务业的支撑力度明显不足。二是以互联网、大数据、人工智能为代表的新一代信息技术与传统服务业的融合发展水平有待提升,共享经济、体验经济等新兴领域发展成效还不明显,与北京、上海等先进地区差距较大。以北京为例,2023 年前三季度,北京市的软件和信息技术服务业、金融业的增加值分别同比增长 13.4% 和 6.6%,这两个行业占北京服务业增加值近五成,是北京服务业的重要支撑。

(三)产品和服务创新能力不足

一是生产性服务业的供给质量有待提高。制造业的高质量发展对产业转型升级和产业链现代化提出了更高要求。推动生产性服务业与制造业高效有机融合,是支撑制造业高端化、智能化、绿色化发展的重要途径。当前,天津制造业与生产性服务业融合互动仍有较大提升空间。二是生活性服务业的消费体验有待提升,特别是在消费体验性、便利化程度、服务标准化建设等方面与人民群众日益增长的需求相比还存在差距。三是现代服务业整体创新能力不强,战略性新兴产业的创新供给能力、产品和工艺创新、服务模式创新等偏弱,影响了整体创新效能。

(四)服务业集聚和辐射功能不强

天津作为首批国际消费中心城市培育建设试点城市,通过人大立法促进和保障国际消费中心城市建设,通过打造消费地标、塑造消费新场景、提升服务业的吸引力和水平,进而增强对京津冀城市群乃至东北亚区域消费的吸引力。但与上海、北京、广州等试点城市相比,天津现代服务业的集聚和辐射效应还不够突出,现代服务业的国际竞争力和影响力仍需提升。

三 天津现代服务业发展面临的机遇

当前,天津进入高质量发展新阶段,随着"十项行动"深入实施,现代服务业发展迎来新机遇。

国家服务业扩大开放综合试点示范城市建设,有利于吸引全球高端要素资源集聚、增强服务贸易规模。随着全球经济贸易格局持续演进,服务业特别是信息服务业、高技术研发等高端服务业成为全球投资竞争的关键。天津深入推动国家服务业扩大开放综合试点城市建设,对标高标准国际经贸规则开展先行先试,以商务、金融、法律、专业服务等领域的服务业扩大开放为着力点,放宽外资准入,提升资金、人员、货物、数据等要素的跨境流动便利度,吸引跨国公司在全球范围内整合资源要素,提升服务贸易的吸引力。

京津冀协同发展战略持续深化为服务业的协同开放创造了有利外部环境。京津冀协同发展进入新的发展阶段,跨区域产业协同合作、产业链创新链融合互动成为京津冀协同的重点。随着京津冀区域市场一体化的推进,资金、技术、劳动力、数据等要素的自由流动将为服务业协同发展创造良好环境,将助推金融保险、现代物流和科技服务业等为代表的生产性服务业协同发展。

同时，北京、天津两市“国际消费中心城市”建设步伐加快，带动京津冀城市群商业载体提质升级，促进商贸、文旅等生活性服务业快速发展。

数字技术赋能商业模式创新，将有力促进服务业与制造业、农业的深度融合。随着颠覆性技术的应用和商业模式的创新，智能经济、数字经济、共享经济和体验经济等经济形态成为新的发展热点。天津加快实施制造业立市发展战略，运用现代信息技术等科技手段带动传统企业开展数字化智能化升级，制造业与服务业深度融合成为发展趋势，将影响企业的流程再造和价值链重塑，有助于天津利用服务业领先优势，创新发展生产性服务业和数据驱动等新模式新业态，为全球企业共享天津制造业智能化改造、数字化转型蓝海市场提供便利。

四　天津现代服务业发展的对策建议

天津着力建设国际消费中心城市、区域商贸中心城市，亟待提升服务业发展层级和水平，增强服务业竞争力和影响力，加快形成与社会主义现代化大都市功能定位相匹配的服务经济体系。

（一）坚持引育并举，做大做强服务业市场主体

大力引进服务业头部企业，引培高成长企业，推动服务业大企业平台化转型、服务化升级，有助于增强对区域经济发展的贡献率。一是着力引进和培养产业链供应链龙头企业。聚焦现代物流、会展服务、科技服务、商务服务等生产性服务业领域，加强 12 条重点产业链的融合、衔接，引进、培育一批具有影响力的服务型知名企业。二是着力引育培育生活性服务业领域品牌化企业，围绕新零售、健康服务、文旅服务、教育培训等领域，加强服务品牌塑造，提升专业化服务水平。三是激发多元市场主体活力。构建多层次企业孵化体系，鼓励中小微服务企业开展专业化、品质化、标准化升级，加快企业产业链、供应链数字化改造。积极发展平台经济，鼓励头部企业整合产业链资源，不断深化

场景应用,形成涵盖多价值环节的平台经济生态圈。

(二)聚焦重点领域,优化现代服务业结构

一是以先进制造产业为牵引,促进生产性服务业提质增效。立足制造业高质量发展,延伸并升级上下游服务环节,鼓励传统制造企业加大产品设计、生产制造等环节创新投入、拓展数字技术应用,增强科技服务、信息服务、商务服务等服务能力,建立全产业链主导地位,促进制造业优势产业迈向全球价值链中高端。增强金融服务能力,发展科技金融、绿色金融等,深化金融产品和服务创新。加快发展会展业,吸引一批具有国际国内影响力的会展企业,实现重大会议、展览、赛事项目等落户天津。

二是以国际消费中心城市建设和区域商贸中心城市建设为抓手,以满足人民美好生活需要为导向,促进生活性服务业向便利化、品质化、品牌化、精细化发展。鼓励外资设立娱乐演出和经纪机构、引进境外文艺表演,为全球企业共享京津冀城市群超大规模人口消费市场。推进数字化技术渗透融合,促进商贸流通领域创新发展,增强服务辐射能力。深化文旅融合,推动工业旅游、红色旅游、会展旅游、邮轮旅游、研学旅游、体育旅游、节庆旅游和养生旅游等互联互融,拓展文化和旅游新市场。积极推进医疗护理、健康检测、养老服务、教育培训、家庭服务等的保障能力,不断提高服务供给的质量和水平。

(三)深化产品和服务创新,推动产业融合发展

落实创新驱动发展战略,推动服务技术、理念、业态和模式创新,重点促进服务业与制造业、农业的融合发展,推进服务业数字化,增强服务经济发展新动能。一是促进服务业与制造业深度融合发展。深入落实制造业立市要求,推动制造业向研发设计、增值服务等价值链高端延伸,促进制造业重点行业和服务业重点领域双向深度融合。支持发展众包、云外包、平台分包等新模式,大力发展服务型制造。二是促进服务业与农业深度融合发展。加快引导农业

生产向生产、服务一体化转型，推动线上线下融合发展。发展乡村旅游、健康养老、文化创意、农村电商等业态，推动农业“接二连三”。培育乡村产业新业态，扶持创意农业发展，厚植“农业 +”产业，推动品牌化建设。三是推动服务业内部融合发展。以新一代信息技术和互联网平台为依托，大力促进互联网以及大数据的融合，并和现代服务业进行有效渗透，加快培育服务业融合发展载体，激发服务业发展活力。

（四）扩大服务业开放，提高国际竞争力

一是立足国家战略，深化京津冀服务业开放合作。深度参与京津冀服务业区域分工，形成区域协调发展的服务业格局。重点加强对接北京创新成果转化、现代金融、研发设计、高端中介服务等外溢功能，提升天津在全国与全球城市网络中的地位。二是抓住服务业扩大开放试点城市先行先试政策优势，着力扩大重点产业、重点领域和环节的开放，提高科技、金融、商贸、文旅、医疗卫生等领域的开放力度，推动提升面向国际国内两个市场配置资源的能力，提高企业的国际竞争力。三是持续深化服务贸易创新发展试点。加快建设数字服务、中医药服务 2 个国家级出口基地，培育一批天津数字服务出口品牌，提升医疗保健出口服务产品聚集优势。积极拓展计算机、新兴服务以及文化娱乐等新兴服务贸易领域。四是推进制度型开放，主动与国际规则、区域经贸协定规则和重点合作对象对接，服务业制度创新先行先试，促进服务业扩容、提质、增效。

参考文献：

［1］汪毅：《持续优化现代服务业高质量发展的空间布局》，《群众》2023 年第 7 期。

［2］陈景华、徐金：《中国现代服务业高质量发展的空间分异及趋势演进》，《华东经济管理》2021 年第 11 期。

［3］《市发展改革委关于印发天津市服务业发展“十四五”规划的通知》，天津政务网，

https://fzgg.tj.gov.cn/zwgk_47325/zcfg_47338/zcwjx/fgwj/202109/t20210903_5580173.html。

[4]《前三季度我市经济稳定恢复》,天津市统计局,https://stats.tj.gov.cn/sy_51953/jjxx/202310/t20231020_6435514.html。

[5]《天津市人民政府办公厅印发关于促进生活性服务业发展若干措施的通知》,天津市人民政府,https://www.tj.gov.cn/zwgk/szfwj/tjsrmzfbgt/202203/t20220316_5831027.html。

改革开放与创新发展篇

天津开放经济发展研究报告

许爱萍　天津社会科学院数字经济研究所副研究员
秦鹏飞　天津社会科学院数字经济研究所助理研究员

摘　要： 开放型经济是拉动天津经济高质量发展的新引擎。党的二十大报告把"推进高水平对外开放"作为"加快构建新发展格局，着力推动高质量发展"的重要内容。天津抓准国家战略，立足定位探索，依托"十项行动"，加大力度推动高水平改革开放发展。2023 年，天津开放经济总体运行向好，项目建设、招商引资稳步推进，但仍存在缺乏研发创新类型的开放载体（或大平台），开放制度创新相比北京、上海等先进地区存在滞后性，业态创新走在前列，但模式较为单一或创新深度不够等问题。通过以平台建设、政策创新、新业态培育、营商环境打造等方面着手，将有利于加快推动天津开放经济高质量发展。

关键词： 开放发展　自贸区　天津港

长期以来，我国高度重视开放发展，以习近平同志为核心的党中央提出了"构建人类命运共同体""一带一路"倡议等一系列有关对外开放的新思想和新理念,谱写了对外开放的新篇章。党的二十大报告把"推进高水平对外开放"作为"加快构建新发展格局,着力推动高质量发展"的重要内容。天津切实把党的二十大作出的重大决策部署付诸行动、见诸成效,围绕全面建设高质量发展、高水平改革开放、高效能治理、高品质生活的社会主义现代化大都市的目标导向,提出天津发展的"十项行动"并写入 2023 年天津市政府工作报告。其中,"开放"屡次出现,在"实施港产城融合发展行动"中更是提出"大港口、大开放、大循环"理念,在"实施滨海新区高质量发展示范引领行动"中提出"全面提升开放能级"的发展要求[1]。高水平开放将有利于促进高质量发展,开放经济是推动天津经济高质量发展的重要抓手。

一　开放经济发展形势及趋势分析

(一)我国开放发展面临的国内外形势

从国际形势来看,目前国际环境中的某些不稳定因素对我国对外开放发展构成一定的约束与制约。新时期,贸易保护主义与单边主义仍会持续,对外开放环境将持续处于不稳定状态,复杂的国际形势对我国对外开放提出了更高的要求。此外,随着 2021 年 9 月 16 日我国正式提出申请加入《全面与进步跨太平洋伙伴关系协定》(CPTPP)和 2022 年 1 月 1 日《区域全面经济伙伴关系协定》(RCEP)生效实施,需要以更高水平开放与 CPTPP、RCEP 等规则对接,在国际市场上赢得竞争力与主导权。

从国内来看,党的二十大报告指出"坚持高水平对外开放,加快构建以国内大循环为主体、国内国际双循环相互促进的新发展格局"。加快构建新发展格局,极大释放内需活力,以内需拉动国际资源和要素导入,以国际资源和要素促进产业升级与社会发展,来自国际市场的竞争压力与协同合作将促进国内企业产业竞争力的有效提升。对外开放是协同共赢,也体现了我国对外开放的大国担当。新时期制度型开放将成为国内新的开放形势,也成为未来开放创新的活跃领域。

（二）开放经济发展出现新趋势、新变化

新时期，我国开放经济发展呈现出新趋势、新变化。第一，开放经济发展逻辑发生根本转变，最早的开放经济是为了尽快融入全球产业分工，提升货物进出口贸易，随着人口红利逐渐弱化，我国开放经济已逐步由对外开放增加进出口，转变为集聚国外要素资源促进国内产业科技创新发展。第二，“一带一路”建设成为开放经济发展的主要依托之一。从 2013 年开始至 2022 年，我国与共建国家的进出口额年均增速达到 8% 以上，在对外贸易中发挥越来越重要的作用。港澳大湾区和长三角作为“一带一路”的重要支撑，已经成为中国“走出去”企业的重要平台。“一带一路”在未来将促进更高层次的开放。第三，自由贸易区与综合保税区成为对外开放的主要抓手。自由贸易区、综合保税区等对外开放先行区充分发挥对外开放的先导作用，创新了负面清单、保税研发等对外创新举措，成为所在省市对外开放的重要依托。自由贸易区、综合保税区对外开放创新举措向全国复制推广，为开放制度创新的策源地。第四，新型开放经济发展业态不断涌现，数字贸易、服务贸易等领域的新模式、新业态不断涌现，改变传统的开放经济发展业态，有效扩大高附加值贸易规模，赋能产业创新发展，产业从价值链点逐步向价值链高端迈进。第五，制度型开放成为开放主流，与国际贸易规则的双向接轨，在外资准入、进出口贸易举措、模式创新等方面进行制度性改革，全面服务产业创新等资源的要素流动。目前国际开放贸易规则仍存在真空地带和制度红利。

二　天津开放经济总体发展现状

（一）天津市开放经济发展情况

1. 外贸外资稳定恢复，开放经济总体向好

贸易出口结构优化。2023 年前三季度，随着生产供给稳步增加，市场需求保持平稳[2]，天津进出口总额为 6002. 1 亿元，同比下降 2. 7%，位居全国

第九。其中,进口总额为3231.2亿元,出口总额为2770.9亿元,贸易逆差为460.3亿元。

对外开放稳中提质。积极探索业态模式创新,王兰庄国际商贸城纳入国家市场采购贸易方式试点范围,国务院加快培育的6种外贸新业态全部落地;服务业扩大开放116项综合试点任务深入实施,跨境贸易便利化专项行动持续开展,建成首个跨境电商进口退货中心仓和跨境电商全球中心仓。中欧班列实现常态化运行,首次发运“保税+中欧班列”新模式,2023年前三季度,天津新港海关监管发运中欧班列512列,搭载货物5.5万标准箱。

2. 加快推动制度创新,对外开放提档升级

天津市助推开放经济发展出台了一系列政策及举措,如AEO认证企业(指经过国际国家安全和可靠的正式认证的企业)、企业“白名单”制度、境外职业资格认可等,且率先在自贸试验区建立同国际投资和贸易通行规则相衔接的制度体系,制度的先行先试极大促进了开放经济的发展。加大培育AEO企业高级认证,技术领域产业的重点企业开展AEO高级认证后,即可自行出具原产地声明获得关税减免,极大降低企业成本。开展“白名单”企业认定,生物医药企业(研发机构)凭借“白名单”认定文件,可代替进口药品通关单在天津海关办理进口申报验放手续。推动更多企业享受跨境支付便利化政策,截至2023年6月末,天津市优质企业贸易外汇收支便利化试点银行达16家,试点企业增至182家,业务规模累计208.4亿美元。推行境外职业资格认可工作,建立资格认可目录制度。

3. 外贸新业态新模式快速发展,外贸进出口质量进一步提升

数字贸易、跨境电商、离岸贸易、保税研发等新业态新模式纷纷涌现。数字贸易方面,在数字贸易市场准入、国际规制对接、跨境数据流动、数据规范化采集和分级分类监管等方面先行先试,开展压力测试,培育科技、制度双创新的数字贸易等方面开展探索;天津数字贸易全球推介平台正式上线,平台正在策划开展“天津数字贸易全球推介平台”海外推广互动活动,通过增强现实、虚拟现实技术和人工智能等技术,在线上和线下同步向海内外市场推介京津冀及周边地区非遗项目、老字号品牌和文创产品,推动对外文化贸易发展。跨境

电商业态方面,2023 年前三季度,天津口岸跨境电商零售进口商品超 28 亿元,同比增长 2.4%。推出“跨境电商 + 离岸贸易”一站式外汇结算创新,解决了企业供应链支持及合规结算问题。离岸贸易方面,天津创新形成“外汇管理部门 + 属地行政主管部门 + 商业银行 + 离岸贸易企业”四方联合现场办公的“天津模式”,创新推出“离岸贸易 + 跨境电商”业务模式。保税研发方面,设立了首个保税研发专用账册并已有企业设立,同时将保税研发业务从生物医药扩面到航空航天,针对航空耗材专门设立保税研发账册,降低企业研发成本。

(二)开放型经济载体发展态势分析

1. 服务业扩大开放试点顺利推进,显著提升天津服务贸易国际竞争力

天津于 2021 年 4 月成为第二批服务业扩大开放综合试点城市,先后实施一系列改革方案,2023 年已经进入三年试点建设期的收尾阶段。天津在科技成果转化赋权、“细胞谷”建设、融资租赁业创新发展、海铁联运“一单制”推广和“船边直提”“抵港直装”模式创新、海关业务协同、保税集拼新模式等方面的经验做法入选 2023 年 1 月商务部印发的国家服务业扩大开放综合试点示范最佳实践案例。此外,《关于完善科技成果评价机制的实施意见》等配套实施细则陆续出台,国内首笔跨境人民币保理业务等标志性创新项目落地,8 个服务业扩大开放示范园区正在加快建设。金融创新开放方面,天津先后落地发行全国首单“碳中和”资产支持票据、全国首单租赁企业可持续发展挂钩债券等绿色金融债券、全国首单 FT 账户项下境外机构代发薪和缴税业务、全国首单租赁企业可持续发展挂钩债券等。物流运输开放方面,探索海铁联运“一单制”,成功开行天津港到石家庄、长春等多条“一单制”海铁联运通道。保税业态拓展方面,全国首个综合保税区内飞机入境维修改装正式落地,完成天津市首个冻品可信仓单质押融资试点,展示交易范围拓展到京津冀地区。

2. 港产城融合发展,激发天津发展新动力

2023 年前三季度,天津港集团完成货物吞吐量 3.67 亿吨、集装箱吞吐量 1761 万标准箱,分别同比增长 1.1%、6.5%。2023 年天津市提出的“十项行

动”中明确提出“港产城融合发展行动”,要求要树立“大港口、大开放、大循环”理念,打造一流的集疏运体系、一流的港航服务、一流的管理效能、一流的开放环境,更好地服务国内大循环和国内国际双循环。天津市河北区政务服务中心增设“港产城融合政务服务专窗”,可以提供航运金融、物流等咨询服务。

3. 积极参与共建“一带一路”,扩大全方位对外开放格局

2023 年,天津市深度参与共建“一带一路”,借力区域全面经济伙伴关系协定,不断深化国际经贸合作,推动与东北亚、东盟、欧盟经济往来,积极融入中蒙俄、中巴等国际经济合作走廊建设。天津茉莉亚学院落成启用,鲁班工坊在全球布局达到 20 家,连续成功举办 6 届世界智能大会、第十四届夏季达沃斯论坛,向全球展示天津城市名片。

4. 自由贸易区及综合保税区以创新促开放,打造改革开放新高地

天津市共有 5 个综合保税区,综合保税区对外开放发展主要有两方面的成效,第一,综合保税区外贸进出口增幅远高于天津市外贸进出口增幅,已成为天津市发展外向型经济的重要开放平台。天津市综合保税区以占天津市 1. 5‰的行政区划面积,实现全市超过 30% 的外贸进出口值,综合保税区已成为天津市对外开放的重要力量。2023 年 1—7 月,天津市综合保税区进出口总值 1531. 6 亿元,比 2022 年同期增长 15. 0% ,增幅高于天津市外贸进出口增速 16. 9 个百分点,占天津市进出口总值的 32. 6% 。第二,在业态培育方面做出创新。在融资租赁方面,创新推出委托异地监管、保税租赁飞机退租再租赁、保税租赁飞机境内改装再租赁等多项全国首创业务,实施航空产业全链条集群监管,2022 年保税租赁货值 757. 7 亿元,飞机、船舶、海工平台的租赁业务规模占全国总量的 80% 以上,已成为全球第二、中国第一大飞机租赁聚集地。在保税展示交易方面,业务模式持续创新,从个人消费品逐步拓展至汽车、飞机、船舶、艺术品、冻品等商品,展示交易规模大幅提升。2023 年 1—7 月,天津市综合保税区进出口总值 1531. 6 亿元,比 2022 年同期增长 15. 0% ,增幅高于天津市外贸进出口增速 16. 9 个百分点,占天津市进出口总值的 32. 6% 。在保税维修方面,从最初的航空设备拓展到船舶、工程机械、数控机床、通信设备、飞

机、工程机械、集装箱、显卡等领域,推动自由贸易区内、综合保税区外的保税维修再制造项目落地,丰富了相关业务形态,2023 年前 3 月天津保税维修业务进出口货值达 34. 2 亿元。

(三)开放创新生态

1. 营造一流营商环境,促进高水平对外开放

在营商环境建设方面,天津市从企业实际需求出发,继续深入实施“一制三化”审批制度改革和“天津八条”等惠企政策,打造市场化、法治化、国际化营商环境。在配套政策方面,为深入落实“十项行动”见行见效,2023 年 9 月,天津市发布了《天津市新一轮优化营商环境措施》,围绕政务环境、市场环境、法治环境、人文环境 4 个维度、20 项重点任务,通过细化 278 条具体措施着力打造市场化、法治化、国际化一流营商环境。在激发市场活力方面,积极培育和激发经营主体活力,为推动高质量发展提供了有力支撑。2023 年前三季度,全市新登记市场主体 23. 62 万户,同比增长 14. 1% 。落实搞活汽车流通扩大汽车消费 14 项措施,推动平行车保税展示交易项目落地,办好第三届海河国际消费季。

2. 实施更加积极开放的人才政策,提升城市吸引力、竞争力

在人才引进方面,天津已经成为海外留学人员工作或创业的重要聚集地,截至 2023 年 7 月,落户的海外留学人员已超过 1. 5 万人。深入落实“海河英才行动计划”,举办了 2023 年秋季“海河英才”高校专场招聘系列活动,在哈尔滨工业大学、吉林大学、大连理工大学、河北工业大学、北京科技大学举办专场招聘,参加招聘企业 560 家次,提供岗位 1. 4 万余个,求职咨询 2. 8 万人次,求职毕业生中硕士以上学历达 75% ,收取简历 1. 8 万份,达成意向近 5500 人次。

3. 支持创新创业,推动开放包容共同发展

在创新创业方面,2023 年 4 月发布《天津市推动制造业高质量发展若干政策措施》,对 12 条重点产业链提供专属政策,支持重大项目落地。在赛事展演方面,2023 年 5 月,举办第七届世界智能大会,吸引了全球 51 个国家和地区的 1000 余名中外政要、专家学者、企业家参会,492 家单位携千余项新

技术、新产品展示成果,展期接待30万人次,创出历史新高,全市与各方共签约重点项目98个,协议总金额达815亿元。围绕“一基地三区”功能定位和天津发展需求,2023年8月举办了第四届天津市“海河英才”创新创业大赛,聚焦重点产业领域,面向世界科技前沿、国家重大战略,吸引了全球才俊来津创新创业。

三 天津开放经济发展存在的问题

(一)缺乏研发创新类型的开放载体、大平台

目前天津的5个综合保税区及天津港均以货物进出口为主,天津市产业发展进入研发创新决胜阶段,但天津缺乏研发创新类型的开放载体、大平台。

(二)相比先进地区天津开放制度创新存在滞后性

天津进行了一定程度的开放制度创新,但相较于北京、上海等先进地区延迟较大,有的政策如特殊物品进出口监管等延迟在5年时间左右,政策创新存在滞后性。天津港等载体平台受制于航线少等因素制约,天津企业大多从上海、北京等口岸开展进出口贸易。负面清单与国际先进负面清单制度有一定差距,且内容多集中在制造业,其他行业突破较少,行业门类不够全。

(三)业态创新走在前列,但模式单一、创新深度不足

天津虽然进行了融资租赁、保税研发等业态创新,但融资租赁等业态创新模式较为单一,保税研发等尚处于初始破题阶段。以融资租赁为例,存在同质化、发展不平衡问题,天津自由贸易试验区的业务主要集中于飞机、船舶等大型设备,其中飞机租赁业务更是占到全国80%以上,所以除租赁公司、航空运输企业以及飞机制造企业外,融资租赁能够服务的中小微企业较少。

四　天津开放经济发展的对策建议

（一）加大平台建设，推动综保区升级

第一，效仿中关村综合保税区模式，申报建设研发创新类型的综合保税区或者对现有的5个综合保税区进行升级，建设成以研发创新为核心的进出口大平台，辐射到整个天津产业。第二，依托新建的综合保税区或者升级综合保税区，深化一体化监管模式创新，推动在联合执法、信用信息共享、失信联合惩戒、检验检测结果互认互通等领域开展全面协作。第三，依托新建的综合保税区或者升级综合保税区，支持本地区企业的研发创新，探索研发创新相关综合保税区研发创新政策、举措和便利化通关举措。第四，在新建的综合保税区或者升级综合保税区内，引进第三方外贸进出口服务公司，积极引进各类研发原材料、设备等进出口企业、平台，为研发创新企业提供综合类研发原材料进出口服务。

（二）制度先行，推动开放经济政策创新

积极学习先进地区的经验，采取相关举措快速复制先进地区开放经济制度模式。第一，聚焦企业在外贸供应链以及需要的制度创新，聚焦市场经营主体生产经营的难点、外贸产业链供应链的断点、内外贸转换融通的堵点，在自贸试验区进一步深化跨境贸易便利化改革，打造更开放、更便利的监管模式。第二，全链条发力提升跨境贸易便利化水平。深化改革融合和系统集成，强化跨部门协同，提升综合治理水平。进一步巩固进出口时间、成本的压缩成果，全面优化技贸措施、风险管理等监管框架。在自贸试验区率先拓展“单一窗口”功能，将“单一窗口”应用拓展至国际贸易全流程、全环节。第三，实施“一企一策”。针对生物医药、集成电路、航天航空、新能源汽车等不同产业的发展需求，打造监管服务方案，强化精准施策。第四，提供“一站式”通关服务，探索实施“以总部为单元”的一体化保税监管模式，强化属地纳税人管理，建立总部

经济集团“双特”价格台账,统一归口办理特许权使用费、特殊经济关系补税等相关业务。

(三)业态创新,培育开放经济新业态

第一,支持保税维修、融资租赁、保税船供等服务贸易加快发展。在国际贸易“单一窗口”增加跨境服务贸易模块,完善与服务贸易相关的外汇结算、出口退税、业务备案等功能。第二,持续深化市场采购与外贸综合服务、跨境电商融合发展,探索“跨境电商+海外仓”“跨境电商+产业集群”等新模式,打造一批具有竞争力的内外贸一体化区域品牌。第三,持续推动外贸新业态新模式制度创新、管理创新、服务创新协同发展,紧跟国际贸易发展新趋势,优化体制机制和管理模式,增强各方面集成性,放大对周边地区和上下游产业的带动效应。第四,构建更加科学合理的新业态试点体系,探索利用新业态新模式物流营销体系承接国内外产业转移的体制机制。以保税维修、离岸贸易等为抓手,提升自贸试验区利用两个市场、两种资源的枢纽作用,推动在重要领域积极对接国际高标准贸易规则。第五,在传统贸易合作地区加快贸易新业态新模式布局,依托海陆大通道,面向“一带一路”共建国家、中欧班列重要节点城市和地区建设海外仓,积极拓展新兴国际贸易市场。

(四)环境打造,打造开放创新协作、海纳百川的生态环境

第一,为企业提供“一企一策一团队”的“一站式”管家服务,量身定制问题解决方案,精准解决“服务包”企业的个性化诉求和制约企业发展的难点问题,切实助力企业发展。第二,加大人才公租房筹集力度,由园区企业自持、统一配租,优先满足入园企业人才住房需求,大力引进海外人才和创新创业人才。第三,在官方网站、政务微信和网络媒体等平台开展线上普法、案例发布等,加强知识产权服务、惠企政策、外贸支持举措等营商环境宣传力度。

参考文献：

［1］《十项行动 激扬高质量发展新动能》,《天津日报》,2023 年 1 月 5 日。

［2］中国发展网:《前三季度天津市经济稳定恢复》, http://www. chinadevelopment. com. cn/news/zj/2023/10/1864151. shtml.

天津科技创新发展研究报告

张冬冬　天津市科学技术发展战略研究院副研究员

李小芬　天津市科学技术发展战略研究院高级工程师

摘　要： 2023年，天津贯彻落实党的二十大精神，坚持创新驱动发展，深入实施科教兴市、人才强市行动，打造自主创新的重要源头和原始创新的主要策源地。科创园区发展势头强劲，战略科技力量加快重塑扩容，科技对经济的带动作用持续增强，京津冀创新协同迈上新台阶，但仍存在科创园区建设运营需增强、企业创新仍较为薄弱、成果转化需提速等问题。下一步要强化京津冀创新协同，建设协同创新共同体；高标准建设科创园区，营造一流创新生态；强化重大创新平台建设，提升创新体系整体效能；培育壮大企业创新主体，建设产业科技创新中心；加大引聚培育力度，塑造科技人才竞争优势。

关键词： 天津　科技创新　天开高教科创园

一　天津科技创新取得积极进展

2023年，天津贯彻落实党的二十大精神，坚持创新驱动发展，深入实施科教兴市、人才强市行动，打造自主创新的重要源头和原始创新的主要策源地。科技创新实力加快提升，全社会研发投入强度达到3.49%①，位于北京、上海之后，连续5年在全国31个省区市中排名第三位；综合科技创新水平指数达

① 国家统计局、科学技术部、财政部：《2022年全国科技经费投入统计公报》。

到83.5%,较2022年提升1位,重回前三名行列①;创新对高质量发展的引领支撑作用日益增强。

(一)科创园区发展势头强劲

天开高教科创园等科创园区加快规划建设,国家自主创新示范区逐步建设成为自主创新与创新创业的主力军。

1. 天开高教科创园科创要素快速集聚

为发挥高教科技资源密集优势,强化高校、科研机构创新策源功能,进一步推动产教融合、科教融汇,天津启动建设天开高教科创园(简称"天开园"),探索"学科+人才+产业"的创新发展模式,打造科技创新策源地、科研成果孵化器、科创服务生态圈,建设高校与产业的"握手"通道。

第一,高校成果加速转化。截至2023年9月底,天开园新增入驻科技型企业600余家,其中核心区160家。核心区入驻项目中高校成果转化项目占比50.9%,大学生创业项目占比6.5%,校友企业占比26.7%,涵盖了人工智能、医药健康、新能源新材料等新兴领域,未来将形成若干与高校优势学科内涵关联的创新型产业集群,成为支撑全市经济高质量发展的新增长极。

第二,科创服务生态圈初步形成。园区已聚集各类科技服务机构80家,为初创企业提供概念验证、小试中试、研发支持等全链条技术服务。已入驻金融服务机构104家,多家银行在天开园设立支行,为天开园企业单列支持额度、定制专属金融产品,形成了包括创业种子基金、京津冀成果转化基金、高成长初创科技型企业专项投资等覆盖企业全生命周期的金融支持体系。举办"天开大讲堂""百企进天开"以及概念验证、创新创业培训等系列活动,营造"双创"良好氛围。

2. 国家自主创新示范区"升级版"有力推进

国家自主创新示范区加快布局战略性新兴产业、未来产业,各项科技创新指标领跑全市,2022年在国家高新区综合评价中排名第16位,较2022年提升

---

① 中国科学技术发展战略研究院:《中国区域科技创新评价报告(2022)》。

3 位,连续 3 年实现位次提升。

第一,创新动能持续增强。目前有 3 家海河实验室落地滨海高新技术产业开发区,推进从"0 到 1"的基础研究、从"1 到 N"的成果转化。2023 年 1—7 月,已入库国家科技型中小企业、科技领军(培育)企业 1475 家、51 家,占全市的比重分别达到 20.5%、17.8%;科技型上市企业达 15 家,在全市占比近 1/3。

第二,战略性新兴产业加快集聚。滨海高新区已形成信创、生物医药、新能源、高端装备制造、新经济服务业五大主导产业,2023 年上半年,五条主导产业链实现营业收入 1086.4 亿元,同比增长 16.3%,其中新经济服务业、新能源分别增长 31.4%、20.5%。"中国信创谷""细胞谷"两大产业主题园区高质量建设,"中国信创谷"信创规模以上企业达到 117 家,形成全国最完整的信创全产业链;"细胞谷"聚集相关企业 40 余家,涵盖细胞提取制备、细胞存储等全细胞产业链。

(二)战略科技力量加快重塑扩容

以实验室体系为代表的战略科技力量持续壮大,企业研发投入不断增长,在关键核心技术攻关、支撑产业创新发展等方面取得显著成效。

1. 实验室体系提速扩容

国家级创新基地获批数量达到 15 家;6 家海河实验室入轨运行,瞄准全球创新前沿,新挂牌脑机交互与人机共融海河实验室;374 家市级重点实验室提质优化,初步形成以全国重点实验室为前沿驱动、海河实验室为核心载体、市级重点实验室为网络支撑的天津实验室体系。在海河实验室创新联合体基础上,吸纳各层级实验室、科技和金融服务机构,成立了天开实验室创新发展联盟,以联盟推动成员间交互合作、联合攻关、成果转化,赋能天开园建设。

2. 企业创新主体地位不断增强

从科技型企业规模来看,科技型企业梯度培育成效显著,2023 年 1—9 月,"雏鹰"企业、"瞪羚"企业分别达到 4247 家、393 家,科技领军(培育)企业达到

316 家,比 2022 年同期多 33 家[①]。从企业创新活力来看,高活力创新主体数量持续提升,2023 年新获评国家级专精特新“小巨人”企业 59 家,累计获评数量达到 253 家;国家级企业技术中心累计达到 80 家,比 2022 年多 3 家。

3. 产业核心技术攻关取得突破

瞄准国家战略需求和天津“1 +3 +4”现代产业体系建设需要,各类创新主体加快“研发”和“制造”的联动,突破关键核心技术,提升产业创新能级,壮大新动能。2022 年度天津“1 +3 +4”重点产业领域获奖项目达到 175 项,占比 87. 5% 。重大创新平台取得丰硕成果,如表 1 所示。

表 1　天津重点产业领域创新平台关键核心技术突破进展

产业领域	重大创新平台	产业关键核心技术突破
智能科技	信创、脑机交互与人机共融海河实验室,国家超级计算天津中心等	加快基础工业软件研制,三维几何造型引擎已进入行业试用;显示动力学数值仿真软件登上科创中国先导技术榜;发布“天河天元大模型”,未来将在医疗、工业、法律等领域推出深度学习模型;神工脑机交互系统面世。
生物医药	现代中医药、细胞生态、合成生物学海河实验室等	血细胞分子图谱建立与血细胞生态研究获天津市自然科学奖特等奖;突破世界一流的血液蛋白质组学技术;新冠康复期用药清金益气颗粒获批医院制剂。
新能源	物质绿色创造与制造海河实验室等	研制高比能锂离子电池、应用于电动汽车,电池能量密度达到国际领先水平。

资料来源:根据公开资料整理。

(三)科技对经济的带动作用持续增强

创新对企业发展的引领带动作用不断增强,战略性新兴产业保持蓬勃壮大态势,对经济的支撑作用日益凸显,未来产业布局加速。

① 天津市科技局网站,kxjs. tj. gov. cn。

1. 科技创新成为企业发展强引擎

在科技创新引领下,天津企业新产品产量实现快速增长。2023 年前三季度,新能源汽车产量增长 2. 9 倍,服务机器人产量增长 22. 9% ,医疗仪器设备及器械产量增长 19. 8% 。[①] 科技成果加速转化为现实生产力,带动企业经济指标大幅增长。以 2022 年天津市科学技术奖获奖项目为例,2019 年至 2022 年,为企业新增销售收入、利润、税收分别达到 3936 亿元、858. 7 亿元、81. 1 亿元。

2. 新兴产业活力不断释放

2023 年前三季度,高端装备制造业、生物产业、新能源汽车产业等战略性新兴产业增加值分别增长 4. 4% 、7. 7% 和 46. 9% ,分别快于规模以上工业 0. 9 个百分点、4. 2 个百分点和 43. 4 个百分点;2023 年 1—8 月,高技术服务业、战略性新兴服务业、科技服务业营业收入分别增长 9. 7% 、14. 7% 和 14. 7% ,分别快于规模以上服务业 5. 0 个百分点、10. 0 个百分点和 10. 0 个百分点。高技术产业投资增速较快,同比增长 6. 3% ,高于全市固定资产投资增速 27. 1 个百分点,其中高技术制造业和高技术服务业投资分别增长 3. 1% 和 11. 2% 。天津正在加快布局未来产业,滨海新区将围绕八大领域建设 10 个未来产业集聚区,推动硬核成果加速涌现、转化。

(四)京津冀科技协同迈上新台阶

北京发挥国际科技创新中心辐射带动作用,河北、天津承接北京科技溢出效应和产业转移,三地科技协同不断深化。

1. 三地研发整体效能创新高

京津冀三地总体 R&D 经费投入强度从 2014 年的 3. 08% 上升至 2022 年的 4. 25%[②],比 2021 年增长 0. 15% ,比全国 R&D 经费投入强度高出 1. 71 个百分点。京津冀三地授权专利量质齐升,2022 年授权专利数量达到了 38. 0 万件,相比 2014 年增长高达 187. 9% ,其中,发明专利授权数量 11. 19 万件,比

---

① 天津市统计局网站,stats. tj. gov. cn。

② 根据国家统计局数据计算取得。

2021 年增长 17.5%，占比达到 29.4%，比 2021 年提升 6.6 个百分点。[①]

2. 三地创新资源加速流动

北京成果加速向津冀转移，2013—2022 年中关村企业在天津设立子公司、分公司累计 4373 家，投资额达到 1335 亿元；北京输出到津冀的技术合同由 2013 年的 3176 项增长至 2022 年的 5881 项，成交额由 71.2 亿元增长至 356.9 亿元。2023 年上半年，北京输出到津冀的技术合同成交额达到 196.7 亿元，高于 2022 年同期水平。天津吸引京冀投资额 1177.05 亿元，增长 10.3%，占全部引进内资的 56.0%，同比提高 3.9 个百分点。三地协同共建京津冀国家技术创新中心，已培育硬科技企业 105 家，其中上市企业 9 家。

3. 京津冀协同创新载体加快建设

天津与科技部签订新一轮部市议定书，支持建设重大创新平台、开展关键核心技术攻关。不断完善"1 + 16"承接平台，承接北京科技成果转化、产业转移。深化建设滨海—中关村科技园、宝坻京津中关村科技城、武清京津产业新城等重点园区，截至 2023 年 10 月，滨海—中关村科技园累计注册企业 4800 家，注册资本超过 2000 亿元，已为 900 余家北京科技企业提供科技创新、应用场景支持；京津中关村科技城累计入驻市场主体 1100 余家，逐步向北京重大项目零部件配套基地建设演进。

二　天津科技创新的形势与任务

当前新一轮科技革命和产业变革方兴未艾，科技创新加速推进，成为重塑世界格局、创造人类未来的主导力量。

（一）世界科技创新前沿趋势

随着新一轮科技革命与产业变革在全球范围内大规模的深入推进，以及经济全球化的稳步向前，部分发展中国家获得快速发展的机遇，后发国家通过

① 根据国家知识产权局数据计算取得。

技术创新实现了追赶超越。与此同时,美国、日本、韩国等都在加速国家创新体系重构和治理改革,以应对新一轮科技革命带来的科技竞争。从研发投入总量来看,根据全球创新指数(Global Innovation Index,GII)数据,2021 年全球研发投资增速高达5.2%,高于2020 年的3.2%,各国纷纷通过扩大税收激励、提供应用场景、加大研发信贷等方式,持续激发科研投入。从突破领域上看,重点布局以人工智能、量子信息、先进通信网络、物联网、区块链为代表的新一代信息技术,以合成生物学、基因编辑、脑科学、再生医学等为代表的生命科学领域,以及氢能等清洁能源。

(二)国内科技创新任务要求

党的二十大报告提出,坚持创新在我国现代化建设全局中的核心地位,加快实现高水平科技自立自强,加快建设科技强国,并对完善科技创新体系、加快实施创新驱动发展战略等作出专章部署。结合相关部署,科技创新重点做好以下工作。第一,加大基础研究力度。加强基础研究,从源头和底层解决关键技术问题,强化基础研究前瞻性、战略性、系统性布局,建设基础研究高水平支撑平台,协同构建中国特色国家实验室体系,加强人才队伍建设,广泛开展国际科技合作。第二,强化产业科技创新,加快形成新质生产力。推进创新链、产业链、资金链、人才链深入融合,发挥科技型骨干企业的引领支撑作用,促进科技型中小微企业健康成长,提高科技成果转化和产业化水平,开辟新领域、新赛道,培育竞争新优势。第三,加强区域协同创新。京津冀区域要强化协同创新和产业协作,在实现高水平科技自立自强中发挥示范带动作用,构建产学研协作新模式,提升科技成果区域内转化效率和比重;巩固壮大实体经济根基,把集成电路、网络安全、生物医药、电力装备、安全应急装备等战略性新兴产业发展作为重中之重,着力打造世界级先进制造业集群。

(三)区域科技创新实践探索

2023 年以来,北京、上海、江苏、浙江、广东等省市重点从以下方面创新举措,推动科技创新体系效能提升。第一,强化企业创新主体地位,推动创新要素向企业集聚。多地提出要推动建设创新联合体，如北京将拓展企业主导的产学研深度融合创新范式，支持龙头企业牵头组建创新联合体和共性技术平台；广东探索新型举国体制“广东路径”，支持科技领军企业牵头组建体系化、任务型创新联合体。第二，深化科技体制机制改革，持续激发创新体系活力。各地在推进科技项目及经费管理、科技成果转化、科技人才评级、科技开放合作等方面作出有益探索。例如，北京怀柔科学城打造科技成果转化示范区，陕西省深化科技成果转化“三项改革”，加速科技成果转化。第三，推动“科技—产业—金融”良性循环。多地围绕产业链供应链布局创新链，将研发经费投向重点产业，实施一批重大专项，如江苏围绕集成电路、数字经济推进关键核心技术研发项目；加快发展战新产业，如广东培育壮大生物医药、集成电路、智能网联与新能源汽车等战新产业集群；强化科技金融支撑，如北京、上海、南京多地推进建设科创金融改革试验区，深圳建设国际风投创投中心。

三　当前存在的问题

天津科技创新取得了一系列标志性成果与进展，综合科技创新水平保持全国第一梯队。但对比国家对科技创新的整体部署，以及国内先进省市的实践探索，在科创园区建设运营、企业科技创新等方面天津仍然存在短板。具体表现在以下方面。

（一）天开园建设运营仍需增强

与其他省市先行建设的科创园区相比，天开园入驻企业以高校孵化企业、校友企业为主，入驻企业的源头仍需拓展。从空间范围看，瞄准京津冀乃至全国，引聚创新型企业的数量仍然较少；从企业类型看，对行业龙头企业的招引力度不大，吸引知名众创空间、标杆孵化器的速度仍有待提升，以大企业、专业孵化器带动营造园区创新微生态、产业微生态的路径需进一步探索。“一核两翼”联动有待增强，在共建产业生态上的联动不足，“一核”研发孵化、“两翼”转化产业化虽已有案例，但尚未形成普遍态势，在共享服务资源上的联动不足,“一核”科技服务资源相对集中,已签约的金融机构、科技服务机构中大部分布局在“一核”,对“两翼”企业的辐射效应不显著。科创服务体系有待完善,在创业指导服务、创业投资基金等方面,服务主体、模式、产品等与其他园区仍然存在差距。

(二)企业创新仍然较为薄弱

有 R&D 活动数量的企业占比仍然较少,企业研发人员团队规模仍然较小。相关数据显示,天津有 R&D 活动的企业数占规模以上工业企业比重虽然有所提高,但位次持续下降;企业 R&D 研究人员占全社会 R&D 研究人员比重位次排在第 18 位;企业 R&D 经费内部支出占营业收入比重位次下降至第 13 位;企业消化吸收经费支出下降了 100%,企业技术获取和技术改造经费支出占企业营业收入的比重位次排在全国第 26 位。[①]

(三)成果转化进程有待加速

高校院所科技成果转化规模有待扩大。相关数据显示,2021 年 3649 家高校院所转化合同总金额达到 1581.8 亿元,同比增长 25%,成果转化总合同金额超过 10 亿元的高校院所数量达到 24 家,天津仅天津大学上榜 50 强,排名第 25,成果转化合同总金额达到 9.99 亿元。[②] 与其他先进省市相比,科技成果转化进度有待提速,以广东省松山湖材料实验室为例,已成立产业化公司 40 家,注册资本超 3 亿元,多个团队产业化公司已完成融资。

(四)京津冀科技创新协同仍有空间

天津产业链、创新链与北京创新资源的对接紧密程度仍然有待提高,与北京的科技创新协同仍存在着资源配置效率不高、资源流动不畅等问题,承接北

---

① 中国科学技术发展战略研究院:《中国区域科技创新评价报告(2022)》,科学技术文献出版社,2023。

② 中国科技评估与成果管理研究会、国家科技评估中心、中国科学技术信息研究所编著:《中国科技成果转化年度报告 2022》(高等院校与科研院所篇),科学技术文献出版社,2023。

京成果转化的科技服务链条仍不够完善,在概念验证、中试等环节仍然存在短板。2020—2022 年,北京技术合同成交额分别是 6316.20 亿元、7005.7 亿元、7947.51 亿元,但北京输入津冀的技术合同成交额仅占北京技术合同输出额的 7.6%、5%、4.49%。

四 对策建议

坚持创新驱动发展,深入实施科教兴市人才强市行动,大力推进科技创新,建设更高水平创新型城市,把天津科教人才优势转化为高质量发展的强劲动能,为国家科技自立自强贡献天津力量。

(一)强化京津冀创新协同,建设协同创新共同体

强化京津冀科技创新协同机制,高水平建设北京非首都功能承接载体,把北京科技创新优势和天津先进制造研发优势结合起来。第一,深化与在京高校、科研院所、央企交流合作。加强关键核心技术攻关,提升科技创新策源能力,借助北京科创资源带动天津传统产业转型升级、战略性新兴产业发展、加快培育未来产业。第二,提升承接载体功能。深化滨海—中关村科技园、宝坻京津中关村科技城、武清京津产业新城等园区建设,提升园区综合配套服务能力,健全人才导入、企业导入、创新投入等体制机制和政策体系,提升对京冀资源的吸引力。第三,共建京津冀技术创新中心。依托京津冀技创中心全球化协同创新体系资源,转化天津科技成果,引入全国乃至全球科技成果,提升成果在津转化效率和比重。

(二)高标准建设科创园区,营造一流创新生态

加快天开园、滨城中央创新区等科创园区建设,打造自主创新示范区升级版。第一,紧密围绕天开园“科技创新策源地、科研成果孵化器、科创服务生态圈”功能定位,加快引聚科创资源,提升园区建设运营水平。深化部市合作、院市合作、校市合作等,引进研发机构、科技企业、创新人才团队等;瞄准初创期

科技型企业需求,完善科技服务体系;营造“双创”氛围,组织“走进天开”系列大讲堂、路演等活动;推进“一核两翼”协调发展,共享创新资源,共建创新生态;科学谋划扩大发展空间,丰富综合工位式办公、会议、洽谈、试验等功能。第二,加快规划建设滨城中央创新区。优化空间布局,建设高端创新资源集聚,生产、生活、生态融合的科创标志区;推进滨海—中关村科技园这一滨城中央创新区核心区建设,聚焦区域主导产业,推进产品创新、技术创新、业态创新,探索产学研协作新模式。第三,加快打造自创区“升级版”。发挥国家自主创新示范区创新引领优势,探索试点和推广有示范价值的创新制度;用好企业创新积分政策,拓展在科技金融、企业培育等领域的应用场景,探索向全市复制推广“科创积分贷”;推动华苑片区与天开园建立联动机制,鼓励高校院所通过“先使用后付费”方式开展专利开放许可。

(三)强化重大创新平台建设,打造战略科技力量

瞄准国家战略需求和天津高质量发展需要,深化体制机制改革,高标准建设天津实验室体系,强化有组织科研,推进科技成果转化,加快打造一批引领性战略科技力量。第一,持续推进实验室体系提效扩容。抢抓国家重点实验室重组机遇,深挖天津科研力量,整合全国优势资源,争取建设更多全国重点实验室;加快在新兴领域、优势学科布局建设市级重点实验室。第二,加速实验室成果转化。支持实验室与大型央企、民企合作建立创新基地,吸引企业投入实验室建设,引导企业面向实验室提供应用场景,让科研成果与市场顺利匹配;创新实验室成果转化机制,推动实验室建设产业公共服务平台,引育相关领域企业,提升对产业集群的支撑作用。第三,引导实验室赋能天开园建设。依托天开实验室创新发展联盟,引导实验室与天开园对接,推动实验室成果进入天开园孵化转化,服务天开园企业与实验室协同攻关产业关键核心技术,加快实验室开放创新资源,面向天开园企业提供服务。

(四)培育壮大企业创新主体,建设产业科技创新中心

围绕产业链布局创新链,促进各类创新要素向企业集聚,激发企业创新活

力，做大做强科技企业底盘。第一，加强企业主导的产学研深度融合。在生物医药、新能源、航空航天等领域，加快建设任务型创新联合体，集聚创新链产业链上下游重点企业、研发机构和用户单位，聚焦产业基础底层技术、关键核心技术开展协同攻关，支撑产业科技创新。第二，持续做好创新型企业培育。持续实施企业梯度培育计划，构建"雏鹰—瞪羚—领军"高成长企业发展梯队，加大国家级高新技术企业、科技型中小企业的培育力度。第三，推进战略性新兴产业集群建设。加快出台梯次培育战略性新兴产业集群发展的顶层设计，引导集群龙头企业牵头形成纵向、横向融合协同的产业生态。

（五）加大引聚培育力度，塑造科技人才竞争优势

引进一批领军人才、技能型人才和优秀企业家，强化人才对高质量发展的支撑力和引领力，建设人才高度集聚、创新创业高度活跃的人才高地。第一，加大一流创新人才及团队引育力度。聚焦科技前沿领域和产业关键技术需求，依托实验室等创新平台，建设顶尖人才工作室，提升对领军人才的引聚力度；推动国家级科研院所、高水平大学在津办学，建好国家级卓越工程师学院，强化对青年创新人才的培养。第二，引进高水平海外人才。探索离岸引才新方式，依托天津（滨海）海外人才链创新创业基地等载体，用好自贸试验区政策，构建"国际人才社区"，强化以才荐才、以赛引才。第三，打造特色人才服务体系。完善高层次人才引、育、留、用全链条服务体系，构建人才全周期的天津模式。

参考文献：

[1] 中国科学技术发展战略研究院：《中国区域科技创新评价报告 2022》，科学技术文献出版社，2022。

[2] 陈凯华编：《国家科技竞争力报告（2023）——优化科技战略布局，塑造科技竞争优势》，经济科学出版社，2023。

[3] 叶堂林、王雪莹、刘哲伟,等:《京津冀蓝皮书:京津冀发展报告(2023)》,社会科学文献出版社,2023。

[4] 陈璐编:《京津冀协同发展报告(2023)》,经济科学出版社,2023。

[5] 中国科技评估与成果管理研究会、国家科技评估中心、中国科学技术信息研究所编著:《中国科技成果转化年度报告 2022》(高等院校与科研院所篇),科学技术文献出版社,2023。

天津金融创新运营示范区发展研究报告

沈艳兵　天津社会科学院经济分析与预测研究所副研究员

摘　要： 2023 年，天津市经济发展处于稳步恢复增长中，金融在支持经济社会发展中起到了非常重要的作用，天津在金融创新运营示范区建设中呈现出诸多亮点，普惠金融、数字金融、绿色金融、科技金融等发展水平不断提升，在服务“十项行动”、支撑民营经济发展、引育优势产业集聚、提升优势领域创新力等方面发挥了重要作用，成为天津高质量发展的重要支撑。未来在新发展理念的引领下，在应对国内外复杂的发展变化过程中，在坚持防范金融风险不动摇的前提下要加快数字金融创新发展、深化金融支持实体经济发展、持续优化营商环境和金融生态等，不断提升天津金融创新运行示范区高质量发展。

关键词： 绿色金融　数字金融　金融创新

2023 年“十四五”规划已实施过半，天津市始终坚持全面贯彻新发展理念，在推动高质量发展、推进京津冀协同发展战略等方面坚持稳中求进，着力扩内需、提信心、防风险，主动识变应变求变。在持续推进金融创新运营示范区建设中坚持创新发展、服务向实、强化监管，不断增强天津金融创新运营示范区的辐射力和影响力。

一　天津金融创新运营示范区发展现状

(一)2023 年天津金融发展总体情况

1. 社会融资规模基本面向好态势明显

2023 年前三季度,天津金融主要指标均在较高水平运行,存款保持较高增速,贷款增速持续加快,社会融资规模同比增加,为全市经济高质量发展提供了有力支撑。截至 2023 年前三季度,天津金融机构(含外资)本外币各项存款余额 43602.88 亿元,同比增长 12.29%,各项贷款余额 45253.48 亿元,同比增长 7.54%。从图 1 中可以看出,2023 年 1—9 月,贷款同比增速呈增长态势,存款同比增速有所波动,各项贷款余额绝对值整体略有上升。

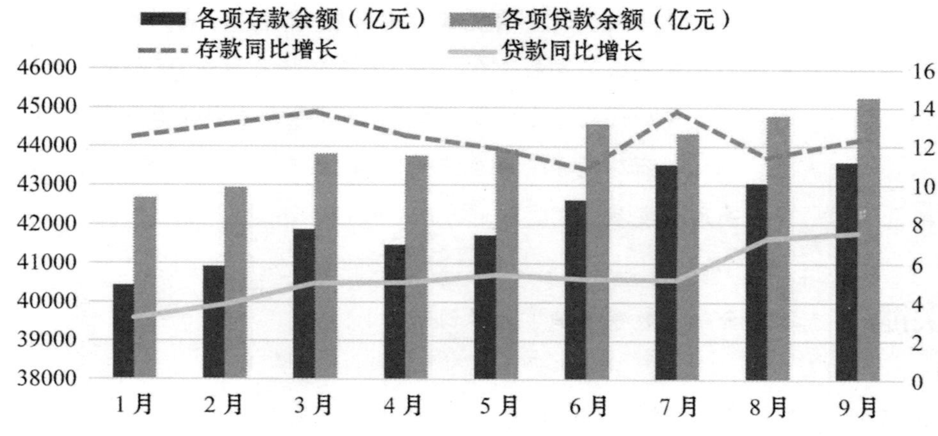

图 1　2023 年 1—9 月天津金融机构本外币(含外资)存贷款情况

数据来源:中国人民银行天津分行官网

2. 数字金融服务能力不断提升

随着金融创新运营示范区建设的不断深化,天津市金融服务水平不断提升,特别是数字金融服务能力持续增强。一是对新市民金融服务效能持续提升。京津冀三地银保监局联合印发《关于加强新市民金融服务支持京津冀协同发展的通知》,在推动形成覆盖新市民群体的多元化、多样化、多层化区域性金融服务体系的同时,进一步提升了天津市新市民金融服务的可得性和便利性。二是数字人民币支付生态不断延伸。数字人民币支付拓展了商圈零售、数字红包、公共交通、税收、社保、公积金、土地拍卖保证金、体彩、电力等众多应用场景。三是跨境支付便利化不断深化。天津市多个银行积极提升入境游客在津消费的移动支付环境,不断提升外国人入境支付便利化服务。"跨境电商综合金融服务平台"解决了众多中小微跨境电商企业资金结算"难、慢、拖"问题。四是强化金融服务实体经济深度。金融管理部门以"津心融"平台为重要抓手,为实体经济提供综合金融服务,常态化举办系列融资对接活动,在提升金融服务实体经济的质效上想办法、下功夫。

3. 普惠金融服务质效持续提升

天津市不断完善可得、有效的普惠金融服务,普惠金融发展向"量稳、价优、提质、扩面"的态势发展。首先,各金融机构不断强化市民防范金融风险的意识,通过线上线下多种渠道聚焦"一老一小和农村"等重点特殊人群加强金融宣传,有效提高居民风险防范意识。其次,面向小微企业和个体工商户的减费让利政策和其他金融服务取得良好效果。如"智慧小二"金融服务平台为个体工商户提供的服务覆盖面、匹配度和获得强不断增强;"津心融"平台为中小微企业融资对接服务更加精准;融资担保机构推出新担保产品"雏鹰保",扎实落实小微企业降费政策措施;金融租赁企业为科技型中小微企业量身定制金融服务方案;信用信息共享应用深入推进,建立了"信用+信贷+风控"的智慧金融服务模式助力中小微企业融资。最后,金融惠农力度不断提高。截至2023年6月末,在津中资银行机构涉农贷款较年初增长11.13%,新型农业经营主体贷款较年初增长63.98%,农业保险同比增长14.48%。金融机构针对优势特色农产品全产业链发展、新农村建设、农民创新创业等方面的融资需求,建立了多层次、广覆盖、可持续,适度竞争、有序创新、风险可控的现代农村金融服务体系。

4. 绿色金融改革创新深入推进

天津市绿色金融发展已成为绿色产业发展的重要支撑和金融创新运营示范区建设的突出成绩,绿色金融的多项指标居全国前列,截至2023年上半年,天津银行业金融机构绿色信贷余额超过6200亿元,较年初增长超过10%。其中,超过四分之三的信贷资金投向了清洁能源生产和基础设施转型升级领域,绿色租赁资产余额近4300亿元。在推动实施绿色低碳发展行动中充分发挥多方合力创新,通过绿色金融服务联席会议制度统筹推进我市绿色金融工作,与京冀两地协同出台加强绿色金融发展专项政策《关于协同推动绿色金融助力京津冀高质量发展的通知》。在推动绿色金融改革创新试验区建设上,打造全国绿色能源租赁中心方面成绩尤为突出,人民银行天津分行、市金融局、东疆综合保税区等单位联合探索出一套具有成效的绿色租赁认证评价评估机制,出台了全国首个《绿色融资租赁高质量发展实施方案》,认定评价全国首个绿色融资租赁项目;金融机构积极探索绿色贷款担保新模式、打造专属绿色金融服务方案,加大对绿色租赁的资金支持。2023年前7个月,天津融资租赁公司共发行绿色债券14只、发行规模74亿元,分别占总发行量的14.1%和11%。

(二)天津金融市场运行情况

2023年以来,天津市金融市场整体运行平稳,主要经营指标稳健增长,整体风险趋于收敛,服务实体经济取得新进展,支持重点领域取得新突破。

一是银行业规模稳健增长,存贷款增势明显。截至2023年9月末,辖内银行业总资产6.4万亿元,同比增长8.35%;总负债6.1万亿元,同比增长8.58%,利润同比增长2.34%。各项存款增势明显,存款继续保持10%以上的较高增速,个人存款2023年上半年较2022年同比增长19.04%,高于全国银行业个人存款增速1.98%,成为拉动存款增加的主要因素。截至2023年9月末,贷款余额同比增长7.35%,其中,制造业贷款同比增长15.9%。2023年前9个月,新投放贷款规模已较2022年全年水平实现翻番。银行业不良率连续三个季度低于全国银行业水平,不良贷款余额为近五年最低,2023年至9月末,辖内银行业不良贷款 1.4%,同比下降 0.53 个百分点。

二是保险业总量保持增长,居民保险意识增强。2023 年前三季度,天津市保险业实现保费收入 602.45 亿元,同比增长 11.49%,保险业赔付支出同比增长 22.68%。分险种来看,截至 2023 年 9 月,寿险收入排名第一,较 2022 年同期增长 17.99%;财险收入较 2022 年同期增长 7.61%;健康险收入较 2022 年同期减少 2.69%;意外险收入较 2022 年同期减少 17.05%。在原保险赔付支出中,寿险保费支出同比增长最大(63.75%),其次是财险(13.98%)和意外险(2.88%)。

三是证券市场与期货市场小幅增长,基金市场略有下降。截至 2023 年 9 月,全市上市企业累计达到 72 家,比 2022 年同期增加 5 家,滨海新区占比 61.1%,比 2022 年同期(62.7%)略有下降,与 2022 年同期相比,上交所、创业板和北交所分别增加了 2 家、1 家和 2 家。上市公司总股本比 2022 年同期增长 3.45%,上市公司总市值比 2022 年同期增长 5.57%。新三板挂牌公司 123 家,比上年同期减少 7 家。期货公司的总资产、净资产和净利润比 2022 年同期分别增长 6.81%、9.72% 和 29.64%,私募基金管理数减少 50 家、基金产品数量增加 94 只,基金管理资产规模同比减少 9.9%。基金领域向绿色发展趋势明显,以绿色能源为主的私募基金项目华源安能能源投资合伙企业正式落户天津港保税区。

(三)金融创新运营示范区创新发展的特征

在“十四五”规划和《关于进一步加快建设金融创新运营示范区的实施意见》的政策引领下,天津市不断深化金融改革开放,在全面提升金融创新能力、强化金融服务实体经济功能及发挥金融创新区引领示范作用等方面呈现诸多亮点。

一是深耕优势领域,金融创新力不断增强。作为金融创新运营示范区建设金字招牌的融资租赁业与商业保理业一直走在创新发展的前沿,通过源源不断的产品创新和政策优势迭代升级引领行业一直处于全国领先地位。工银金融租赁有限公司发挥先行先试政策优势,积极探索业务创新,相继开创了保税租赁、跨境租赁等中国金融租赁行业多项“第一”“首单”,通过金融结构创新对中资企业战略性新兴产业及“卡脖子”关键核心技术领域提供金融支持。各类优质金融租赁和商业保理机构除在传统飞机、船舶、海工平台领域继续深耕外,还不断开拓新的领域,在与铁路运输及运输设备制造业深度融合、聚焦服务绿色产业、致力于清洁能源技术创新等。同时,不断加强服务创新和监管,引导融资租赁和商业保理产业深度融入供应链产业链,加大对中小微实体企业、科技创新、绿色发展等方面的支持。

二是在引育优势产业集聚方面充分发挥金融效能。通过优化信贷结构,贷款重点向制造行业倾斜助力“制造强市”,2023 年上半年,辖内银行业制造业贷款余额同比增长 13.84%,其中制造业中长期贷款占比较年初上升 2.24 个百分点,高端装备制造业、新能源、新材料、新能源汽车等重点制造行业贷款余额较年初增速分别达到46.5%、19%、37.5%和31.8%。通过实施金融服务重点产业链发展 3.0 版,进一步提升了重点产业链金融服务效能,依托“主办行”对接服务模式,将保险、基金、证券、融资担保、融资租赁、商业保理等金融业态纳入对接机制,通过“信贷+非信贷”融资,为重点产业链企业提供全生命周期金融服务。

三是成为助力民营经济高质量发展的重要抓手。加快民营经济发展是推动天津高质量发展、建设现代化经济体系的重要任务。金融是优化民营企业资源配置、助力天津民营经济高质量发展的重要抓手。2023 年上半年,天津民营企业贷款余额 9700.92 亿元,比年初增加 477.4 亿元,增速 5.18%;民营企业有贷款余额的户数为 132.65 万户,比年初增加 6.52 万户。普惠型小微企业贷款余额 3313.89 亿元,较年初增长 490 亿元,增速高于各项贷款增速 11.66 个百分点,贷款户数较年初增加 6.91 万户。

四是在服务“十项行动”中发挥重要支撑作用。“十项行动”是天津市未来五年的重点工作部署,金融有力且有效支持“十项行动”已成为金融领域的主要任务。金融支持“十项行动”主要体现在:创新京津冀金融监管协同“新路径”,三地金融部门协同合作,出台加强新市民金融服务、绿色金融专项等多个金融政策;打造金融支持现代化产业体系的“天津样板”,以 12 条重点产业链为抓手,深入开展转贷款资金支持产业链试点工作,组织重点产业链无贷企业服务拓展专项行动。截至 2023 年 6 月末,辖内银行重点产业链贷款余额 1388 亿元,较年初增长 43.07%。探索构建“科技—产业—金融”新循环,完善“123”专项金融服务机制,印发天津银行业保险业支持专精特新中小企业等优质中小企业高质量发展工作方案,以天开园建设为契机,探索打造“科技—产业—金融”新循环发展模式的样板。增强普惠金融服务的精准性和有效性,以市场需求为导向,推动丰富普惠金融产品供给体系等。

二 天津金融创新运营示范区高质量发展的趋势预测

我国扎实推进高质量发展,国民经济向好态势不断恢复,但国际不稳定、不确定因素依然较多,国内需求仍显不足,经济发展仍面临严峻形势。世界各国家和各类金融资本都面临着创新的困境,都在寻找通过重大科技提升产业发展的途径,新产业、新技术、新业态将是金融资本关注的重点,这也为天津金融创新运营示范区发展提供了新的思路,加快天津金融创新运营示范区建设离不开对国内外宏观经济形势的预判和应对,向实而行、深化数字化发展将是大势所趋。

(一)数字金融助力高质量发展质效将不断增强

数字金融促进了金融新服务、新模式、新业态的创新发展,对促进天津经济高质量发展具有重要意义。首先,数字金融将推动天津数字经济向高质量发展。金融服务数字经济发展是必然选择,数字金融能实现以高质量的金融服务不断满足数字经济时代经济社会发展需求,如依托“中征应收账款融资服务平台”开展“政采贷”实现线上融资业务大幅增长。其次,数字金融将促进天津实体经济向高质量发展。在天津金融支持民营经济高质量发展“三四五六”专项行动中,把通过数字金融手段丰富对民营企业的金融服务作为重要内容。同时,围绕 2023 年天津重点项目清单,通过充分发挥数字金融优势,着力引导金融机构强化重点项目融资支持。最后,数字金融将进一步促进金融普惠性发展。通过有效弥合“数字鸿沟”,让金融服务和产品惠及更广泛群体,天津多家金融机构都在做好惠企惠民数字金融服务方面不断发力,扩大政策受益面,如运用商户贷、种植 e 贷等数字金融产品精准服务个体工商户、种植农户;通过“信易贷”数字金融平台进一步助企纾困、培育壮大市场主体。总之,随着数字金融的不断深化,数字金融将多维度促进天津经济高质量发展,为推动构建现代化经济体系、完善现代化大都市治理体系提供金融服务。

(二)金融促进产业发展的能效将不断提升

增强天津产业链、供应链的稳定性和韧性,强长板、补短板,促进产业基础高级化、产业链现代化是天津主要任务,强化金融对产业链供应链的精准服务,综合运用信贷、债券等各类新工具支持产业链、供应链中的大中小企业提高融资能力和流动性将有利于促进天津产业结构升级。《保险服务天津市重点产业链工作方案》将进一步增强保险支持天津重点产业链“稳链、补链、强链”作用,助力天津重点产业链高质量发展。通过多部门联合开展“金融服务重点产业链专项行动”将有效提升金融服务重点产业链总量规模和金融资源供给适配度,通过建立完善多种金融业态综合服务机制,为制造业企业提供多元化金融服务。通过多部门合力打造的金融服务专精特新企业“123”工程,将为专精特新企业、高新技术企业、科技型中小企业拓宽更多融资渠道,同时能健全完善科技金融服务体系强化科技对产业发展的支撑引领作用。

(三)金融与科技融合创新将向深度扩展

随着数字化、智能化、移动化的不断发展,科技对金融的影响越来越大,科技与金融的深度融合趋势在不断走向更宽更广。随着信息技术的发展,越来越多的科技创新改变着传统金融的发展模式,不仅拓宽了金融的服务渠道,也提高了金融的普惠化、效率化和可控性。强化金融与科技的融合创新是天津金融创新运营示范区建设中的重要任务,要不断推进和深化金融科技产品和服务,积极拓展金融科技的更多应用场景。随着金融科技创新监管工具创新应用在津落地实施,将更深入推进综合运用区块链、大数据、人工智能、互联网等新技术搭建金融科技服务平台和提升数字普惠金融服务质效。在践行金融服务“十项行动”中,以“科创融呗·津心融”特色产品矩阵服务码为代表的科创金融产品、“津心融”科创金融服务平台等为金融与科技融合新路径开发提供了更多参考。未来将进一步深挖金融科技创新应用项目,运用金融科技创新监管工具实现对创新行为的包容审慎监管,提升金融惠民利企、服务实体经济水平。

三 天津金融创新运营示范区高质量发展的对策建议

当前我国面临债务压力、就业压力、消费增长缓慢、金融监管不到位等诸多问题。第六次中央金融工作会议明确了未来我国金融发展方向:坚持把金融服务实体经济作为根本宗旨,坚持把防控风险作为金融工作的永恒主题,坚持在市场化法治化轨道上推进金融创新发展,坚持深化金融供给侧结构性改革,坚持统筹金融开放和安全,坚持稳中求进工作总基调。天津在金融创新运营示范区建设过程中必须强化风险忧患意识,按照中央部署,在新发展理念的引领下,确保金融风险可控,加快金融创新和数字化转型,增强金融支持实体经济的力度,突出金融支持重点领域,确保天津金融创新运营示范区建既定目标的实现。

(一)加快数字金融创新发展

在数字经济加速发展的大背景下,数字金融发展是其中的重要内容。数字金融不仅推动了社会经济的发展,更提升了科技创新水平。发展数字金融主要从以下几方面发力:一是加强数字金融建设的顶层设计。在加强数字金融基础设施建设的前提下加强天津数字金融总体规划和制度建设,以政策引领数字金融发展。二是加快推动金融机构数字化转型。由政府部门牵头组织和鼓励金融机构以多种形式为金融数字化转型成果搭建和匹配应用场景,进一步推动涉企政务数据共享和金融信创融合工作,共建天津金融数字化转型良好生态,不断提升金创区品牌效应和金融服务功能。三是大力支持科技金融创新发展。通过打造科技金融集聚区形成科技与金融的联动,开展科创金融服务中心试点,鼓励设立专门服务科技企业和科技人才的科技金融专营机构等。四是打造京津冀数字金融产业新高地,推动京津冀区域数字金融协同发展。鼓励京津冀各类金融机构开展经验交流,探索研发适合区域发展的数字金融产品和模式,优化信贷担保方式,积极拓展数字金融领域的合作方式加大区域金融供给,扩大金融覆盖面。推动京津冀在风险防控、信息共享方面构建监管协同机制,助力解决跨区域风险监管难、银企信息不对称问题。

(二)持续优化金融营商环境和金融生态

坚持打造一流金融营商环境,大力推动金融服务实体经济、民营经济发展,持续增强金融信贷服务的可获得性和便捷性,持续完善金融服务科技创新和绿色发展的体制机制建设,打造开放合作的金融服务"生态圈"是天津金融创新运营示范区建设的重要内容。持续优化金融营商环境和金融生态。第一,开展专项监督和调研找问题解难题,着力破解影响金融创新运营示范区建设中的梗阻。第二,切实落实各项专项金融支持经济发展的政策。天津在支持"十项行动"、北方国际航运中心建设、国际消费中心城市建设、天开园建设等重点工作中制定了详细的金融支持政策,要确保政策真正落地。第三,全面畅通政银企对接沟通渠道,不断推出和完善惠民利企措施,依托互联网等科技手段提升政务服务、法律、财政、税收等方面的服务水平,优化金融营商环境。第四,在培育和吸引金融复合型人才建设方面要充分发挥政府、教育部门和金融机构等部门合力,建立合理的人才引进、人才培养和激励机制。第五,积极吸引金融要素集聚。例如,依托金融街建设,吸引有实力的银行、保险、证券、基金、信托、企业集团财务总部等机构落户,以大沽北路和解放北路为核心创建"金融主业布局发展轴"和"金融、文旅商融合发展轴"等。

(三)深化金融对实体经济发展的支持力度

"畅通金融血脉,全力稳经济增长、稳市场主体"是天津金融发展需要长期坚持的原则，只有坚持以实体为本，金融为实体经济发展服务才能实现金融脱实向虚。要紧紧围绕天津经济发展的主要任务和目标，坚持深化金融对实体经济的支持力度，持续强化重点领域金融支持，积极落实各项金融惠企政策，为经济高质量发展提供有力金融支撑。一是金融机构要积极拓展金融供给工具，着力提升实体经济金融供给能力和水平，聚焦天津制造业、新兴产业等关键领域的实体经济，特别是众多专精特新中小企业，持续为其向好发展提供稳固的信贷支持和精准金融服务。二是积极运用金融科技手段拓宽和优化融资模式，打通各类实体经济融资的堵点和痛点，推动实体企业融资降本增效，在信贷投放上实现总量合理增长、结构持续优化、价格稳步下行。三是积极推进金融服务转变，全面提升供应链产业链金融服务质效，充分利用供应链服务平台，通过科技赋能，让供应链金融实现真正的全流程线上化，形成“融资 + 融智”的金融服务大格局，真正为实体经济发展赋能。

（四）加强金融风险预警和处置机制建设

天津金融业健康发展需要坚持健全金融风险预防、预警、处置、问责制度体系，构建防范化解金融风险长效机制。受国内外经济形势复杂性和科技金融领域的深入发展，金融风险的防范难度越来越大，加强金融风险预警和处置机制建设是保证天津经济稳定发展的重要任务。在加强金融风险预警机制建设方面，第一，建立健全针对全社会金融市场的风险预警机制，当金融市场出现异常波动时，相关部门应及时预警并采取相应措施，避免风险扩大化。第二，加强对金融机构的信息披露和监管，建立健全的信息公开制度，提高市场的透明度和公信力。第三，加强对消费者的教育和引导，提高其金融知识和风险意识，增强其自我保护能力。第四，加强跨部门合作，形成涵盖金融、工商、税务、政法等多部门监管合力，实现监管的有机衔接和无缝对接。在加强金融风险处置机制建设方面，当金融市场出现风险时，应及时采取措施化解风险。一是强化对金融机构的监管和处罚政策，出现违规经营情况应及时处理，促进其规范经营。二是加强对债务人的管理和处置，建立健全风险补偿机制。三是加强金融法治建设，以制定金融稳定法和设立金融稳定保障基金为契机，进一步理顺并健全金融风险防范、化解、处置长效机制,推动处置机制市场化、法治化和常态化。

参考文献:

[1] 王宝会:《金融精准支持实体经济》,《经济日报》2023 年 9 月 6 日。

[2] 刘英潮:《〈关于加强新市民金融服务支持京津冀协同发展的通知〉让新市民享受更多便利金融服务》,《今晚报》2023 年 5 月 14 日。

[3] 胡恩燕:《天津:引聚金融“活水”滴灌科技创新》,北青网 https://baijiahao.baidu.com/s? id = 1768022038063626813&,2023 年 6 月 7 日。

[4] 岳付玉:《加强金融资源供给 全力支持“十项行动”》,《天津日报》2023 年 5 月 23 日。

重点领域发展篇

天津民营经济高质量发展研究报告

天津社会科学院区域经济与城市发展课题组①

摘　要： 民营经济是推进中国式现代化的生力军，是高质量发展的基础。为深入落实2023年天津市政府关于民营经济的决策部署，天津市委、市政府陆续出台各项民营经济扶持政策，民营经济呈逐季向好态势。然而现阶段民营经济在发展中存在一定压力，营商环境仍需持续改善。为推动天津民营经济高质量发展，本报告从促进消费提质升级、逐步降低要素成本、完善企业协同创新生态、持续优化营商环境、弘扬企业家精神等方面提出对策建议。

关键词： 民营经济　营商环境　高质量

党的十八大以来，以习近平同志为核心的党中央高度重视民营经济发展，多次重申坚持基本经济制度，坚持“两个毫不动摇”，对民营企业家的成长给予了高度重视。党的二十大报告也明确提出要“优化民营企业发展环境，依法保

① 课题组成员：赵云峰、孙德升、贾玉成、崔寅、刘肖

护民营企业产权和企业家权益,促进民营经济发展壮大”。为贯彻落实习近平总书记关于民营经济发展重要论述和党的二十大报告中关于民营经济的决策部署,天津深入实施“十项行动”,召开全市推动民营经济高质量发展大会,陆续出台一系列推进民营经济健康发展的政策措施,进一步提振民营企业发展信心、激发民营企业活力,助推全市民营企业实现健康发展、高质量发展。

一 2023 年天津民营经济发展总体概况

(一)民营经济利好政策集中落地

近年来,天津陆续出台一系列推进民营经济健康发展的政策措施,2023年6月,天津市委、市政府出台《关于进一步优化民营企业发展环境 加大力度支持民营经济发展的若干措施》,旨在推动全市民营经济发展壮大,要求强化问题导向,紧盯民营企业诉求,研究谋划各项政策措施,助力市场主体高质量发展;积极拓宽民营经济参与社会投资渠道,着力为民营企业提供更多发展机会。此外,天津市各级政府部门还出台若干民营经济配套扶持政策,如《天津市推动制造业高质量发展若干政策措施》要求强化制造业要素保障,鼓励民营企业自主开展技能等级认定;《天津市人民政府办公厅关于印发天津市进一步盘活存量资产扩大有效投资若干措施的通知》要求对参与盘活存量资产的各类市场主体一视同仁,支持民营企业参与盘活本市国有存量资产;《天津市商务局 2023 年促进民营经济发展工作要点》要求依托“双万双服促发展”服务体系,加强与民营企业的联系沟通,在民营企业遇到困难、疑惑时给予全力支持。

(二)民营企业发展环境不断优化

2023 年政府工作报告中要求扎实做好十个方面工作,强调聚焦培育新动能、增创新优势,着力建设高水平改革开放新高地,着力释放市场主体活力,高质量完成优化营商环境三年行动计划攻坚战各项任务。天津市政府出台《天津市新一轮优化营商环境措施》,围绕政务环境、市场环境、法治环境、人文环境四个维度,着力打造市场化、法治化、国际化一流营商环境。天津持续深化“放管服”改革,强化部门联动,从便利企业办事角度出发,梳理商务领域“一件事一次办”事项清单。优化审批环境,持续深化“证照分离”改革,推动直接取消审批、审批改为备案、实行告知承诺、优化审批服务分类改革。积极促进民营企业“走出去”,协助民营企业搭建对外经济合作渠道,健全完善境外风险防范体系,为民营企业“走出去”提供全方面服务。

(三)民营经济呈质量、效益齐升态势

2023 年以来,天津积极赋能民营经济,引导民营企业增强信心、轻装上阵、大胆发展,大力推动民营经济高质量发展。统计数据显示,2023 年前三季度,天津民营经济增加值增长 5.4%,规模以上工业增加值增长 3.3%。市、区两级政府始终坚持以提高民营经济发展质量和效益为中心,进一步激发民营企业活力,限额以上民营批发零售企业销售额增长 3.6%,限额以上住宿和餐饮业营业额增长 23.4%。天津市结合产业发展实际,推动先进制造业和现代服务业深度融合发展,2023 年前三季度民营规模以上服务业企业营收增长 5.8%,其中,科学研究和技术服务业增长 65.2%。

二　2023 年天津民营经济发展的主要特征

(一)民营经济市场主体日趋壮大

天津民营经济总量和规模不断扩大,市场主体总量稳步壮大,发展水平和竞争力逐步提高。2023 年第三季度,民营市场主体保持稳定增长,优质民营市场主体呈快速成长趋势。截至 2023 年 10 月,国家级“单项冠军”企业(产品)累计达到 28 家(个),市级“单项冠军”企业 71 家、市级“单项冠军”种子企业 41 家,累计培育专精特新“小巨人”企业 253 家,市级专精特新企业 1479 家,创新型中小企业累计超过 3000 家。天津持续培育壮大科技型企业“底盘”,截至

2023 年 10 月"雏鹰"企业、"瞪羚"企业、科技领率(培育)企业数量分别达到 5600 家、440 家和 300 家。国家高新技术企业数量超过 1 万家,其中民营企业数量超过 93%,带动全社会加大研发投入强度达到 3.66%,创历史新高。

(二)民营企业数字化升级成果显著

积极引导民营企业数字化、智能化转型。打造新一批"100 个智能工厂"和数字车间,上云、上平台企业过万家。截至 2023 年 9 月底,全市累计建成 5G 基站 6.3 万个。5G 应用加速向重点领域生产核心环节拓展,5G 全连接工厂重点项目超 20 个。天津信创产业已形成"CPU—操作系统—数据库—服务器—整机终端—超级计—信息安全服务"自主可控、产研一体、软硬协同的信创产业体系。12 条产业链中重点民营企业依托信创产业开展数字化、智能化升级,已初步构建端到端的数字化转型价值链。并聚焦信创、集成电路、生物医药等产业链上重点企业开展关键技术攻关,科技成果成绩斐然,如唯捷创芯 5G 射频前端芯片完成车规级可靠性测试认证,全球首款可吸入式新冠疫苗(5 型腺病毒载体)研发成功并投入使用,云账户智能实时结算系统支持超 700 家银行"7×24"小时秒级到账服务且营收近千亿元。

(三)民营企业科技实力加速提升

天津积极强化企业科技创新主体地位,支持民营企业提升科技创新能力。科技相关部门积极协助企业打通从技术到产业化验证的"瓶颈",截至 2023 年 9 月底,全市已建立了 18 家行业概念验证平台,吸引社会资本 7107 万元,同时充分发挥天使基金作用,投小、投早,解决民营企业早期融资难题。天津积极搭建重大创新平台,服务民营企业发展,建设国家级重大创新平台总数达到 151 家,国家超算天津中心日运算任务超 15000 项,服务各类企业、机构 8000 余家。天开园正式开园,发布 34 条政策,聚集超百项高校师生的创业项目。全国重点实验室获批重组 13 家,6 家海河实验室在轨运行,支持民营企业积极参与筹建 63 家市级重转点实验室。进一步畅通科技与产业的通道,创新机制加速科技成果转化,实施科技成果转化"解细绳"2.0 版,打通科技创新和产业化连接的“快车道”,成果转化收益总额超过27亿元。

三 现阶段天津民营经济存在的短板与困境

(一)民营企业生产经营面临一定压力

现阶段天津民营企业在生产经营中存一定压力,课题组对天津民营企业进行抽样调查,具体如下。

1. 国内外市场需求降低

一是2023年1—3季度主要产品订单量(现有服务订单量)下降的企业占比较高,保持增长的企业占比较低。34.86%的企业呈现下降,其中14.33%的企业下降5%以内,9.49%的企业下降5%—15%,11.04%的企业下降15%以上;保持增长的企业占比28.92%,其中13.23%的企业增长5%以内,8.95%的企业增长5%—15%,6.74%的企业增长15%以上;36.22%的企业为持平状态,如图1所示。

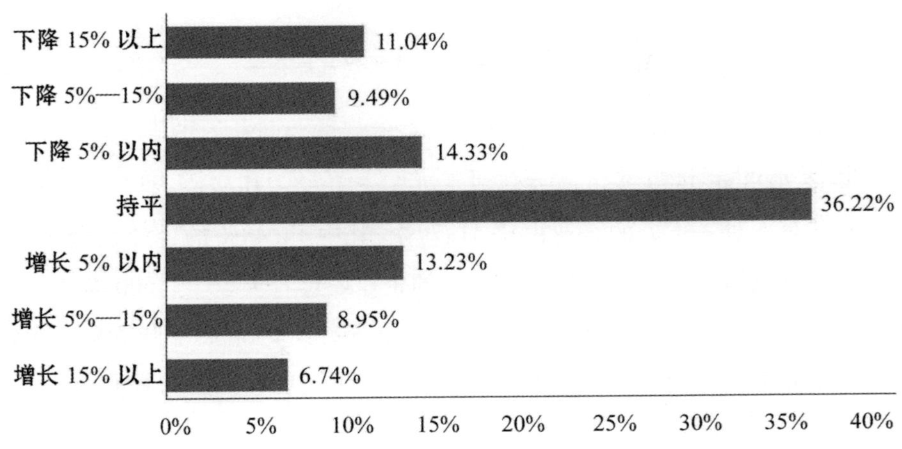

图1 2023年1—3季度主要产品订单量(现有服务订单量)情况

二是2023年1—3季度主要产品库存率,处于上升的企业占比较高,维持下降的企业占比较低。除去144家无库存量企业,处于上升的企业占比33.56%,其中14.48%的企业增长5%以内,9.67%的企业增长5%—15%,8.91%的企业增长15%以上;27.12%的企业维持下降,其中13.34%的企业下降5%以内,8.45%的企业下降5%—15%,5.33%的企业下降15%以上;39.32%的企业为持平状态,如图2所示。

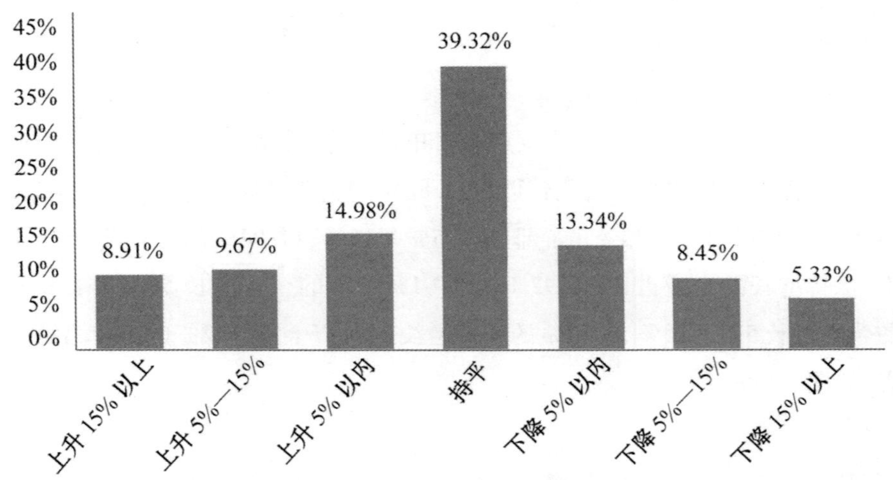

图2 2023年1—3季度主要产品库存率

2. 原材料、能源等要素成本上升

一是2023年1—3季度原材料成本处于上升的占比较高,维持下降的企业占比较低。处于上升的企业占比41.79%,其中14.48%的企业上升5%以内,11.8%的企业上升5%—15%,7.4%的企业增长15%以上;15.61%的企业维持下降,其中7.19%的企业下降5%以内,3.88%的企业下降5%—15%,4.45%的企业下降15%以上;42.6%的企业为持平状态,如图3所示。

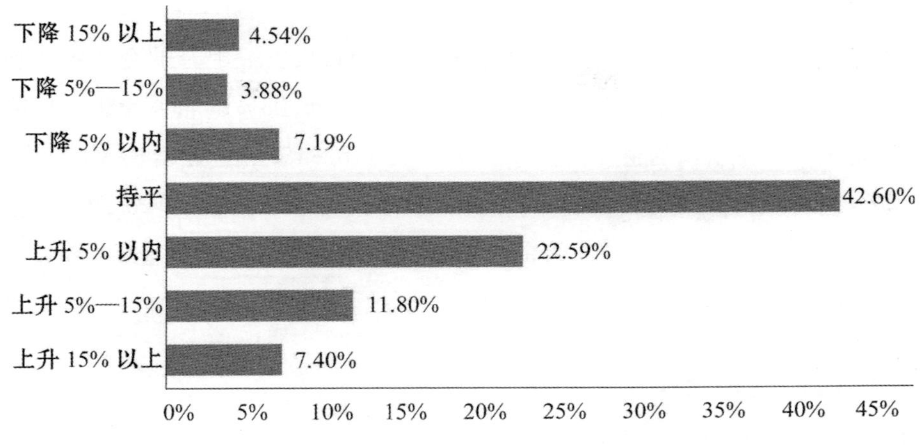

图 3　2023 年 1—3 季度原材料成本情况

二是 2023 年 1—3 季度煤电油气等能源成本处于上升的企业占比较高,保持下降的企业占较低。处于上升的企业占比 36. 45% ,其中 18. 75% 的企业上升 5% 以内,10. 39% 的企业上升 5%—15% ,7. 31% 的企业增长 15% 以上;18. 3% 的企业保持下降,其中 6. 32% 的企业下降 5% 以内,5. 77% 的企业下降 5%—15% ,6. 21% 的企业下降 15% 以上;45. 25% 的企业为持平状态,如图 4 所示。

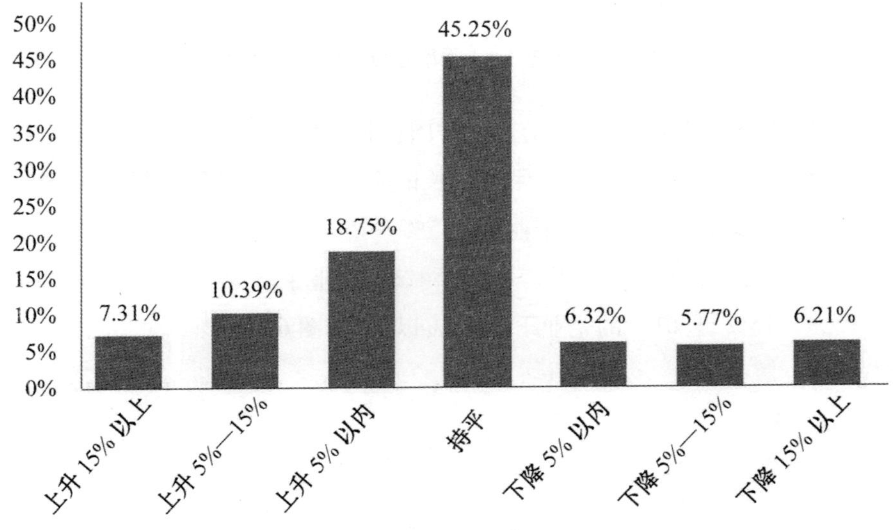

图 4　2023 年 1—3 季度煤电油气等能源成本情况

3. 新增投资不足

一是2023年1—3季度企业境内投资额方面,投资额上升的企业占比略高于投资额度下降的企业2.09个百分点,但也有76.03%的企业境内投资额处于持平。保持增长的企业占比13.03%,其中6.84%的企业增长5%以内,4.2%的企业增长5%—15%,1.99%的企业增长15%以上;10.94%的企业投资额度有所下降,其中4.64%的企业下降5%以内,2.99%的企业下降5%—15%,3.31%的企业下降15%以上,如图5所示。

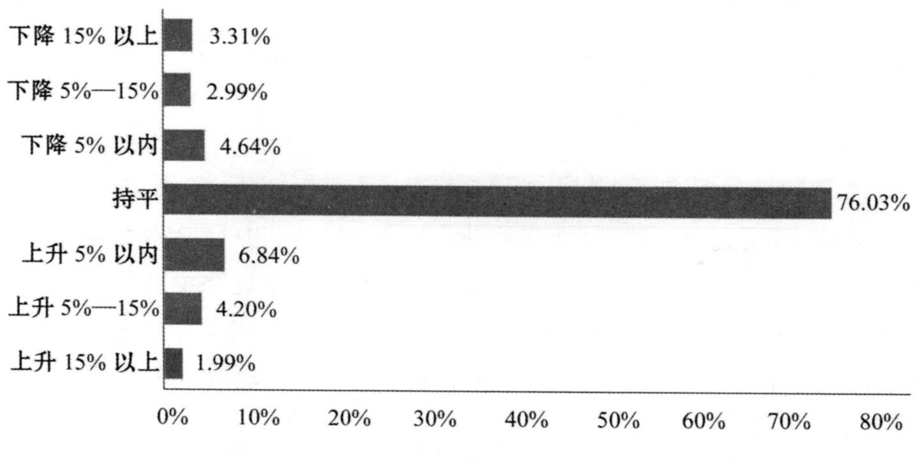

图5 2023年1—3季度企业境内投资情况

二是2023年1—3季度受访企业对国内投资的预期,68.98%的企业对于未来开展投资持“观望”态度。保持增长的企业占比18.37%,其中7.64%的企业增长5%以内,5.99%的企业增长5%—15%,4.74%的企业增长15%以上;12.65%的企业为下降情况,其中6.84%的企业下降5%以内,4.2%的企业下降5%—15%,1.61%的企业下降15%以上,如图6所示。

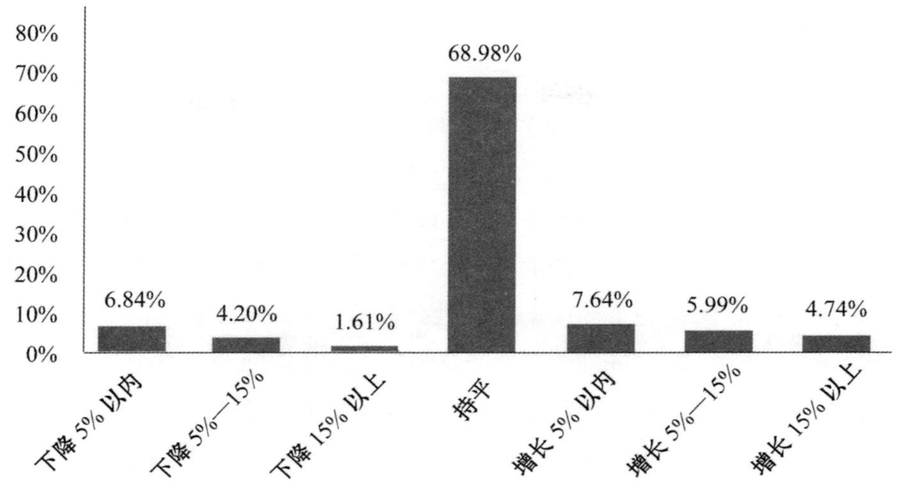

图6　2023年1—3季度受访企业对国内投资的预期

（二）民营企业转型升级面临一定挑战

1. 市场不确定性加剧导致企业投入积极性不强

天津民营制造业以传统产业为主，在数字化转型中面临着初始投入大、投资专用性强、转换成本高等问题，加之近年来国际市场不稳定、国内市场需求减弱，加大了民营企业经营过程的不确定性。而当前企业通过数字技术带来的整体赋能、提质增效，并不像普通项目投资那样有明确的回报周期与明晰的回报收益，并且数字技术的应用在组织流程和生产模式变革过程中可能对企业各部门造成一定的冲击，带来效率提升不明、转型风险不可控等方面的结果，使民营制造企业在数字化投入方面的积极性不足。

2. 促转型政策落地不畅使企业获得感不高

2023年以来，天津推出"一揽子"关于制造业企业数字化转型的引导、扶持政策，包括转型主体培育、转型资源供给、转型基础设施配套等方面。虽然"一揽子"政策取得较好促进作用，但依旧存在政策落地不畅的情况。各项政策在传导过程中需要通过宣讲、咨询、后端服务等措施，才能联动生产要素、市场需求、企业组织和关联产业，进一步发挥政策体系的乘数效应。总体来看，支持政策的传导效果还有提升空间,如2023年5月出台的《关于推动生产性服务领域平台经济健康发展的实施意见》,在归口、目标方面内容较为详细,但在责任界定与分工落实方面还有一定的补充空间。

3. 产业集群协同不充分,企业数字化创新应用不足

天津民营制造业企业数量多、体量小,缺乏对产业链的塑造、掌控能力,单凭少数企业难以实现全产业链的以市场为导向、增强企业的灵活性和应变能力、提高生产效率、缩短生产周期等柔性化改造,企业的数字化转型更多停留在单打独斗、孤军奋战的层面,导致产业园区内企业之间的网络关系处于松散状态,缺少职能部门牵头的联动产业链上下游企业互动的协同平台。总体来看,企业间外部协同不畅,使不同能级的企业出现转型不同步、系统不同构、工具不互通等情况,加大企业数字化转型的摩擦系数和交易成本,制约了企业的数字化应用创新。

(三)营商环境仍需持续改善

1. 行政审批政策法规还需深化

"证""照"一直以来被喻为企业进入市场的两把"钥匙"。"照",指的是市场监管部门颁发的营业执照;"证",指的是相关行业主管部门颁发的各类经营许可证,但二者长期存在互为前置、互相牵制、流程复杂、条件严苛、认知模糊的问题,成为部分市场主体准入难以逾越的门槛。证照分离改革是推动照后简政和简化审批,需要创新和加强事中事后监管,进一步增强监管的效能。各区成立审批部门之后,区属部门行政审批事项由行政审批局承接,但监管权并不在审批部门。时常出现审批部门不监管、监管部门不审批的现况。

2. 备案、审批事项范围还需拓展

落实《中央层面设定的涉企经营许可事项改革清单(2021年全国版)》,市级共实施"证照分离"改革事项523项,区级可承接事项20%。滨海新区可达20%以上,市内六区15%左右。政务服务部门在破除"准入难"基础上更好解决"准营难",持续深化"证照分离"改革,但较多涉企经营许可事项为优化服务事项,占比将近80%,以压缩审批时限、简化办理环节、优化审批流程、提供

预审服务等为主要形式，直接取消审批、审批改为备案相关服务事项不多。同时，食品经营许可、公共场所卫生许可等高频事项改革力度较为保守，“典当业特种行业许可证核发”“房地产开发企业三级资质核定”等冷门事项虽改革力度较大。

3. 信用体系建设还需完善

信息尚未常态化归集，信息共享存在壁垒。相关职能部门自上而下有较为完备的系统，但是没有形成全面覆盖各部门、各类市场主体、各参与方的信用信息数据库，信用信息运用发布部门不能及时掌握数据信息被其他部门或平台使用的情况，互通反馈缺失，实时共享滞后。信用监管缺乏全国统一的规则和标准，部门间很难统一认识，配合协同相对松散，工作进度不一致。协同监管和联合惩戒方面法律支持仍不充分，在联合奖惩方面缺乏有效手段，对失信主体的惩戒应用不足。监管主体主要还是依靠政府部门，行业协会的功能并未有效发挥。

四　推动天津民营经济高质量发展的对策建议

（一）促进消费提质升级，拓宽经济发展空间

1. 抢抓数字化发展契机，激发全社会消费活力

一是加快数字消费供给升级。开展数字化应用场景建设，鼓励民营资本积极参与应用场景、消费场景建设，持续拓宽优质投资路径。打造一批示范作用强、建设成效好的数字服务业应用场景，为创新产品提供更多市场机遇。重点加快数字技术与金融、科技服务、设计创意、现代物流、人力资源开发等服务业行业的融合发展。二是促进数字消费需求升级。强化消费技术驱动作用，推动新一代信息技术向消费领域广泛渗透，加快实现家庭网络千兆化、社会云网普及化，以数字技术赋能工业生产环节，更好地满足消费者多元化、个性化和定制化的消费需求，激发全社会消费活力。

2. 健全社会保障体系,增强居民消费预期

一是多举措增加居民收入。进一步完善收入再分配和三次分配机制,强化税收的收入分配功能,积极发挥社会公益组织的作用,促进收入分配合理化。积极拓展居民投资渠道,增加居民的财产性收入,扩大居民收入来源,特别是增加农村居民的收入来源,提高居民消费能力。二是提升和改善消费品的品质,全力推动养老服务产业发展。深入推进供给侧结构性改革,积极引进先进技术和生产设备,提高产业发展质量,优化居民消费品品质,大力引进国内外高质量品牌商品,加强与高质量品牌产品企业的合作,促进"天津制造"不断提质增效。

3. 落实好稳外贸政策措施,支持发展外贸新业态

一是稳定欧美为代表的传统出口市场份额。继续加强与欧盟、美国和日本为代表的传统发达国家市场的联系,维护好原有客户资源和市场关系网络,精准识别国外客户群体的市场需求和价格偏好,不断推进出口产品升级,并从技术和价格层面提升产品竞争力。二是支持跨境电子商务平台应用研发和推广。一方面,降低电子商务平台研发和销售的市场准入壁垒,鼓励更多企业参与系统研发和市场推广,降低外贸企业的系统使用成本。另一方面,加强与境外市场系统应用标准的衔接,提升数字化贸易体系的国际应用范围和普适性。

(二)逐步降低要素成本,推动企业稳固发展

1. 优化要素资源配置,切实降低综合成本压力

一是加强政策引导,优化上游原材料资源配置,促进产业链上下游衔接联动,切实缓解民营企业的原材料成本压力。加大减税降费力度,进一步调低电、水、煤、气等能源成本价格,实施海运、铁路、高速公路优惠补贴政策,降低物流成本。二是优化政策供给。进一步通过减免营业税和所得税等减税政策切实减轻企业的成本负担。加强对政策执行情况的督导检查,确保政策能够真正发挥帮扶作用。稳步提高决策效率,简化操作流程,降低制度性交易成本。高效为企业提供信息咨询、预警平台,降低企业的市场竞争风险。设立专项补贴资金,降低企业因不可抗因素而产生的成本负担。

2. 完善就业支持体系，破解民营企业用工难题

一是推动就业市场的转型升级，鼓励发展新兴产业和新业态，扩大就业岗位。支持新创企业，提供创业场所和技术支持，吸引更多创新创业人才就业。持续发挥天津市现代职业教育体系优势，突出组建区域产教联合体作用，推动各类主体深度参与人才培养，完善人才供需对接机制，打造共性技术服务平台，为企业提供技术咨询与服务，促进技术创新、产品升级。二是进一步降低用人成本，充分发挥人力资源服务机构的中介作用，消除劳动力市场中供需信息不对称的状况。加大产业园区生活服务设施配套建设，合理规划公共交通、餐饮、文化娱乐、商业零售等生活配套设施。

3. 多元化民营企业融资方式，着力缓解民营企业融资难题

一是拓宽民营企业融资渠道，提供精准金融服务。综合运用直接融资和间接融资渠道，充分调动信贷、债券、股权、理财、信托、保险等各类金融资源。引导金融机构开展民营企业债券融资的相关业务，扩大民营债券融资的覆盖范围，强化金融平台支持。二是多措并举降低民营企业融资成本。督促金融机构减免服务收费、优化服务流程、差异化制定贷款利率下降目标。推进供应链金融业务，推出应收账款融资、票据贴现等服务，进一步效降低资金成本。加大不良资产处置，盘活信贷存量，推进市场化法治化债转股，建立联合授信机制，腾出更多资金支持民营企业。

（三）完善企业协同创新生态，助力民营企业转型升级

1. 持续扩大各类政务数据开放和运营带动产业发展

一是从顶层构建政务平台，通过在线协作，降低政府部门间的各项合作成本。通过互联网平台将分散在政府各部门的职能在不改变政府部门专业分工的基础上加以整合，构建起协调沟通机制，实现在线联结与实时合作，有效降低政府部门间的合作成本。增强服务意识，改善民营企业的营商环境，不仅限于企业服务上，还体现在为民服务上。二是促进各类企业积极参与建设，引入用户思维和迭代思维，为数字政府建设注入活力。围绕重点产业链，构建协同创新渠道，汇集更多信创应用场景项目，推进天津制造业企业协同合作。在关

键技术产品、跨平台系统集成、跨行业协同等方面推出一批可复制、可推广的创新成果、解决方案和商业模式。

2. 围绕天津产业体系打造数字化产业链生态圈

一是着力打造数字化产业链生态圈,鼓励天津科研机构、科技企业与传统企业、金融机构等共享技术创新成果与专业人才资源开展多方联合创新,加快传统企业业务流程重塑、组织结构优化和商业模式变革。畅通基于产业集群和供应链上下游企业系统间的数据渠道,实现数据信息畅通、行业资源共享和生产过程协同。逐步建立基于数据要素的信用价值体系,激发数据资产活力,进一步构建可持续发展的数字化生态。二是扩大数字化转型服务商队伍。有针对性遴选一批优秀服务商加强培育力度,鼓励服务商加强与各区发改委、工信局、科技局等部门的对接合作,提升数字化转型服务供给能力。

3. 加深行业融合发展深化龙头企业带动效应

一是继续深化行业龙头带动效应。继续深化行业龙头企业聚合供应链资源,推动业务系统云化改造,为供应链上下游企业信息互联互通提供支撑,健全企业资源配置和供应链协作方式,让行业知识经验在平台沉淀集聚。二是实施综合型工业互联网平台标杆培育计划。聚焦天津“十四五”时期集中攻坚发展的重要产业,为企业提供基础平台服务、系统解决方案和集成技术支撑,增加认定行业级工业互联网平台数量,形成区域应用标杆。推动国家级跨行业跨领域综合性工业互联网平台服务在天津落地发展,打造功能互补的完整服务体系。

(四)持续优化营商环境,为民营企业提振信心赋能

1. 持续深化“放管服”改革

一是持续优化营商环境。进一步深化“放管服”改革,坚持不懈优化营商环境,全方位优化完善市场准入准营退出政策,显著降低制度性交易成本,激发亿万市场主体活力,积极营造市场化、法治化、国际化的一流营商环境,全面落实国家新出台的结构性减税政策。二是持续优化服务环境。构建政府与企业良性互动的政商机制和环境,畅通政商正常交往的途径。营造依法保护企

业家合法权益的法治环境，严格规范涉案财产处置的法律程序，谨慎把握产权处理和经营纠纷的司法政策。

2. 统筹推进“证照分离”改革

一是在改革事项审批与监管上凝聚合力。建立健全全区协同推进改革的工作机制，统筹推进“证照分离”改革。政策上共同促进，实施中互相配合，形成改革合力，提升总体效能。同时推进各职能部门认真做好事项承接、审批和监管工作，开展好与上级对口部门的对接、沟通、措施细化工作，探索创新出台各项改革审批举措、制度、规范性文书等，为改革各项举措落地落实提供坚实的支撑。二是在优化服务举措上精准发力。深度对接企业需求，探索下放审批权限、精简许可条件、优化审批流程、压减审批时限、推进电子证照归集运用等服务措施，推动“最多跑一次”“就近办”“网上办”“一次办”等公共服务创新，为市场主体竞相发展营造优质营商环境。

3. 进一步加强信用体系建设

一是建立数字政府治理机制，助推政务服务水平跃升。推进公共数据开放共享，促进全社会对数据的深度开发和增值利用，释放数据创新活力。运用数字化手段，打破条块分割、各自为政的局面，由点及面连接各级各部门，逐步消除管理和服务边界。二是分级分类，深化场景应用。立足场景应用，支撑政府职能转变，深化“放管服”改革，以公共信用综合评价结果、行业信用评价结果等为依据，优化营商环境，逐渐探索出以信用为基础的新型监管机制。三是加强对标监管，建立信用档案制度，将虚假承诺行为纳入申请人诚信档案，通过公共信用信息共享平台予以公开。

（五）创新民企引育模式，持续弘扬企业家精神

1. 坚持项目引领，注入外部活力

一是围绕天津产业体系，精准招商，扩大民营经济地盘。发挥各类招商主体的积极作用，充分调动各方面的积极性，有效整合招商资源，发挥好商会、行业协会、市场化招商队伍的作用，形成对民营企业招商引资的强大合力。二是服务好现有存量企业，树立“服务好现有的企业是最好的招商引资”的理念，存

量企业蕴含增量空间,既要做好项目招引,也要抓好项目培育,推动存量企业增资扩产,让企业切身感受到优质服务的温暖,形成"近者悦、远者来"的良好发展局面,为经济发展持续提供充沛的动能。三是强化投资,加快产业体系建设。支持社会资本、园区平台、国有资本等参与设立产业投资基金,重点用于服务招商引资项目落地。鼓励金融机构协助开展招商,鼓励行业龙头、优质企业等通过兼并重组、产权转让等方式吸引新企业、新业务落户。

2. 着力落实企业家产权保护制度、容错纠错制度、信用约束制度

一是落实对企业家的产权保护制度。直面产权保护方面的突出问题,做好民营企业知识产权保护工作。加强对经营者的法律保护,将企业家的合法权益放在首位,杜绝各种侵犯企业家合法权益的犯罪活动。充分发挥法规制度的权威性,提高企业家的发展信心。二是建立健全合理容错纠错机制。把支持企业改革发展与严格执纪相结合,对于积极投身创新发展的企业家,要始终秉持积极的激励态度,并采取合理纠错机制。三是规范对企业家的信用约束制度。通过多种方式提高企业家的法律意识、诚信意识,进一步提升法律制度的刚性保障。科学设立企业家信用红黑名单,依据相关规定研究制定相应的红黑名单认定与监管实施意见,明确主管部门统一的红黑名单认定标准。引导企业依法依规诚信经营,全面营造"守信得益、失信惩戒"的良好社会氛围。

3. 营造干事创业氛围,形塑社会认同取向

一是开展就业扬帆活动,对创业者加大宣传力度。树立正确、客观、公平的舆论引导,努力做好创新创业宣传工作,培育尊重民营经济创新创业的舆论环境,进一步坚定民营经济人士的发展信心,努力聚合起弘扬企业家精神的社会共识。二是围绕产业发展的各类需求,开展多种形式的企业家论坛。举办多样式的社会活动,通过各类媒体提升天津典型企业的知名度和声誉度。三是针对各类诬告、诽谤和造谣等影响企业声誉的负面事件,各法律部门应快速响应、尽快查证、及时澄清,在有必要需求情况下,与企业协商将调查结果有序公布,营造良好的企业发展环境。

参考文献:

［1］杨国超、芮萌:《高新技术企业税收减免政策的激励效应与迎合效应》,《经济研究》2020年第9期。

［2］刘啟仁、赵灿、黄建忠:《税收优惠、供给侧改革与企业投资》,《管理世界》2019年第1期。

［3］李志军:《优化中国营商环境的实践逻辑与政策建议》,《北京工商大学学报(社会科学版)》2023年第1期。

［4］黄卫伟、侯艳良:《市场可竞争性度量与中国工业市场可竞争性研究》,《中国人民大学学报》2012年第2期。

［5］王俊豪:《论自然垄断产业的有效竞争》,《经济研究》1998年第8期。

［6］刘迎秋:《习近平民营经济思想的逻辑演进——从“民营经济支柱论”到“民营经济基础论”》,《治理研究》2018年第2期。

天津固定资产投资运行研究报告

陈 申 天津市统计局固定资产投资统计处统计师

摘 要： 2023 年前三季度，天津把扩大有效投资作为推动经济发展的重要抓手，着力推进重大项目建设，全市在建项目规模持续较快增长，高技术制造业投资占比持续提升，社会领域投资较快增长。但也面临着部分领域投资下滑、基础设施投资下降、房地产开发投资底部运行等问题。建议进一步强化项目资金保障，加强重大项目规划、储备，围绕重点领域加大招商引资力度，激发民间投资活力，合理引导房地产发展需求。

关键词： 固定资产投资 投资规模 在建项目

2023 年前三季度，天津深入贯彻落实习近平总书记对天津工作的“三个着力”重要要求和重要指示批示精神，扎实推动“十项行动”落地落实，把扩大有效投资作为推动经济发展的重要抓手，加强项目谋划，着力推进重大项目建设，全市建设项目规模继续扩大。但受部分领域投资下拉影响，全市固定资产投资呈下降态势。

一 全市建设项目规模继续扩大

（一）重点建设项目规模显著提升

2023 年，全市安排重点建设项目 673 个，同比增加 221 个；计划总投资 1.53 万亿元，同比增长 30.8%，年度计划投资 2360.57 亿元。其中，计划本年新开工项目 192 个，总投资为 3154.54 亿元，年度计划投资为 934.12 亿元；本年续建项目 481 个，总投资为 1.22 万亿元，年度计划投资为 1426.44 亿元。

相比 2022 年，2023 年全市重点建设项目规模、质量均有所提升。年度计划投资增加 202.59 亿元，先进制造业、科技和产业创新领域项目投资比重由 27.82% 提升至 29.36%。南港工业区年产 120 万吨大乙烯、中芯国际 T2/T3 产能扩充、中芯西青 12 英寸晶圆代工生产线、中国电信京津冀大数据基地、中金武清大数据产业园、腾讯天津高新云数据中心等项目总投资超百亿元，项目清单整体含金量显著提升。

2023 年，全市强化关键领域重点项目对高质量发展的支撑作用，以增量优化存量，不断培育新增长点。从投资去向看，科技和产业创新类项目 109 个，此类项目投资旨在引导科技产业协同创新，重点推进“中国信创谷”“天南创新谷”“京津医药谷”为代表的创新集聚区建设，加快布局重大科技设施应用和创新平台，强化集聚效应，激发发展活力。先进制造业项目 160 个，此类项目投资旨在坚持制造业立市，以绿色石化、高端装备、汽车和新能源汽车等重点产业链为抓手，加速制造业高端化、智能化、绿色化发展，着力构建现代化工业产业体系，加速建设全国先进制造研发基地。重大基础设施项目 229 个，此类项目投资旨在适度超前布局基础设施，围绕能源、交通、城建、产业园区和城市更新，着力完善市政基础设施体系，补齐发展短板，全面提升产业园区承载能力，夯实发展根基。重大民生改善项目 175 个，此类项目投资旨在聚焦保障和改善民生，继续加大社会事业投入，扎实推进乡村振兴战略，加快科教文卫体育和社会保障体系建设，加快发展现代服务业，切实提高生活品质，增进人民福祉。

（二）在建项目规模持续较快增长

2023 年前三季度，全市强化重大项目要素保障，全力推动项目建设和新建项目开工，全市在建项目个数增加、建设规模保持较快增长。2023 年前三季度，全市计划总投资 500 万元及以上建设项目 3912 个，同比增加 276 个；计划总投资为 20989.95 亿元，增长 11.8%，比上半年加快 5.0 个百分点。

从主要行业看,农林牧渔业在建项目 175 个,同比增加 52 个;计划总投资为 474.34 亿元,农业、畜牧业、渔业在建项目数量均明显增多。工业在建项目 1898 个,增加 174 个,项目数量持续增长;计划总投资为 7597.61 亿元,增长 18.8%。其中,制造业在建项目 1488 个,增加 78 个;计划总投资为 5471.21 亿元,增长 16.0%。电力、热力、燃气及水生产和供应业在建项目 405 个,增加 96 个,计划总投资 1822.42 元,增长 32.4%。交通运输、仓储和邮政业在建项目 200 个,计划总投资为 4186.02 亿元,均同比微降 0.5%。信息传输、软件和信息技术服务业在建项目 52 个,同比增加 2 个;在 2023 年相继开工建设的光环新网宝坻云计算基地一期、金科英伟算力中心、国铁集团主数据中心二期工程等项目支撑下,计划总投资 622.16 亿元,增长 32.3%。滨海新区、宁河等区加强保障性租赁住房建设,房地产业在建项目 114 个,增加 47 个;计划总投资为 1493.52 亿元,增长 8.7%。水利、环境和公共设施管理业在建项目 888 个,计划总投资 4030.22 亿元,增长 11.4%。卫生和社会工作在建项目 99 个,增加 32 个;计划总投资 461.83 亿元,增长 30.0%。

(三)新开工建设项目规模增长较快

2023 年前三季度,全市新开工建设项目 858 个,相比 2022 年同期减少 19 个;计划总投资为 2846.51 亿元,增长 13.4%。

从项目规模来看,2023 年新开工 10 亿元以上项目 50 个,增加 13 个;计划总投资为 2103.99 亿元,增长 21.9%,占全部新开工项目的 73.9%,大项目引领带动作用突出。1 亿—10 亿元项目 183 个,计划总投资为 560.84 亿元,占全部新开工项目的 19.7%。1 亿元以下项目 625 个,减少 18 个;计划总投资为 181.68 亿元,下降 2.6%,占全部新开工项目的 6.4%。

从主要行业看,农林牧渔业本年新开工项目 37 个,增加 13 个;计划总投资 50.28 亿元,增长 1.5 倍,主要投向乡村振兴和农林提质增效项目。工业新开工项目 451 个,相比 2023 年同期略有减少;计划总投资 1673.69 亿元,同比增长 67.2%,中芯西青 12 英寸晶圆代工生产线项目带动作用显著。交通运输、仓储和邮政业新开工项目 39 个,减少 12 个;计划总投资 71.77 亿元,下降

74.5%。信息传输、软件和信息技术服务业新开工项目11个，增加4个；计划总投资137.92亿元，增长1.3倍。房地产业新开工项目35个，增加24个；计划总投资152.94亿元，下降5.0%。水利、环境和公共设施管理业新开工项目154个，减少18个；计划总投资为391.22亿元，下降44.9%。社会领域新开工项目53个，同比增加4个；计划总投资为124.10亿元，下降15.3%。

二　全市主要领域投资运行情况

（一）第一产业投资增长较快，畜牧业投资增长显著

受畜牧业投资拉动，2023年前三季度全市第一产业投资增长6.2%，投资规模占全市投资的1.1%。其中，农业投资下降14.2%，占第一产业投资的45.1%。全市持续推动绿色生态屏障区生态治理、复垦复绿，林业投资小幅增长，占第一产业投资的31.2%。乡村振兴全面推进行动稳步实施，武清等区做强拉长畜禽产业链，畜牧业投资占比明显提高，占第一产业投资的18.5%。渔业投资增长13.8倍，拉动第一产业增长5.2个百分点，占5.2%。

（二）工业投资持续增长，制造业投资小幅下降，高技术制造业投资占比提高

2023年前三季度，全市工业投资增长7.2%，增速比上半年回落8.4个百分点，拉动全市投资增长1.8个百分点，占全市投资的33.6%。在渤海海域油气勘探开发、大港油田勘探开发等项目带动下，采矿业投资增长20.6%，比上半年回落8.5个百分点，占工业投资的31.8%。受化学原料和化学制品制造业投资下降较快影响，制造业投资下降4.2%，比上半年回落7.1个百分点，占工业投资的44.0%。电力、热力、燃气及水生产和供应业投资增长15.3%，占工业投资的24.2%。

在工业投资带动下，第二产业投资增长8.2%，比上半年回落9.0个百分点，拉动全市投资增长2.0个百分点，占全市投资的33.8%。

2023 年前三季度,全市 31 个制造业行业大类中有 13 个实现增长,2 个行业的拉动作用较大。在天津京津医药谷起步区园区一期建设项目、诺和诺德天津厂成品车间扩建项目等项目带动下,医药制造业投资增长 46.5%,拉动制造业增长 2.2 个百分点,占全部制造业投资的 7.1%。2023 年航空产业配套公共服务平台新建航空产业配套厂房项目开工建设,带动铁路、船舶、航空航天和其他运输设备制造业投资增长 68.5%,拉动制造业增长 2.1 个百分点,占制造业的 5.3%。南港 120 万吨/年乙烯及下游高端新材料产业集群项目建设进程已过半,投资相比 2022 年同期减少,化学原料和化学制品制造业投资下降 22.2%,下拉全市制造业投资 4.6 个百分点。

高技术制造业投资保持增长,占比同步提高。全市高技术制造业投资增长 3.1%,高于制造业投资 7.3 个百分点;高技术制造业占制造业投资的为 35.1%,比 2022 年同期提高 2.5 个百分点。拉动高技术制造业投资增长的有三个行业:医药制造投资增长 46.5%,比上半年加快 8.2 个百分点,占高技术制造业投资的 20.2%;计算机及办公设备制造投资增长 41.5%,比上半年回落 27.3 个百分点,占高技术制造业投资的 8.5%;航空、航天器及设备制造投资增长 1.5 倍,比上半年加快 186.8 个百分点,占高技术制造业投资的 6.0%。

(三)基础设施投资下降,道路运输业、生态保护和环境治理业投资下拉明显

2023 年前三季度,受交通运输和邮政以及水利、生态环境和公共设施管理投资下拉影响,全市基础设施投资有所下降,占全市投资的 25.7%。因基础设施投资降幅扩大,2023 年前三季度,第三产业投资降幅比上半年扩大 3.9 个百分点,占全市投资的 65.1%。

从行业看,电力、热力、燃气及水生产和供应业投资增长 15.3%,增速比上半年回落 10.2 个百分点,拉动基础设施投资增长 3.7 个百分点,占基础设施投资的 31.6%。盐光互补、渔光互补、屋顶分布式、集中式等多种形式的光伏发电项目建设提速。2023 年前三季度,全市太阳能发电业在建项目 99 个,同比增加 50 个;计划总投资 351.81 亿元,增长 2.4 倍;完成投资同比增长

2.3 倍。

交通运输和邮政投资同比下降，占基础设施投资的 31.0%，投资主要集中在铁路、道路和管道运输业。京滨城际铁路宝坻至滨海新区工程、中心城区至静海市域（郊）铁路首开段工程等项目加快施工，铁路运输业投资增长 82.8%，比上半年加快 55.6 个百分点，拉动基础设施投资增长 2.1 个百分点，占基础设施投资的 5.3%。随着地铁 2、4、6、7、8、10、11、B1、Z4 等轨道交通项目由建设高峰逐步进入施工后期，道路运输业投资下拉基础设施投资 9.3 个百分点，占基础设施投资的 23.7%。蒙西煤制天然气外输管道项目一期工程建设进度放缓，受其下拉影响，管道运输业投资下降幅度较大。

信息传输和信息技术服务投资增长 6.4%，拉动基础设施投资增长 0.3 个百分点，占基础设施投资的 4.9%。其中，中国移动继续加大通信及 5G 网络设备购置，中国电信、联通加快 5G 网络及配套设施建设。腾讯天津高新云数据中心、河北区人工智能新型基础设施建设、京津冀协同发展新动能引育创新平台等信息基础设施项目顺利推进，带动投资增长。

水利、生态环境和公共设施管理投资降幅比上半年有所扩大，下拉基础设施投资 8.4 个百分点，占基础设施投资的 32.5%。其中，水利管理业在建项目 38 个、同比减少 12 个；投资下降 51.8%。团泊鸟类自然保护区生态修复、大黄堡湿地自然保护区整改及保护修复等项目建设进度放缓，生态保护和环境治理业投资降幅较大，下拉基础设施投资 8.1 个百分点。公共设施管理业在建项目 776 个，建设规模 3416.11 亿元，增长 12.9%；投资增长 2.5%，比上半年回落 33.7 个百分点，拉动基础设施投资增长 0.6 个百分点。设计之都核心区柳林街区城市更新一期、西营门城市更新等市政设施项目开工，将进一步推动城市转型发展、焕发活力，增进民生福祉。

（四）房地产开发投资底部运行，商品房销售保持较快增长

全市房地产开发投资继续底部运行，土地购置费占比明显回落，建安投资降幅扩大；新建商品房销售面积保持较快增长、月度销售环比明显增加，房地产市场呈现向好态势。2023 年前三季度，全市房地产开发投资 928.03 亿元，

降幅比上半年扩大 0.9 个百分点。

从构成看,土地购置费占房地产开发投资总量比例下降。全市房地产开发项目的建筑安装工程投资 522.41 亿元,下降 11.4%,占房地产开发投资的 56.3%;土地购置费 275.46 亿元,下降 72.4%,占房地产开发投资的 29.7%,相比 2022 年同期下降 25.7 个百分点;除建安和土地购置费外,其他投资 130.16 亿元,下降 39.0%,占房地产开发投资的 14.0%。

2023 年前三季度,全市新建商品房销售面积 913.48 万平方米,增长 29.1%,继续保持较快增长,新建商品房销售市场较为活跃。其中,住宅销售面积 860.40 万平方米,增长 34.0%,拉动全市销售面积增长 30.9 个百分点,占 94.2%,为拉动全市销售面积增长的主要因素。

(五)社会领域投资平稳增长,增速逐渐回落

2023 年前三季度,全市教卫文体等社会领域投资增长 16.7%,增速较上半年回落 24.2 个百分点,占全市投资的 3.6%。其中,教育投资增长 30.9%,持续较快增长。新建天津滨海职业学院工程、南开学校和慧南路校区新建工程等项目相继开工建设,天津医科大学新校区三期工程、新建耀华中学滨海学校、天津职业技术师范大学职业教育师资培训中心等项目加快建设进度。卫生和社会工作投资同比增长 13.3%,比上半年回落 38.4 个百分点,天津泰康之家津园养老项目、天津康汇医院、北京协和医学院天津医院项目等有序推进,中国医学科学院血液病医院(团泊院区)项目建设已近尾声。天津泰达足球场提升改造重点项目已处于收尾阶段,杨柳青大运河国家文化公园项目、天津静海国际青少年交流中心建设进度减缓,文化、体育和娱乐业投资下降 42.1%,相比上半年有所回落。

(六)专项债券发行额度逐年收紧,项目资金使用落实还需规范

2023 年前三季度,全市项目资金到位率(本年实际到位资金与本年投资的比率)为 123.3%,比上半年回落 5.1 个百分点。其中,建设项目的资金到位率为 88.3%,比上半年回落 0.8 个百分点,基础设施项目资金到位率为

76.3%,部分基础设施项目建设资金紧张。当前全市房地产市场处于底部运行,开发公司投资趋于谨慎,房地产项目资金到位率为209.2%,项目资金较为充裕。

天津政府投资的资金来源主要依靠政府专项债券资金,但受国家宏观政策调整、天津债务率较高等因素影响,近年来政府专项债券管理趋严趋紧,债券发行额度呈逐年减少趋势,部分区还存在挤占、挪用债券资金的现象,政府投资项目资金保障面临困难。截至2023年9月底,全市已发行专项债券144.6亿元,同比减少502.2亿元,共支持79个项目建设,已使用专项债券资金23.9亿元,实际使用率仅为16.5%。

三　推动全市固定资产投资健康发展的对策建议

全市固定资产投资的持续稳定运行,对城市建设和优化供给结构发挥着重要作用。当前京津冀协同发展战略深入推进,国家"十四五"规划提出的102项重大工程正在实施,国家有关部委正在编制华北地区灾后恢复重建规划,为天津带来战略机遇。"十项行动"全面铺开,营造了创新发展、开拓赛道的丰富场景,提供了扩大投资、做强实业的巨大空间。建议在以下方面加强固定资产投资工作,为全市投资企稳回升筑牢根基。

(一)强化项目资金保障,确保已批复项目的平稳实施

建议积极争取中央预算内投资等国家资金支持项目建设,持续拓展资金渠道,设立高质量发展专项资金,推动金融资源精准供给;加大对中小企业金融支持,促进普惠金融提质扩面增量。同时紧抓建设过程监管和资金监管不放松,杜绝挤占、挪用政府专项债资金的现象,不断提升投资项目形成产能能力和资金利用效率。一是加强项目过程监管。将促项目开工作为促投资的工作重点,要重点服务未按计划开工的项目,尽快破土打桩、实现实质性开工建设。规模大的项目可以先部分动工、提前入库。城市更新项目可以先将老旧小区改造动工,再同步进行难度较大的拆迁。以重点项目为抓手,服务进度较

慢的大项目。部分大项目完成投资没达到预期进度,要及时摸排原因,解决问题,推动建设。二是加强项目资金监管。特别要加强专项债券资金、中央预算资金等项目建设资金的使用监管,确保将资金用到项目上,建设单位才能形成投资额。

(二)积极有力推进重大项目规划、储备,为投资增长提供有力支撑

重大项目是支撑有效投资的重要力量。持续加强重大项目储备,围绕天津优势产业引进优势项目,要合理规划投入节奏和规模布局,充分发挥重大项目的带动引领作用。一是继续推进交通、市政公用等传统领域基建建设。随着地铁等城市轨道交通项目建设高峰期回落,在加强城际铁路、市域郊铁路建设上寻找新的投资增长点,为城市开放发展增添新优势、注入新动力。二是落实"双碳"战略,推动绿色低碳高质量发展。继续支持以天津华电海晶"盐光互补"光伏项目为代表的光伏、风力发电项目建设,加快推进蓟州抽水蓄能电站等项目开工,促进全市能源产业绿色转型。三是加强城市防灾减灾设施建设。加快推进水利工程和海绵城市建设,提升城市防洪减灾能力,筑牢安全防线。四是引导加大安全生产投入,排除安全隐患。强化安全生产基础能力建设,持续推进油气管道、危险化学品等重点领域重大隐患整治。

(三)加大招商引资力度,吸引优质项目落地天津

聚焦多产业融合发展,进一步明确有效投资重点领域,结合天津区位优势及功能定位,使投资方向更加精准。一是围绕教育、医疗等我市优势产业布局,实现产业发展良性循环。如 2023 年 5 月 18 日正式开园的天开高教科创园,依托高校资源,构建了集合研发孵化与研发转化产业化的"一核两翼"发展布局,成为引领支撑天津经济高质量发展的新增长极。二是围绕天津龙头企业发展需求,完善配套引进,坚持延链、补链、强链,打造优质高效产业集群。三是大力支持天津发展前景与基础较好的行业,如电动汽车、电池、通信设备制造等,引导行业龙头企业来津投资,鼓励、支持和培育本土企业发展壮大。四是抓住京津冀协同发展的重大历史机遇,强化服务保障,落实惠企政策,努

力争取央企来津落户。

(四)加大对民营企业扶持力度,激发民间投资活力

全市民间投资速度下降较快,主要与民间投资中房地产业投资比重过大密切相关。调动民间投资的积极性,有助于稳定市场预期、增加就业岗位、促进经济高质量发展。一是支持民营资本进入重点领域投资。通过产能过剩预警,引导民营企业主动退出产能严重过剩行业,转向符合消费升级、产业结构升级、绿色环保方向等创新发展领域的高技术、战略性新兴产业。二是规范民间投资参与方式。加大对民营企业参与政府和社会资本合作新机制项目的支持和引导,行业主管部门加强与工商联、行业协会合作,在基础设施补短板以及健康、养老、医疗、文化、体育、旅游、生态环保等基本公共服务均等化领域,向民营企业推介运营收益潜力大、前期工作成熟的优质合作新机制项目。三是进一步落实鼓励民间投资的政策措施。继续做好"民营经济 19 条"、支持民营企业改革发展 26 条措施等相关政策的宣传解读和落实,及时了解回应民营企业,特别是制造业企业发展需求,适时推出更为精准有力的支持政策,切实扩大政策措施的覆盖面和惠及面。

(五)积极落实房地产相关政策,合理引导房地产发展需求

房地产开发投资大幅下降趋势尚未得到有效遏制。当前居民就业收入稳定压力增大,对房屋等大宗消费能力和意愿下降。建议大力做好招商引资和人才引进,推进项目落地投产,着力提升全市就业总量和质量,稳定和提升居民收入,提振企业投资信心和居民消费信心。落实好国家棚户区改造新政,加大对棚户区改造的资金投入,改善群众居住条件,完善城市功能、改善城市环境。做好已出让未开工土地和停缓建项目调研,积极协调金融支持、政策扶持、企业协作等方式推进项目开工建设和上市销售。注重补齐市政设施、教育医疗等配套短板,完善区域功能,促进项目销售,提升企业拿地意愿。结合存量房屋情况制定产业引进规划,推进符合条件的存量房屋转化为保障性租赁住房,满足新市民、青年人的居住需要。

天津消费市场提质扩容发展研究报告

康佳迎　天津市统计局贸易外经处中级统计师

摘　要： 2023年以来，在天津市委、市政府的坚强领导下，全市坚持稳中求进的工作总基调，深入实施“十项行动”，加快推进国际消费中心城市培育建设，加大消费市场宣传力度，不断提升城市吸引力和繁荣度，成功举办各类大型展会和演唱会，发放汽车专项消费券，假期旅游持续火爆，餐饮消费保持较快增长，大宗消费逐步企稳，升级类、出行类商品销售活跃，线上消费增势良好，新能源汽车、智能手机、可穿戴智能设备等新型商品消费快速发展，消费结构质量明显提升，居民人均收入和消费支出双增长，出行需求意愿增强，消费价格保持平稳，全市消费市场保持平稳恢复态势。

关键词： 复苏　消费　质量　新型

作为拉动经济的三驾马车之一，消费对接着老百姓的日常生活，也是经济发展活力的重要来源。习近平总书记指出：“要建立起扩大内需的有效制度，释放内需潜力，加快培育完善内需体系，加强需求侧管理，扩大居民消费，提升消费层次，使建设超大规模的国内市场成为一个可持续的历史过程。”加快完善消费体制机制，增强消费对经济发展的基础性作用，有利于优化生产和消费等国民经济重大比例关系，构建符合我国长远战略利益的经济发展方式，促进经济平稳健康发展；有利于实现需求引领和供给侧结构性改革相互促进，带动经济转型升级，推动高质量发展，建设现代化经济体系；有利于保障和改善民生，实现经济社会发展互促共进，更好满足人民日益增长的美好生活需要。近年来消费对我国经济增长的贡献越来越大，2023 年前三季度，全国最终消费支出对经济增长的贡献率达到 83.2%，较上半年提高 6.0 个百分点。

2023 年以来，为贯彻落实中央经济工作"将恢复和扩大消费摆在优先位置"部署，天津市将 2023 年确定为"天津消费年"，打造"多元融合、联动京冀、模式创新"的促消费平台，推出"8810 + N"的总体框架，重点围绕贯穿全年、突出国际、协同京冀、多元融合等"八项重点任务"，实施政策引领助企、重点商圈建设、品牌首店引进、消费场景打造等"八大专项行动"，举办"十大主题活动"，组织各类市场主体开展多项优惠促销活动，全面建立"贯通全年、四季持续、消费繁华"的促消费格局，注重扩大域外消费，发挥天津、北京在培育建设国际消费中心城市中的带动作用，建立京津冀联动机制，实现优势互补，更好助力全市经济高质量发展。

一　2023 年全市消费品市场总体情况

一年来，在天津市委、市政府的坚强领导下，全市坚持稳中求进的工作总基调，深入实施"十项行动"，加快建设国际消费中心城市，加大消费市场宣传力度，不断提升城市吸引力和繁荣度，成功举办各类大型展会和演唱会，发放汽车专项消费券，2023 年前三季度，消费市场和住餐行业加快增长。

（一）市场热度提升，消费持续复苏

2023 年前三季度，全市促消费政策扎实推进，消费市场热度不断提升，在演唱会、网红效应等多方面因素带动下，全市社会消费品零售总额同比增长 6.9%，增速快于全国平均水平 0.1 个百分点。其中，限额以上单位消费品零售额增长 6.6%。

从全年走势看，年初居民消费明显反弹，市场热度快速提升，2023 年第一季度，全市社会消费品零售总额同比增长 6.5%，进入二季度，在劳动节、端午节等小长假加持下，居民出行文旅消费热情快速点燃。2023 年上半年，全市社

会消费品零售总额同比增长 8.1%;2023 年第三季度以来,居民消费需求集中释放,天津城市热度快速提升,西北角和周杰伦演唱会等网红热点明显带动城市消费火爆复苏。2023 年 9 月,全市限额以上单位社会消费品零售总额同比增长 15.6%,高于全国平均水平 10.4 个百分点。

(二)住餐行业保持快速增长,实体经济明显恢复

2023 年以来,全市住宿和餐饮持续保持快速恢复势头,津城居民饮食需求得到明显释放,旅游饭店、正餐店、快餐店等实体经济快速好转。2023 年前三季度,限额以上住宿和餐饮业营业额同比增长 26.0%,增速较 1—8 月加快 0.8 个百分点,较上半年回落 5.1 个百分点。其中,9 月增长 31.5%。

旅游火爆助推住宿业加快增长。2023 年 9 月,全市限额以上住宿业营业额同比增长 35.3%,较 8 月加快 34.6 个百分点。2023 年前三季度,全市限额以上住宿业营业额增长 31.6%,增速较 1—8 月加快 1.4 个百分点,其中,旅游饭店营业额增长 44.5%。

餐饮业保持较快增长。2023 年前三季度,全市限额以上餐饮业营业额同比增长 24.7%,增速较 1—8 月加快 0.7 个百分点。其中,正餐营业额增长 29.3%,快餐营业额增长 25.9%。

二　消费市场提质扩容发展特点

(一)消费规模持续扩大,商圈能级不断提升

天津连续三年成功举办海河国际消费季、海河文化旅游节、体育消费季等活动,居民消费需求明显释放,接触型聚集型实体消费恢复较快。2023 年前三季度,全市百货店、便利店和品牌专卖店零售额分别同比增长 11.4%、10.4% 和 7.6%。

天津市加快构建商圈体系,持续推进金街、五大道、佛罗伦萨小镇等国际消费承载地建设,培育出东疆赶海、西北角早点等网红 IP,所在区消费恢复明

显加快。2023 年前三季度，和平区、红桥区、武清区和滨海新区社会消费品零售总额分别同比增长 11.8%、12.0%、16.3% 和 10.9%，明显快于全市平均水平。

（二）国际消费资源加快集聚，消费转型升级态势强劲

两年来，天津市新引进爱马仕、茑屋书店、大英皇家博物馆、华为华北旗舰店等 300 余家国内外知名首店，首店数量较培育前翻一番。2023 年以来，举办世界智能大会、夏季达沃斯、旅游产业博览会等国内外知名展会，新型消费发展势头向好。截至 2023 年 10 月，全市离境退税商店数量累计已达 34 户，网点数量达 39 个。2023 年前三季度，全市限额以上单位可穿戴智能设备零售额同比增长 1.2 倍，新能源汽车零售额增长 52.7%，智能手机零售额增长 39.1%。

天津市大力发展电商经济，持续促进传统商业转型升级，网上消费保持两位数增长。2023 年前三季度，全市限额以上单位通过公共网络实现的商品零售额同比增长 13.2%，快递业务量增长 15.7%；限额以上住宿和餐饮业单位通过公共网络实现的客房收入同比增长 1.6 倍，通过公共网络实现的餐费收入增长 32.3%。

（三）消费基础设施逐步完善，便利化水平显著提升

近年来，天津市不断推进城市基础设施建设，提高京津城际延伸线利用效率，推动重点高速公路建设，增加国内干线支线航班，城市交通便利度明显提升。2023 年，天津市交通运输委员会印发《天津国际邮轮运输复航实施方案》，为天津国际邮轮复航工作提供遵循。“梦想”号邮轮、“地中海”号邮轮分别于 2023 年 9 月 27 日、9 月 30 日成功在津首航。国际邮轮复航以来，天津国际邮轮母港共接待国际邮轮 7 艘次、进出境旅客 2.1 万余人次。2023 年前三季度，全市铁路客运量同比增长 2.5 倍，公路客运量增长 15.4%，轨道交通客运量增长 70.2%，机场旅客吞吐量增长 2.2 倍。

随着消费基础设施持续完善，天津市消费者满意度显著提升。中国消费者协会发布的《2022 年 100 个城市消费者满意度测评报告》显示，天津市

消费者满意度排名第 14 位,较 2021 年提升 4 位,在 5 个国际消费中心城市中仅低于北京(第 9 位),而上海、广州和重庆分别排名第 17 位、第 20 位和第 68 位。

(四)消费供给能力稳步提升,商旅文体展融合发展

天津市加大商业设施投资力度,持续规划建设消费载体项目,打造沉浸式、体验式消费场景,不断满足多样化消费需求。2022 年,全市达到统计标准的城市商业综合体数量达到 58 个,较 2020 年增加 16 个。2023 年前三季度,全市批发和零售业固定资产投资同比增长 2. 4 倍,住宿和餐饮业投资增长 3. 9 倍。

天津市持续推动商旅文体展融合发展,加大国际文体娱乐项目供给,推出 25 条精品旅游线路,创建 18 个中国体育旅游精品项目,打造 V1 汽车世界,举办 IFT 国际网球巡回赛、亚洲保时捷卡雷拉杯赛车、海河国际龙舟赛等大型体育赛事,观光旅游、住宿餐饮、文演观影等服务消费快速恢复。

餐饮、旅游、文化娱乐等消费场景复苏有效带动居民服务消费支出较快增长。2023 年前三季度,居民人均服务性消费支出增长 14. 7% ,比上半年加快 1. 8 个百分点,快于人均消费支出 4. 5 个百分点,保持快速增长态势。其中,餐饮服务消费持续回暖,2023 年前三季度,居民人均饮食服务支出增长 21. 8% ,比上半年加快 0. 4 个百分点。

文旅市场自春节以来高开稳走、加速回暖,居民文化娱乐服务消费复苏势头强劲。2023 年前三季度,居民人均文化娱乐服务支出 711 元,增长近 2 倍。其中,居民出游热情高涨带动相关消费强劲复苏,人均用于团体旅游、旅馆住宿费的支出增长均超 3 倍,人均购买景点门票和电影话剧演出票的支出增长超 2 倍。

(五)环保观念深入人心,绿色消费引领潮流

随着人们环保意识的不断提高和智能科技的快速发展,“绿色”和“智能”已成为汽车、家居、家电等大宗消费的热点。2023 年以来,天津围绕新能源和

汽车消费绿色智能家电等消费新热点加大促进力度，引进蔚来、理想、吉利、比亚迪、极狐汽车等新能源品牌，新能源汽车品牌基本实现全覆盖，开展绿色智能家电进社区活动70余场，提供家电免费清洁、检修检测，开展新机购置、旧机回收优惠补贴等惠民服务。累计发放“津乐购”汽车、家电专项政府消费券近1亿元，拉动消费超过30亿元。2023年前三季度，限额以上单位汽车、家电类商品分别增长9.6%和24.4%，其中新能源汽车、可穿戴智能设备分别增长52.7%和1.2倍。

（六）居民收支稳步提升，消费基础保持稳固

2023年以来，全市经济呈现稳增长态势，多元化、多领域的消费年活动持续推进，消费场景逐步丰富，居民收支增长基础稳固，全市居民收入实现稳定恢复，经营净收入增速继续回升，居民消费支出增速达到两位数，餐饮、文娱等服务消费快速恢复。

2023年前三季度，天津居民人均可支配收入40713元，比上年同期增长4.6%。农村居民收入增长继续快于城镇居民。城镇居民人均可支配收入44253元，同比增长4.3%；农村居民人均可支配收入23394元，同比增长6.1%。农村居民收入增长快于城镇居民1.8个百分点。

在“消费年”一系列消费促进活动的有效支撑下，消费场景日益丰富，消费市场活力增强，居民消费支出加快恢复。天津居民人均消费支出25719元，增长10.2%，比上半年加快0.5个百分点。分城乡看，城镇居民人均消费支出27722元，增长9.6%；农村居民人均消费支出15917元，增长14.8%，分别比上半年加快0.5个百分点和0.4个百分点。

八大类消费支出不同程度增长。吃穿用等基础生活消费平稳增长，人均食品烟酒支出增长3.8%，人均衣着支出增长8.2%，人均生活用品及服务支出增长7.6%。教育文化娱乐、交通通信支出复苏明显，人均交通通信支出增长18.9%，人均教育文化娱乐支出增长42.6%，增速排在八大类消费支出前两位。

三　消费市场提质扩容面临的机遇与挑战

(一)天津消费市场发展的机遇

1.高屋建瓴,政策引领加快发展

党的二十大报告指出,必须完整、准确、全面贯彻新发展理念,坚持社会主义市场经济改革方向,坚持高水平对外开放,加快构建以国内大循环为主体、国内国际双循环相互促进的新发展格局,着力扩大内需,增强消费对经济发展的基础性作用和投资对优化供给结构的关键作用。

2023 年 7 月,国务院办公厅转发国家发展改革委《关于恢复和扩大消费的措施》,从稳定大宗消费、扩大服务消费、促进农村消费、拓展新型消费、完善消费设施、优化消费环境六个方面提出了二十项针对性措施,将通过优化政策和制度设计,满足居民消费需求、释放消费潜力。

2023 年 6 月,天津市发布《天津市加快建设国际消费中心城市行动方案(2023—2027 年)》,方案提出了明确的发展目标,进一步细化了可操作性的具体举措,政策目标明确、政策客体层面多元、内容全面并且涉及领域广泛,为天津加快建设国际消费中心城市提出了新的思路。

2.历史悠久,文艺休闲属性突出

近代百年看天津,天津是全国历史文化名城,有深厚的工商业底蕴和丰富的民俗文化基础。一方面,当前国有老品牌因为过硬的质量和实惠的价格越来越受到年轻人的认可和追捧,天津具有丰富的老字号资源禀赋,目前全市共有中华老字号 66 家、津门老字号 187 家,郁美净、海鸥手表、山海关饮料等特色产品迎来新的发展机遇。另一方面,天津相声、杨柳青年画和泥人张彩塑等民俗文化闻名全国,城市休闲宜居的属性在网络热度日益提升。2023 年以来,西北角小吃等成为网络顶流,明显带动消费市场快速回暖,成为新的网红打卡地。

3. 蓄水养鱼,港口优势逐步发挥

天津是九河下梢,华北平原的主要入海口,河流和海洋资源发达。近年来,天津市加大海洋城市建设,增强海河消费功能,打造海滩休闲旅游区,发挥天津港硬核优势,依托水资源带动城市消费转型升级。目前天津已形成海河游船码头、国家海洋博物馆、泰达航母主题公园等一批标志性文旅项目,平行进口汽车国内优势地位逐步巩固,中国(天津)跨境电子商务综合试验区日益壮大。

(二)天津消费市场面临的挑战

1. 人口规模较低,市场容量偏小

消费的基础是人口,消费规模扩大需要大量的购买力支撑。从与直辖市对比看,天津市人口规模偏少。2022 年,天津市常住人口为 1363 万人,分别为北京、上海、重庆的 62. 4%、55. 1%、42. 4%。

同时,城市金融、信息技术等高收入行业较少,高净值人群不多,导致人均消费水平在直辖市中不如北京和上海,仅高于重庆。2023 年前三季度,天津市居民人均消费支出为 25719 元,分别为北京和上海的 73. 9%、64. 3%,是重庆的 1. 3 倍。

2. 需求方面,居民消费意愿有待提高

后疫情时期,居民存款防风险意识提升,消费意愿相对受到抑制。一方面,住户投资渠道有限,存款明显提升。2023 年 9 月末,全市住户存款余额同比增长 18. 1%,其中定期及其他存款增长 22. 4%。另一方面,居民短期贷款偏少。居民短期贷款多用于装修、家电、汽车等大宗消费,在一定程度上反映居民消费意愿。2023 年 9 月末,天津市住户短期贷款余额 1727. 70 亿元,同比下降 6. 5%。

3. 供给方面,创新产品业态文旅消费规模需要提升

全市星级饭店营业收入偏低。数据显示,2022 年,天津市星级饭店 64 家,北京、上海和重庆分别为 349 家、151 家和 125 家;天津市星级饭店营业收入 10 亿元,北京、上海、广州和重庆分别为 115 亿元、77 亿元、48 亿元和 18 亿元,南

京、青岛、宁波三城市也分别达到35亿元、16亿元和12亿元。

网上零售额占比偏低。天津市限额以上单位通过公共网络实现的零售额占限额以上单位零售额的33.5%,分别低于北京和上海17.3个百分点和7.6个百分点。

4. 交通便利性有待提升,外来消费吸引不足

近年来,天津加大路网建设,着力提升交通便利度,但从直辖市看,与先进地区仍有差距。2022年,天津民航吞吐量为584.2万人次,北京、上海、重庆分别是3045.8万人次、1455.4万人次、1515.5万人次;天津的铁路客运量为1311.0万人,北京、上海、重庆分别是3906.7万人、4312.7万人、4823.6万人;天津地铁运营总里程265公里,北京、上海、重庆分别是783公里、796公里、402公里。

2022年,天津市共接待国内游客1.12亿人次,不及北京(1.8亿人次)上海(1.88亿人次);天津国内旅游收入773.06亿元,同样不及北京(2490.9亿元)和上海(2080.14亿元)。

四　消费市场提质扩容前景展望

(一)企业发展预期总体向好

企业经营景气状况调查结果显示,2023年第三季度,全市商贸经济平稳恢复,企业订单、盈利、用工情况不同程度向好,发展信心进一步增强。分行业看,调查的2473家限额以上批发和零售业企业中,90.7%的企业对第四季度企业预期持乐观和一般态度,较第三季度提升2.3个百分点;945家限额以上住宿和餐饮业企业中,87.5%的企业对第四季度持乐观和一般态度,较第三季度降低0.7个百分点。

批零行业订单增加。2023年第三季度,77.0%的批发和零售业企业表示订单恢复至正常及以上水平,较第二季度提高3.0个百分点。其中,批发业、零售业分别较二季度提高3.6个百分点、1.9个百分点。

住餐行业资金周转状况趋好。2023 年第三季度，22.3% 的住宿和餐饮业企业表示资金紧张，较第二季度降低 1.1 个百分点。

（二）企业政策受益面扩大

2023 年第三季度，政策持续发力，企业获得感增强。分行业看，批发和零售业中，34.2% 的企业表示获得政策支持，较第二季度提升 3.3 个百分点，主要受益政策中，减税降费、降息、简政放权位居前三，占比分别为 84.8%、13.3%、10.7%；住宿和餐饮业中，45.9% 的企业表示获得政策支持，较第二季度降低 1.6 个百分点，主要受益政策中，减税降费、简政放权、降息居前、占比分别为 95.2%、7.4%、6.5%。

（三）市场竞争加剧，企业盈利能力减弱

受成本、人工等多因素影响，商贸企业盈利情况出现不同程度的回落。分行业看，2023 年第三季度，批发和零售业、住宿和餐饮业分别有 72.4%、76.3% 的企业表示本季度盈利比上季度增加或持平，分别较二季度下降 9.5 个百分点和 1.2 个百分点。

五 对策建议

（一）加大宣传推广力度，着力提升国际知名度

一是积极承办国内国际大型会展和赛事，引进会展、赛事服务龙头企业，做大做强会展经济和赛事经济。二是加大对重大项目和引领性品牌的支持力度，支持国内外品牌在津开设首店、旗舰店，开展新品发布活动。三是立足天津历史和民俗文化资源，充分利用直播等新媒体，加大城市宣传推广力度。

（二）加大招商引资力度，培育本地消费品牌

在京津冀协同发展的背景下，天津要主动承接北京非首都功能疏解，积极

引入消费龙头企业进驻,促进城市整体行业转型升级,同时加大本地企业扶持力度,培育本地品牌做大做强。一是加大力度引进和培育电子通信、新能源汽车、服装等高附加值商品的制造和零售企业,吸引更多国际国内知名消费品牌,持续推进消费市场的供给侧结构性改革。二是推动商业载体转型升级,积极探索存量商业设施改造路径和方法,打造一批更新典型示范项目和示范区域。三是促进老字号创新发展,瞄准市场需求,扩大产品影响力,利用抖音、小红书、哔哩哔哩等年轻群体社交平台开展带货营销,拓展海外销售渠道。

(三)深入挖掘旅游资源,切实优化消费环境

一是着力推动“人流涌动”转化为“消费优势”,立足网红 IP 商圈或载体,培育发展新兴消费,吸引青年群体汇聚,进一步拉动零售、餐饮等行业发展。二是营造宽松温馨的消费环境,提供更多个性化、品质化产品和服务,开展“消费+餐饮、文旅、戏剧”等特色文化经营活动。三是大力发展夜间经济,评估认定一批具有国际水准、特色鲜明的夜间经济聚集示范街区,鼓励主播在综合体、步行街等商业区域开展直播活动,打造更多网红打卡地,宣传天津夜购的活跃氛围。

(四)加快交通设施建设,提升消费便利程度

一是充分发挥直辖市和北方国际航运核心区优势,吸引国际、国内航班入津,完善海、陆、空联运的交通体系。二是加快地铁建设进度,提升市内交通便利化水平,尽快消除地铁建设对周边商业设施的影响。三是落实新能源汽车消费和购置税费减免等政策措施,加快新能源汽车充电基础设施建设,实现公共充电桩、专用充电桩和居民自用充电桩的科学分布。